SolarArchitektur^4

SolarArchitektur[4]

Die deutschen Beiträge zum Solar Decathlon Europe 2010

Bergische Universität Wuppertal
Hochschule für angewandte Wissenschaften
Fachhochschule Rosenheim
Hochschule für Technik Stuttgart
Hochschule für Technik und Wirtschaft Berlin

EnOB
Forschung für
Energieoptimiertes Bauen

DETAIL Green Books

REDAKTION

Redaktion und Lektorat:
Sandra Leitte, Dipl.-Ing. (FH)
Cosima Strobl, Dipl.-Ing. Architektin

Redaktionelle Mitarbeit:
Eva Schönbrunner, Dipl.-Ing. (FH)

Koordination und Gestaltung:
Cornelia Hellstern, Dipl.-Ing. (FH)

Zeichnungen:
Ralph Donhauser, Dipl.-Ing. (FH)
Nicola Kollmann, Dipl.-Ing. (FH) Architektin

DTP & Produktion: Simone Soesters

Reproduktion: ludwig:media, Zell am See

Druck: Aumüller Druck, Regensburg

Mix
Produktgruppe aus vorbildlich
bewirtschafteten Wäldern, kontrollierten
Herkünften und Recyclingholz oder -fasern
Product group from well-managed
forests, controlled sources and
recycled wood or fibre
www.fsc.org Zert.-Nr. SGS-COC-004238
© 1996 Forest Stewardship Council
FSC

Bibliographische Information der Deutschen Nationalbibliothek. Die Deutsche Nationalbibliothek verzeichnet diese Publikation in der Deutschen Nationalbibliografie; detaillierte bibliografische Daten sind im Internet über <http://dnb.d-nb.de> abrufbar.

Ein Fachbuch aus der Redaktion DETAIL
Institut für internationale Architektur-Dokumentation GmbH & Co. KG
Hackerbrücke 6, D-80335 München
www.detail.de

© 2011, erste Auflage

ISBN: 978-3-920034-48-5

AUTOREN UND MITWIRKENDE DER PUBLIKATION

Hochschule für angewandte Wissenschaften
Fachhochschule Rosenheim (Hrsg.):
Angelika Hess; Daniel Kurzius, Dipl.-Ing. (FH);
Adrian Schwarz; Johanna Seelhorst;
Mathias Wambsganß, Prof. Dipl.-Ing.

Hochschule für Technik Stuttgart (Hrsg.):
Jan Cremers, Prof. Dr.-Ing. Architekt;
Sebastian Fiedler, Dipl.-Ing. Architekt;
Claudia Röttinger; Nansi Palla; Dalet Bodan

Bergische Universität Wuppertal (Hrsg.):
Soara Bernard, M. Sc. Dipl.-Ing.;
Martin Hochrein, Dipl.-Ing.; Karsten Voss, Prof. Dr.-Ing.;
Anett-Maud Joppien, Prof. Dipl.-Ing. M. Arch.;
Melina Schulz, B. Sc.; Bettina Titz, B. Sc.

Hochschule für Technik und Wirtschaft Berlin (Hrsg.) / Beuth
Hochschule für Technik Berlin / Universität der Künste Berlin:
Arlett Ruhtz; Michael Krapf, B. Sc.; Florentine Dreier, B. A.;
Marcus Bui, B. Sc.; Martin Hofmann, B. Sc.;
Simon Winiger, M. Sc.; Sebastian Dietz, B. Sc.;
Linda Wortmann, B. A.; Christoph Hey; Rico Schubert, M. A.

REALISIERUNG DER PROJEKTE
Die Projekte der vier deutschen Hochschulen werden vom Bundesministerium für Wirtschaft und Technologie (BMWi) aufgrund eines Beschlusses des Deutschen Bundestages finanziell unterstützt und stehen unter der Schirmherrschaft des Wirtschaftministers der Bundesrepublik Deutschland.

Gefördert durch:

aufgrund eines Beschlusses
des Deutschen Bundestages

Die Projekte werden im Rahmen der Forschungsinitiative EnOB – Forschung für Energieoptimiertes Bauen – wissenschaftlich begleitet und evaluiert.
Weitere Informationen unter www.enob.info

4

IMPRESSUM

Vorwort   6
Motivation und Resümee
der Hochschulen   8
Motivation und Resümee
der Studierenden   10

WETTBEWERB IM KONTEXT   12

Der Solar Decathlon   14
Energieeffizientes Bauen   17
Solarer Zehnkampf   20

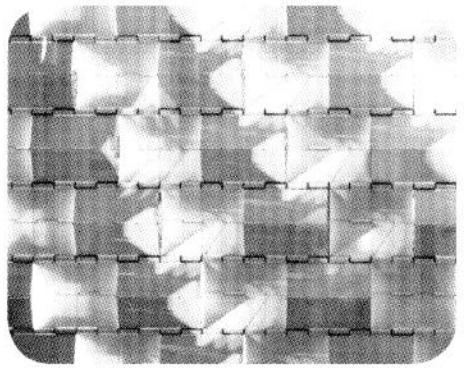

TEAM ROSENHEIM   26

Architektur   28
Konstruktion   38
Energiekonzept   42
Team   49

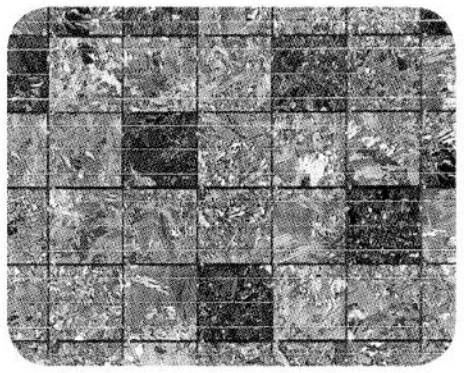

TEAM STUTTGART   52

Architektur   54
Konstruktion   62
Energiekonzept   66
Team   76

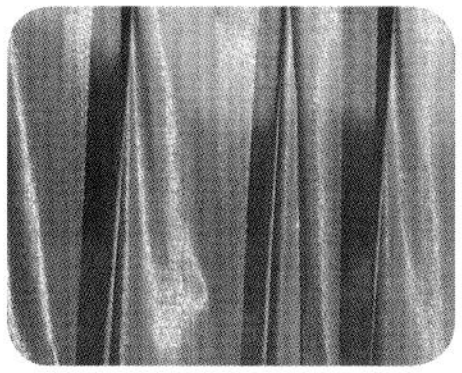

TEAM WUPPERTAL   78

Architektur   80
Konstruktion   88
Energiekonzept   93
Team   102

TEAM BERLIN   104

Architektur   106
Konstruktion   113
Energiekonzept   119
Team   127

WETTBEWERB IN MADRID   130

Internationale Mitbewerber   132
Die Wettbewerbsphasen   136
Zahlen / Daten / Fakten   148
Vier Häuser im Vergleich   154
Klimadaten   156
Vier Häuser im Praxistest   157
Reflexion   162

ANHANG

Teamprofil Rosenheim   166
Teamprofil Stuttgart   168
Teamprofil Wuppertal   170
Teamprofil Berlin   172
Sponsoren   174
Bildnachweis   176

INHALT

Klimaschutz, Ressourcenschonung und Energie-effizienz gehören zu den großen Herausforde-rungen des 21. Jahrhunderts, die verschiedene Anpassungsprozesse erforderlich machen. In Deutschland geht es vor allem um eine grund-legende Modernisierung unserer Gebäude- und Siedlungsstrukturen. Die Bundesregierung stellt sich diesen Herausforderungen und hat dazu das Förderkonzept »Energieoptimiertes Bauen – EnOB« entwickelt. EnOB ist eine Plattform für Forschung und Entwicklung innovativer Techno-logien und Konzepte zur Steigerung der Energie-effizienz im Gebäudebereich, die auch Pilotan-wendungen in zahlreichen Demonstrationspro-jekten unterstützt. Leitbild von EnOB ist das »Gebäude der Zukunft« mit minimalem Primär-energiebedarf, hohem Nutzerkomfort und an-sprechender Architektur – und das bei mode-raten Investitions- und deutlich reduzierten Betriebskosten.

Das Förderkonzept wendet sich an Akteure aus Wirtschaft und Wissenschaft, aber auch an junge, in der Ausbildung stehende Menschen. Ihnen gehört die Zukunft und daher hat sich das Bundesministerium für Wirtschaft und Technolo-gie entschlossen, die deutschen Teilnehmer des internationalen Wettbewerbs Solar Decathlon Europe 2010 zu fördern.

Der zum ersten Mal in Europa nach amerika-nischem Vorbild ausgelobte Wettbewerb wurde von der spanischen Regierung und der Univer-sidad Politécnica de Madrid organisiert und im Juni 2010 in Madrid ausgetragen. 17 internatio-nale Teams sind dabei mit ihren Häusern in Madrid an den Start gegangen. Die Veranstal-tung und die Ergebnisse waren ein großer Erfolg – besonders aufgrund der hervorragenden Qualität der Beiträge, die belegen, dass neue Lösungen möglich sind. Daher an dieser Stelle Gratulation den Prämierten, Respekt allen teil-nehmenden Teams und Dank den spanischen Organisatoren.

Der Erfolg des Solar Decathlon Europe ermutigt das Bundesministerium für Wirtschaft und Tech-nologie, sich dafür einzusetzen, dass diese her-ausragende Initiative auf europäischer Ebene weiterentwickelt wird. Die Bewerber von Hoch-schulen aus Deutschland können darauf zählen, dass sie auch in Zukunft im Rahmen des Förder-konzepts EnOB Unterstützung finden.

Dr. Knut Kübler
Ministerialrat
Bundesministerium für Wirtschaft
und Technologie (BMWi)

VORWORT

Der Solar Decathlon Europe 2010 setzt sich aus unterschiedlichen Aspekten zusammen wie der Nachhaltigkeit von Architektur, Internationalität, Interdisziplinarität, integralem Planen und Bauen, Teamfähigkeit und Impulsen für die Zukunft der Hochschulen.

ZUKUNFTSAUFGABEN Der Wettbewerb widmet sich einem der wichtigsten globalen Themen unserer Zeit: der nachhaltigen Sicherung der Qualität unserer Lebenswelt, für die sich Architekten und Ingenieure bereits heute, aber auch zukünftig intensiv engagieren. Kaum ein Berufsstand hat einen so großen Einfluss auf unsere Umwelt, greift so stark in die Material- und Energieressourcen sowie den natürlichen Kreislauf ein und trägt so viel Verantwortung.
Vor der neuen Generation von Architekten und Ingenieuren liegt die große Aufgabe, ihren Weg in eine nachhaltige Architektur zu finden. Das motivierte die vier beteiligten deutschen Hochschulen zur Teilnahme am Solar Decathlon Europe. Sie traten dabei in ganz unterschiedlichen Konstellationen von Studiengängen, Fachbereichen und Fakultäten an. Gemeinsames Ziel war es, mit den Studierenden ein Haus zu entwickeln und zu bauen, das sich zu 100 % aus solaren Gewinnen versorgt, und Nachhaltigkeit mit Baukultur verbindet.
Die Berufsbilder im Bauwesen wandeln sich entscheidend mit dem Anspruch, nachhaltige und energieeffiziente Architektur zu gestalten. Voraussetzung dafür ist ein ganzheitliches Verständnis von Architektur, das das Berufsfeld als Ganzes und nicht als eine Zusammensetzung aus autonomen Disziplinen wahrnimmt. Integriertes Denken und Handeln bilden die Grundlage für die Entwicklung einer verantwortungsvollen und generalistischen Position im Planungs- und Bauprozess.
Mit dem Solar Decathlon bietet sich bereits im Studium die einmalige Chance, im Rahmen der angewandten Forschung erste praktische Erfahrungen zu sammeln, sich mit einem realisierten Projekt international zu messen und Kompetenzen zu entwickeln, die zu einem ganzheitlichen Arbeiten befähigen.

INTEGRIERTES PLANEN IM TEAM Der Solar Decathlon bewegt sich zwischen Ideen- und Formfindung, Konstruktion, Funktion, Technik und Ökonomie. Er spannt so das gesamte Spektrum der Architektur auf und fordert bereits Studierende zu integriertem Planen auf.

MOTIVATION UND RESÜMEE DER HOCHSCHULEN

In der Startphase des Projekts entwickelten die Studenten an den einzelnen Hochschulen in mehrtägigen Workshops und Seminaren jeweils ein gemeinsames Konzept aus einem Pool von Ideen. Die Arbeiten fanden auf unterschiedlichen Ebenen statt: Die Teams analysierten den Stand von Forschung und Technik sowie verschiedene energieeffiziente Systeme, untersuchten vergleichbare Projekte und entwarfen sowohl frei als auch methodisch und künstlerisch intuitiv »ihr« Solarhaus. Die Studierenden aus mehreren Fachrichtungen mit ihren unterschiedlichen Erfahrungshorizonten wuchsen über den gegenseitigen Austausch und partnerschaftlichen Dialog zu einem Planungsteam zusammen. Somit hat sich die Erwartung erfüllt, die Kommunikation und Vernetzung sowie Synergien unter den Fakultäten der Hochschulen mit dem Solar-Decathlon-Projekt zu stärken und weiterzuentwickeln.

Externe Planungs-, Industrie- und Forschungspartner unterstützten die Projekte mit großem Interesse, beeindruckendem Engagement und umfassendem fachlichen Wissen. Alle Teams profitierten von der Kompetenz, Leistungsfähigkeit und Expertise der Kooperationspartner, deren Produkte in die Solarhäusern integriert sind, vielfach gewandelt oder gemeinsam weiterentwickelt wurden. Die Resonanz im Nachgang zum Wettbewerb zeigt, dass auch die Leistungen der Hochschulen den Erwartungen der Unternehmen entsprachen oder diese sogar übertrafen.

NETZWERKE   Der angestrebte Aufbau eines Netzwerks zwischen Forschung und Industrie erfüllte sich beim Solar-Decathlon-Projekt voll. Neben der fachlichen Beratung intensivierte sich der persönliche Kontakt und ließ das Vertrauen ineinander wachsen.

Die konkrete Erfahrung mit dem gesamtkonzeptionellen Planen und Bauen im Sinn einer Verknüpfung von Architektur mit Forschung, Ingenieurwissen, bauindustriellem Know-how und eigenständiger handwerklicher Realisierung lieferte wichtige Impulse für die Zukunft der Ausbildung an den einzelnen Hochschulen.

Gerade bei praxisorientierten Forschungsprojekten entdecken die Studenten intensiv ihre eigenen Fähigkeiten und Talente und erfahren interdisziplinäre Teamarbeit, ohne die ein Arbeiten im Beruf undenkbar ist. Die Begeisterung und Motivation der Studierenden zu wecken und deren Eigeninitiative für den späteren Beruf zu fördern sowie individuelle Talente zu stärken, wurden zu einer der Kernaufgaben des Projekts.

ZUKUNFTSFÄHIGE AUSBILDUNG   Forschendes und praxisorientiertes Studieren bildet die Grundlage einer zukunftsfähigen Ausbildung, in der der Entwurf integrativ gelehrt wird und die zu generalistischem Handeln in der Architektur befähigt. Wie kann dies besser gelingen als mit dem gemeinsamen Bau eines Hauses für die Zukunft?

Durch die großzügige Unterstützung des Bundesministeriums für Wirtschaft und Technologie in Berlin und des Projektträgers Jülich (PTJ) – nicht nur finanziell, sondern auch ideell – konnte jede der vier Hochschulen in der nun dokumentierten Form ihren Beitrag leisten. Die zweijährige Zusammenarbeit mit dem Ministerium, aber auch der beteiligten Hochschulen untereinander, war eine durchweg positive Erfahrung. »Lehre« in dieser Form durchführen zu können ist eine herausragende Möglichkeit für alle Beteiligten. Bald werden über 100 Studierende, gestärkt durch die intensiven Erfahrungen aus diesem Projekt, in den Arbeitsmarkt eintreten. Sie werden die Ideen weitertransportieren und ihre im Rahmen dieses außergewöhnlichen Projekts erworbenen Fähigkeiten in vielerlei Hinsicht gewinnbringend einzusetzen wissen.

Alle Teilnehmer sind sich einig, dass es eine einmalige Chance war, an einem internationalen Wettbewerb wie dem Solar Decathlon teilzunehmen, denn welcher Student baut schon während seines Studiums ein Haus? Die Möglichkeit, ein eigenes Projekt über den Entwurf hinaus zu realisieren und dabei selbst Hand anzulegen, war für uns ausschlaggebend, für die Teilnahme am Wettbewerb. Unsere Fähigkeiten unter Beweis zu stellen, andere Studenten aus aller Welt kennenzulernen und sich austauschen zu können, ist im Studienalltag selten möglich.

Während der 18-monatigen Projektarbeit sind wir über uns hinausgewachsen und haben Schritt für Schritt gelernt, worauf es bei der Planung und Ausführung ankommt. Die meisten von uns konnten zu Beginn nicht absehen, worauf wir uns eingelassen haben, doch haben wir alle begeisterungsfähig und mutig den Sprung ins kalte Wasser gewagt.

Bereut hat diese Entscheidung bis heute niemand. Es ist von unschätzbarem Wert, am eigenen Objekt das Zusammenspiel der verschiedenen Gewerke und den organisatorischen Ablauf eines Projekts verfolgen zu können. Anhand eigener Fehler zu erkennen, welche Planungsschritte besonders wichtig sind und wann frühzeitig auf professionelles Know-how zurückgegriffen werden sollte, wie man sich die Fachkenntnisse anderer zunutze machen kann und gemeinsam mit Partnern neue Lösungen entwickelt, sind wichtige Erfahrungen, die wir mit ins Berufsleben nehmen.

Bei der Planung und Ausführung hatten wir die einmalige Chance, im Studium erlerntes Wissen praktisch umzusetzen und unsere eigenen Stärken und Schwächen herauszufinden. Wir lernten, unter Druck auf hohem Niveau zu improvisieren und Krisen zu meistern. Jedes Team arbeitete dabei eng mit Spezialisten unterschiedlichster Bereiche zusammen. So konnten wir viele fachliche, aber auch soziale Kompetenzen hinzugewinnen. All diese Erfahrungen machen uns unseren weiteren beruflichen Weg klarer und helfen uns herauszufinden, ob wir den Erwartungen gewachsen sind.

TEAMARBEIT Wir haben die vergangenen eineinhalb Jahre als eine sehr intensive Zeit empfunden, in der auch soziale Kompetenzen gefordert waren. Die Teambildung war oft nicht leicht, es galt viele Konflikte zu lösen, sowohl auf fachlicher als auch auf zwischenmenschlicher Ebene, um auch in angespannten Situationen als Team zu funktionieren. Dass alle ein gemeinsames Ziel verfolgten, war sehr hilfreich dabei, unterschiedliche Denk- und Arbeitsweisen zu vereinen und sich auf das Wesentliche zu konzentrieren.

MOTIVATION UND RESÜMEE DER STUDIERENDEN

Zudem empfanden wir die enge Zusammenarbeit mit Sponsoren und Fachplanern als sehr bereichernd. Wir hatten zunächst nicht mit so großer Begeisterung und Unterstützung gerechnet, doch schnell entwickelten sich Kooperationen, von denen beide Seiten bis heute profitierten.

IM RAMPENLICHT Aber nicht nur im Team mussten wir lernen uns zu behaupten – ein wichtiger Aspekt des Wettbewerbs war von Beginn an die Öffentlichkeitsarbeit. Vor Publikum oder einer Kamera zu sprechen oder in Interviews Rede und Antwort zu stehen, erfordert Selbstbewusstsein und anfangs große Überwindung. Die Fähigkeit, in einer Fremdsprache Ideen zu formulieren und technische Details zu erklären, mussten sich die meisten von uns im Lauf des Wettbewerbs zwangsläufig aneignen, da die gesamte Kommunikation mit den Ausrichtern, viele Präsentationen wie auch die Presseinterviews und Haustouren auf Englisch oder Spanisch stattfanden. Als erfahrene Decathleten dürften wir in Zukunft internationalen Projekten gegenüber keine Berührungsängste mehr haben.
Auch wenn wir oft an unsere Grenzen gestoßen sind und gegen Ende völlig erschöpft waren, so sind wir doch stolz auf das, was wir gemeinsam geleistet haben, und alle werden zustimmen: Der größte Fehler wäre gewesen, nicht teilzunehmen.

»Es entstanden Teamstrukturen, innerhalb derer jeder eine bestimmte Position hatte, die sich aber von Zeit zu Zeit auch veränderte. Seinen eigenen Standpunkt zu finden und sich für die Aufgaben verantwortlich zu fühlen, darin bestand die Hauptaufgabe. Da die Teammitglieder sehr unterschiedlich waren, waren Konflikte unumgänglich – auch auf zwischenmenschlicher Ebene haben wir viel gelernt.«

Gitte Henning, Master Innenarchitektur,
Team Rosenheim

»Die zeitliche Nähe des Endes des Solar Decathlon Europe 2010 zum Abschluss des Studiums ermöglicht einen reibungslosen Übergang ins Berufsleben, wo ich es kaum erwarten kann, das Gelernte anzuwenden und auch ein bisschen den Vorsprung gegenüber meinen Mitstudierenden zu genießen.«

Dennis Hagen, Master Architektur,
Team Wuppertal

»So sehr mich die Aufbauphase oft den letzten Nerv gekostet hat, so dankbar bin ich im Nachhinein dafür, so eine intensive, tolle und vor allem lehrreiche Erfahrung schon in meinem zweiten Semester gemacht zu haben.«

Jasmin Janiak,
Bachelor Architektur,
Team Stuttgart

»Die letzten zwei Jahre kann man nicht beschreiben, man muss sie erlebt haben. In keinem Projekt während meines Studiums hätte ich sonst die Möglichkeit gehabt, so intensiv und realitätsbezogen zu arbeiten. Ich hatte das Vergnügen, seit Beginn des Projekts dabei zu sein, und bin sehr froh, diese Möglichkeit wahrgenommen zu haben.«

Carolin Köppel, Master Innenarchitektur,
Team Rosenheim

»Erst einmal liegt eine Besonderheit des Wettbewerbs in der einmaligen Möglichkeit, während des Studiums praktisch tätig zu werden. Dadurch, dass man die eigene Planung auch umsetzen kann, wird man sehr oft mit Fehlern und Problemen konfrontiert, die zuvor nicht bedacht wurden.«

Simon Arbach, Diplom Maschinenbau,
RWTH Aachen, Team Wuppertal

»Rückblickend ist es kaum zu glauben, was wir in den vergangenen zwei Jahren auf die Beine gestellt haben. An etwas so Großem mitzuwirken, macht unheimlich stolz. Der Wille und die Begeisterungsfähigkeit eines jeden Einzelnen, das Engagement und der enge Zusammenhalt haben dieses Projekt erst möglich gemacht und ließen das Team weit über sich hinaus wachsen. Ein tolles Gefühl, ein Teil davon gewesen zu sein!«

Arlett Ruhtz, Bachelor Betriebswirtschaftslehre, Team Berlin

11

WETTBEWERB

IM KONTEXT

Gebäude produzieren heute in der Regel die Energie, die sie zu ihrem Unterhalt benötigen, nicht selbst, sondern sind reine Energieverbraucher. 40 % des gesamten Endenergieverbrauchs in der Europäischen Union entfallen auf den Betrieb von Gebäuden. Gleichzeitig gibt es in diesem Bereich große Einsparpotenziale. Das Ziel ist die Verbindung eines nachhaltigeren, effizienteren Umgangs mit Energie mit anspruchsvoller architektonischer Gestaltung.

Im Rahmen des internationalen Wettbewerbs Solar Decathlon Europe 2010 haben sich vier deutsche Hochschulteams mit ihren Projekten den Herausforderungen des Bauens der Zukunft gestellt. Einerseits demonstrieren die in diesem Buch gezeigten Projekte den sparsamen Umgang mit Energieressourcen, andererseits nutzen sie in optimaler Weise die am Gebäude zur Verfügung stehenden Solarpotenziale und verweben sie mit anspruchsvoller Gestaltung. Die experimentellen Wohnhausprototypen stellen mehr Energie bereit, als sie verbrauchen, gewährleisten einen gehobenen Wohnkomfort und verbinden architektonische mit technischen Innovationen. Zwar muten die realisierten Projekte auf dem Schauplatz des Wettbewerbs in Madrid noch wie Zukunftsvisionen an, jedoch verweisen sie in der aktuellen globalen Debatte zur Energiepolitik mit ihren ganzheitlichen Ideen und Konzepten sowie interdisziplinären Strategien in die Zukunft einer nachhaltigen Architektur.

SOLARARCHITEKTUR AUF DER NATIONAL MALL IN WASHINGTON   Um die Entwicklung innovativer Energiekonzepte zu unterstützen, veranstaltet im Oktober 2002 das U.S. Department of Energy (DOE) zum ersten Mal den Wettbewerb Solar Decathlon. Ausgewählte Hochschulteams aus Nordamerika und einige weitere, internationale Teilnehmer treten dabei mit ihren Solarhäusern unter denselben klimatischen Bedingungen zum Wettkampf an, um im Praxistest die besten Lösungen vorzustellen. Ziel ist es, experimentelle und zukunftsfähige Wohnhäuser zu entwickeln und selbstständig zu bauen, die ihren gesamten Energiebedarf ausschließlich durch Solarenergie decken. Nur wer die ideale Kombination von guter Architektur und Energieeffizienz findet, kann im Wettbewerb punkten:

»The winner of the competition is the team that best blends affordability, consumer appeal and design excellence with optimal energy production and maximum efficiency.« [1]

Die Intention des Wettbewerbs ist, bei Studenten und in der breiten Öffentlichkeit das Wissen über die Möglichkeiten energieeffizienten Bauens und das Bewusstsein für den Einsatz von erneuerba-

DER SOLAR DECATHLON

ren Energien zu erhöhen. Die Markteinführung innovativer solarer Energietechnologien wird gefördert und es zeigt sich, dass energieeffizientes Bauen mit hoher Qualität in Gestaltung und Komfort einhergehen kann. Vor allem spielt die Nachwuchsförderung auf diesem Gebiet eine wichtige Rolle.

Den Studierenden bietet die fast zweijährige Laufzeit des Projekts die Möglichkeit, Einblicke in die angewandte Forschung zu gewinnen und grundlegende Praxiserfahrungen zu sammeln. Die Besucher des Solar Decathlon erleben auf konzentriertem Raum die Vielfalt der unterschiedlichen architektonischen Umsetzungen und innovativen technischen Lösungen.

Seit 2005 wird der Solar Decathlon regelmäßig im Abstand von zwei Jahren auf der National Mall in Washington ausgetragen. 2010 fiel der Startschuss für den Solar Decathlon Europe.

VON WASHINGTON NACH MADRID In prominenter Lage in Madrid, nahe des spanischen Königspalasts, dem Palacio Real, findet am Rio Manzanares im Juni 2010 der erste europäische Solar Decathlon statt.

Die Idee, den Wettbewerb auch in Europa auszutragen, ist im Jahr 2007 entstanden, als in Washington die Universidad Politécnica de

01 Solar Decathlon 2009 auf der National Mall in Washington D.C.
02 Washington D.C. 2009: 20 studentische Teams aus den USA, Kanada und Puerto Rico sowie zwei europäische Universitäten aus Spanien und Deutschland treten gegeneinander an.

Madrid und die Technische Universität Darmstadt als einzige europäische Teilnehmer beim amerikanischen Solar Decathlon angetreten sind. Das Team der TU Darmstadt hat mit seinen Häusern in den Jahren 2007 und 2009 den US-Wettbewerb für sich entschieden.

Mit einer Vereinbarung zwischen dem spanischen Wohnungsbauministerium (Ministerio de Vivienda) und dem amerikanischen Energieministerium (DOE) ist der Solar Decathlon Europe ins Leben gerufen worden. Noch während des Solar Decathlon 2007 in Washington haben die Ministerien eine Absichtserklärung zur Ausrichtung einer europäischen Version des Wettbewerbs in den Jahren 2010 und 2012 unterzeichnet. Als Austragungsort wurde Madrid gewählt. Das spanische Wohnungsbauministerium organisiert den europäischen Wettbewerb gemeinsam mit der Universidad Politécnica de Madrid und mit der Unterstützung des US-amerikanischen DOE. Die gemeinsame Initiative soll Forschung und Innovationen auf dem Gebiet der Energieeffizienz und Nachhaltigkeit im Bauwesen fördern.

Der Solar Decathlon Europe findet jeweils um ein Jahr versetzt zu dem US-amerikanischen Wettbewerb statt, wodurch sich jedes Jahr entweder in den USA oder in Europa die Möglichkeit bietet, neue Projekte aus dem Bereich des energieeffizienten Bauens zu präsentieren.

03 Die Villa Solar: Die erste europäische Ausgabe des Solar Decathlon wird in Madrid ausgetragen.
04 feierliche Eröffnung des Solar Decathlon Europe 2010

In den letzten Jahren wurden national und international Gebäude und Siedlungsprojekte unter energetischen Gesichtspunkten initiiert und realisiert. Ihr Ziel ist der vollständige Ausgleich ihres Energiebezugs für den Betrieb oder der mit dem Betrieb verbundenen CO_2-Emissionen im Rahmen einer jährlichen Bilanzierung. Die Ergebnisse nennen sich Nullenergie-, Plusenergie- oder Nullemissionshaus, im internationalen Sprachgebrauch Net Zero Energy Building, Zero Carbon, Carbon Neutral Building oder Equilibrium Building etc. Die Politik macht sich die Begriffe als Zieldefinition für Energieeinsparung und Klimaschutz im Gebäudesektor zu eigen. Sowohl im bundesdeutschen Energieforschungsprogramm und im aktuellen Energiekonzept der Bundesregierung als auch im Kontext der Fortführung der »Energy Performance in Buildings Directive« der EU wird das Thema besetzt. In Nordamerika ist der Ausdruck Zero Energy Building zum Sammelbegriff für Bestrebungen zur signifikanten Verbesserung der Energieeffizienz im Gebäudebereich geworden.

NULL- UND PLUSENERGIEHÄUSER   Bei autarken, also nicht an eine Energieinfrastruktur angebundenen Gebäuden muss die Dimensionierung des solaren Energiesystems und speziell der Energiespeicher die Energieversorgung für alle Verbraucher wie Heizung, Warmwasser und Strom zu jeder Zeit sicherstellen. Vor allem die saisonale Stromspeicherung ist heute noch nicht sinnvoll realisierbar. Deshalb sind Netto-Nullenergiehäuser meist netzgekoppelte Gebäude. Es wird ein neutrales Ergebnis einer Energie- oder Emissionsbilanz über den Zeitraum eines Jahres angestrebt, d.h. es wird innerhalb eines Jahres mindestens so viel Energie vor Ort erzeugt, wie verbraucht wird. In Zeiten hoher Solareinstrahlung, also vor allem in den Sommermonaten, lässt sich in der Regel ein Energieüberschuss erwirtschaften. Dieser Solarstromertrag wird in das öffentliche Netz eingespeist. Kann der Verbrauch – beispielsweise im Winter oder auch nachts – nicht direkt durch die eigene Erzeugung gedeckt werden, bezieht das Gebäude wiederum die benötigte Energie aus dem Netz. Ziel ist die »Null« am Ende eines Jahres. Plusenergiehäuser sind dagegen auf eine positive Jahresbilanz ausgerichtet, sie produzieren also mehr Energie, als sie selbst verbrauchen. Die Unterscheidung zwischen Nullenergie- und Plusenergiehaus ergibt sich somit aus der Jahresbilanz der Bedarfs- und Verbrauchswerte.

Für den Betrieb von Netto-Nullenergie- und Plusenergiegebäuden ist die energetische Kopplung an ein vorhandenes Stromnetz von entscheidender Bedeutung. Das Stromnetz dient zum Ausgleich von Energieangebot und -nachfrage sowie unter Umständen auch zum Ausgleich der benötigten Primärenergie anderer Energieträger. Manche Häuser speisen beispielsweise überschüssigen Solarstrom ein, nutzen aber Erdgas zur Deckung eines geringen Restheizbedarfs.

Im europäischen Klima spielt der saisonale Ausgleich zwischen kalter und warmer Jahreszeit die dominante Rolle. Auf die hauseigene, saisonale Energiespeicherung wird bewusst verzichtet, da sie technologisch speziell für Strom heute noch nicht sinnvoll anwendbar ist. Batterien eignen sich dazu nicht und kleine Wasserstoffsysteme oder andere Speicherprinzipien weisen einen nach wie vor hohen Entwicklungsbedarf auf.

Gemeinsames Merkmal der Netto-Nullenergie- und Plusenergiehäuser mit autarken Gebäuden ist aber die ausgeglichene Energiebilanz und nicht allein ein geringer Energiebedarf wie z.B. beim Passivhaus. Gerade der Verzicht auf ein fixes Energieeffizienzziel steigert die Attraktivität des Konzepts international, da angesichts unterschiedlicher Klimate, Bautraditionen und Nutzergewohnheiten keine Einigung auf einen Energiekennwert für eine Gebäudeklasse notwendig ist: Gemeinsamer Nenner ist die ausgeglichene Jahresbilanz.

ENERGIEEFFIZIENTES BAUEN

ENERGIEBILANZ So einfach das Vorgehen der Energiebilanzierung erscheint, so komplex stellt es sich im Detail dar. Bisher gibt es kein allgemein anerkanntes Verfahren dafür. Ein Grundansatz für ein einzelnes Gebäude ist ein zweistufiges Konzept [2]:

1. Energieaufwand reduzieren
2. Einspeisung von Energie in öffentliche Netze optimieren

Üblicherweise erfolgt die Bilanzierung auf der Ebene der Primärenergie. Alle benutzten Energieformen werden in Primärenergie umgerechnet. Für die Nutzung von Strom gilt dafür in Deutschland derzeit der Multiplikator 2,6; für Erdgas 1,1 und für Holz 0,2. Die Summe des Primärenergiebedarfs wird mit der Summe des eingespeisten Stroms, ebenfalls umgerechnet in Primärenergie, verglichen.

Neben der Primärenergie eignen sich ebenfalls die CO_2-Emissionen zur Bilanzierung. Ausgangspunkt ist die Reduktion des Energiebezugs, bis die Gutschriften aus der Netzeinspeisung den Verbrauch in der Jahresbilanz ausgleichen.

Im Rahmen einer Studie [3] für bestehende Nichtwohngebäude in den USA wurde ermittelt, dass es einer Verbrauchsreduktion um durchschnittlich 60 % bedürfen würde, um den Stromverbrauch der Gebäude in der Jahresbilanz theoretisch über hauseigene Solarstromanlagen ausgleichen zu können. Für einige Gebäudetypen wären sogar über 90 % Einsparung erforderlich. Diese Werte lassen sich nur durch eine drastische Steigerung der Energieeffizienz erreichen. Der nach entsprechenden Einsparungen noch verbleibende Energiebedarf bzw. -verbrauch beschreibt die Höhe der zum Bilanzausgleich erforderlichen Gutschriften aus der Netzeinspeisung. Für Konzepte mit solarer Stromerzeugung am Gebäude definieren die Größe und Ausrichtung der zur Verfügung stehenden Hüllflächen unmittelbar den am Standort maximal zulässigen Jahresenergiebedarf des Gebäudes. Mit zunehmender Anzahl von Geschossen ist der Bilanzausgleich mit Solartechnologie allein nicht mehr erreichbar, da der Energiebedarf des Gebäudes stärker zunimmt als die geeignete Hüllfläche. Leistungsfähige Windkraftnutzung unmittelbar am Gebäude ist auf wenige Sonderfälle beschränkt. Aussichtsreich ist dagegen die gebäudeintegrierte Kraft-Wärme-Kopplung (KWK), speziell auf der Basis erneuerbarer Energie. Dabei wird in Kombination mit der Wärmeversorgung eines Gebäudes über einen Generator Strom erzeugt. Anders als bei der Solarenergie fällt dieser Beitrag immer dann an, wenn die Wärmeversorgung erforderlich ist, also vornehmlich im Winter.

Der US-amerikanische Solar Decathlon zielte bis 2007 darauf ab, autarke Gebäude zu entwickeln. Erst ab 2009 wurden die Anforderungen auf Net Zero Energy Buildings umgestellt, was die europäische Variante in Madrid 2010 ebenfalls übernahm. In der Regel zählt dabei eine ausgeglichene Jahresbilanz, für den Wettbewerb sind jedoch die Messwerte über dessen Dauer von zehn Tagen entscheidend.

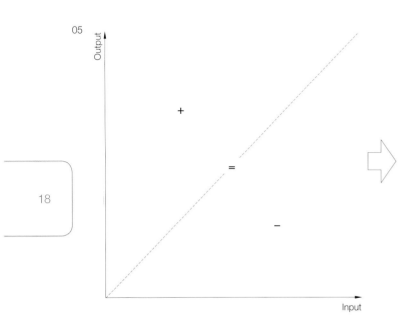

INDIKATOR
· Endenergie
· Primärenergie, nicht erneuerbar
· Primärenergie, gesamt
· äquivalente CO_2-Emissionen
· Exergie
· Kosten

BEWERTUNGSYSTEM

BILANZGRENZE
· HLK und Beleuchtung (EnEV)
· Geräte, Arbeitshilfen und zentrale Dienste
· Elektromobilität
· Baustoffe und Materialien

BILANZZEITRAUM
· Betriebsjahr
· Gesamtnutzungsdauer
· Lebenszyklus

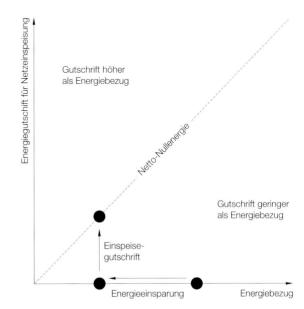

MINIMALER ENERGIEVERBRAUCH – OPTIMIERTE SOLARENERGIENUTZUNG

Alle Konzepte für Null- und Plusenergiehäuser basieren auf dem effizienten Einsatz von Energie. Der Verbrauch des Gebäudes wird so weit wie möglich reduziert, um ihn anschließend in der Jahresbilanz durch eine entsprechende Menge an selbst erzeugter Energie ausgleichen zu können. Einer der ersten Schritte zur Reduktion des Verbrauchs besteht in der Optimierung der Gebäudehülle im Vergleich zu herkömmlichen Häusern. Wie dies aus dem Passivhausbau bereits bekannt ist, vermindert eine hochwärmegedämmte und luftdichte Gebäudehülle den Energiebedarf für Heizen und Kühlen auf ein Minimum. Die verglasten Flächen werden für die passive Solarenergienutzung im Winter optimiert und besitzen für die Sommermonate leistungsfähige Verschattungen. Zugleich bietet die Gebäudehülle Flächen an Dach und Fassade, die zur aktiven solaren Energiegewinnung genutzt werden können. Je mehr der Energiebedarf für Heizen und Kühlen sinkt, desto deutlicher tritt der Haushaltsstrombedarf in den Vordergrund. Der Einsatz energieeffizienter Haushaltsgeräte und Beleuchtungstechnik sowie der bewusste Umgang der Bewohner mit Energie wird jetzt entscheidend. Damit diese mit einem hohen Wohnkomfort einhergehen, bedarf es einer überzeugenden Gestaltung und optimalen Planung.

05 Prinzip der Bilanzierung für ein Netto-Nullenergiehaus: Das linke Diagramm zeigt das prinzipielle Vorgehen der Bilanzierung von Input und Output an der energetischen Schnittstelle eines Gebäudes. Zur Konkretisierung bedarf es der Auswahl eines geeigneten Indikators, eines Bewertungssystems, der Bilanzgrenze und des Bilanzzeitraums. Beispielhaft zeigt das rechte Diagramm die Darstellung auf der Basis des Indikators Primärenergie (nicht erneuerbarer Anteil), der Bilanzgrenze der EnEV und eines Jahrs. Die Diagonale im Diagramm beschreibt in diesem Kontext ein Netto-Nullenergiehaus. Der Primärenergieaufwand wird durch die Primärenergiegutschrift aus der Netzeinspeisung in der Jahresbilanz ausgeglichen. Oberhalb der Diagonalen liegt das Feld der Netto-Plusenergiehäuser.

SECHS SCHRITTE ZUM PLUSENERGIEHAUS

ENERGIE EINSPAREN
1. Wärme- und Kühlbedarf senken:
   - Verbesserung des Dämmstandards und Reduktion von Wärmebrücken
   - luftdichte Gebäudehülle
   - passive Solarenergienutzung
   - aktive Lüftung mit energieeffizienter Wärmerückgewinnung
   - effektiver Sonnenschutz
2. Strombedarf senken:
   - sparsame Haushaltsgeräte und Beleuchtung
   - solare Warmwassernutzung
   - bewusstes Nutzerverhalten

ENERGIE BEREITSTELLEN
3. Nutzung der Gebäudehülle zur Energieerzeugung, aktive Solarenergienutzung:
   - Photovoltaik
   - Solarkollektoren

BILANZIEREN
4. den eigenen Energiebedarf durch am Gebäude erzeugte Energie decken
5. einen Überschuss an Solarstrom einspeisen durch:
   - Netzanbindung des Gebäudes
   - Erreichen einer positiven Jahresbilanz
6. Optimierung von solarer Energiegewinnung und Eigenverbrauchsdeckung:
   - Abstimmen der Verbraucher auf Zeiten mit größtmöglichem Ertrag
   - kurzfristige Zwischenspeicherung des Solarstroms in Batterien im Haus oder in Elektrofahrzeugen

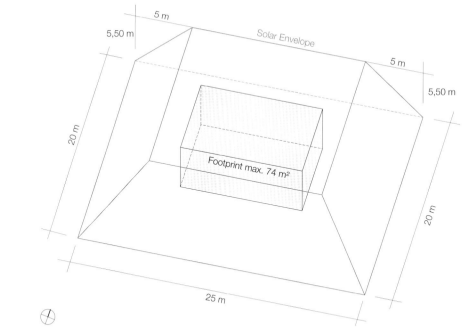

06

5 m
5,50 m
Solar Envelope
5 m
5,50 m
20 m
Footprint max. 74 m²
20 m
25 m

SOLARER ZEHNKAMPF

Der Solar Decathlon Europe entspricht in seiner Zielsetzung dem Wettbewerb in den USA. Er ist eine internationale Veranstaltung zum Thema zukunftsweisendes Bauen und Wohnen sowie zur Förderung nachhaltiger Technologien in Kombination mit Solarenergie. Die architektonisch anspruchsvollen Gebäude zeigen, dass sich mit entsprechenden Technologien der eigene Bedarf nicht nur decken lässt, sondern dass sie sogar mehr Energie produzieren können, als sie verbrauchen.

Alle Hochschulen müssen sich einer Vorauswahl stellen, um zur Teilnahme zugelassen zu werden. Knapp zwei Jahre vor dem eigentlichen Wettbewerb in Madrid rufen die Veranstalter, das spanische Wohnungsbauministerium und die Universidad Politécnica de Madrid, Universitäten aus aller Welt zur Teilnahme am Wettbewerb auf. Aus den zahlreichen schriftlichen Bewerbungen, in denen detailliert die Qualifikation und Kapazität der jeweiligen Hochschule zur Realisierung eines Wettbewerbs-

beitrags nachgewiesen werden muss, wählt eine Jury die Teilnehmer aus. Nach dieser Vor qualifikation werden schließlich 21 Hochschulteams aus aller Welt zur Teilnahme zugelassen. Zur Entwicklung und baulichen Realisierung der Wohnhausprototypen stehen nun 18 Monate zur Verfügung.

Für die Wettbewerbsphase erfolgt der Transport der Bauteile nach Madrid, wo die Häuser in der Villa Solar aufgebaut und betrieben werden. Dort sind die Gebäude für die Öffentlichkeit zugänglich und stellen sich der Konkurrenz. Um gleiche Voraussetzungen für alle Wettbewerbsteilnehmer zu garantieren, liegen sämtlichen Projektbeiträgen dieselben Rahmenbedingungen zugrunde. Basis des Wettbewerbs bildet das über 150 Seiten umfassende Regelwerk »Rules and Regulations«. Darin sind die allgemeinen Grundlagen sowie alle weiteren Vorgaben detailliert beschrieben. Grundsätzlich erfüllen die Prototypen alle Funktionen eines Wohnhauses. Ausgelegt sind die Gebäude für

20

GEOMETRISCHER RAHMEN DER SOLARHÄUSER

SOLAR ENVELOPE

Der Solar Envelope legt einen einheitlichen geometrischen Rahmen für jedes Projekt und das jeweils zugehörige Grundstück fest. Jedes Grundstück hat eine Größe von 25 m in Ost-West- und 20 m in Nord-Süd-Richtung.
Um das Nachbargebäude nicht zu verschatten, definiert der Solar Envelope ebenfalls eine maximale Höhe. Die Häuser sowie alle auf dem Grundstück installierten Komponenten dürfen nicht höher als 5,50 m sein.

FOOTPRINT

Mit dem Footprint wird die Grundfläche der Häuser auf maximal 74 m² festgelegt. Zum Footprint zählen neben der reinen Konstruktionsfläche auch alle auskragenden und verschattenden Bauteile sowie Flächen zur aktiven Solarenergienutzung. Der klimatisierte Innenraum muss mindestens eine Größe von 42 m² aufweisen.

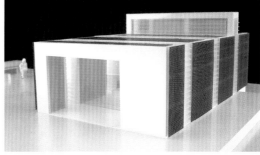

einen Zwei-Personen-Haushalt mit voll ausgestatteter Küche, Bad und Arbeitsplatz sowie Wohn- und Schlafbereich. Über die technischen Anforderungen hinaus stellen sich die Solarhäuser hohen Erwartungen an innovative Konzepte zum Wohnkomfort.
Den geometrischen Rahmen für alle Häuser stellen der Footprint und der Solar Envelope dar. Mit dem Footprint wird eine maximale Grundfläche festgelegt, der Solar Envelope spannt einen dreidimensionalen Raum auf, in dem sich Gebäudehöhe und -breite bewegen dürfen. Weitere Festlegungen betreffen beispielsweise die Anforderungen an den Raumkomfort oder auch die Vorgabe, dass im Austragungsmonat Juni ein vergleichsweise geringer Überschuss von mindestens 40 kWh an Solarstrom erzeugt werden soll.
Zu den Einflussgrößen für die Planung und Projektentwicklung zählen die Gebäudegröße, der Komfort sowie das Erreichen einer Netto-Plus-Energiebilanz. Eine energetische Autarkie

der Gebäude muss nicht nachgewiesen werden, vielmehr ist eine intelligente Interaktion mit dem öffentlichen Stromnetz erwünscht.
Die konzipierten Häuser stellen eine besondere Form der Plusenergiehäuser dar, da im Wettbewerb keine anderen Energiequellen als Solarenergie zulässig sind. Es handelt sich demnach um »Nur-Strom-Häuser«, die ihren noch verbleibenden Energiebedarf mittels netzgekoppelter Photovoltaik decken. Der Einsatz von Solarther-

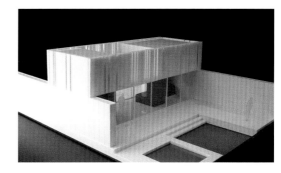

06   Solar Envelope und Footprint geben die Gebäudegröße vor.
07–10   Erste Wettbewerbsmodelle zeigen den Entwurfsstand aus dem Jahr 2009 von Team Rosenheim, Team Stuttgart, Team Wuppertal und Team Berlin (von oben nach unten).

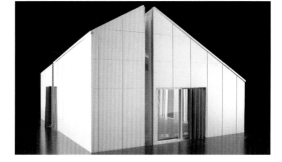

21

mie trägt zur Senkung des Energiebedarfs bei und wird in der Bilanzierung als Effizienzmaßnahme betrachtet. Die Bilanzrechnung reduziert sich somit ausschließlich auf die elektrische Energie. Dadurch sind die Gebäude für deutsche Verhältnisse eher untypisch.

Die gebauten Häuser in der Villa Solar demonstrieren ein interessantes konzeptionelles, gestalterisches und technisches Spektrum und zeigen trotz des strengen Rahmens der »Rules and Regulations« eine Vielfalt an Interpretationsmöglichkeiten.

Die teilnehmenden Hochschulteams starten an ihren jeweiligen Standorten mit der Entwicklung, Planung und Realisierung ihrer Wohnhausproto-

typen. Erfolge erzielen sie während der Wettbewerbsphase einerseits durch überzeugende Präsentation des eigenen Konzepts gegenüber der Jury wie auch durch die Einhaltung der im Reglement festgelegten Zielgrößen (siehe Zahlen/Daten/Fakten, S. 148f.).

Ohne Frage bilden die energetischen Eigenschaften und die architektonische Gestaltung wichtige Wettbewerbskriterien. Der Anspruch des Wettbewerbs geht jedoch weit über die essenziellen Grundanforderungen der architektonischen und technischen Lösungen hinaus. So nehmen logistische, ökonomische und soziokulturelle Fragestellungen sowie die Öffentlichkeitsarbeit einen großen Stellenwert ein.

BEWERTUNG Der Name Solar Decathlon – solarer Zehnkampf – verweist auf die Bewertung der Häuser in zehn Disziplinen. Insgesamt sind 1000 Punkte erreichbar. Sechs international besetzte Experten-Jurys unterschiedlicher Fachbereiche bewerteten die Häuser und die entwickelten Konzepte vor Ort. In einigen Disziplinen werden die Punkte allerdings ausschließlich über die Ergebnisse des Monitorings erzielt. Dazu stattet die Wettbewerbsorganisation jedes Haus mit identischer Messtechnik aus, die während des Wettkampfs alle Daten erfasst. Jurybewertungen und Messdaten werden ausgewertet und so die Sieger der einzelnen Disziplinen und der Gesamtsieger des Wettbewerbs ermittelt.

11

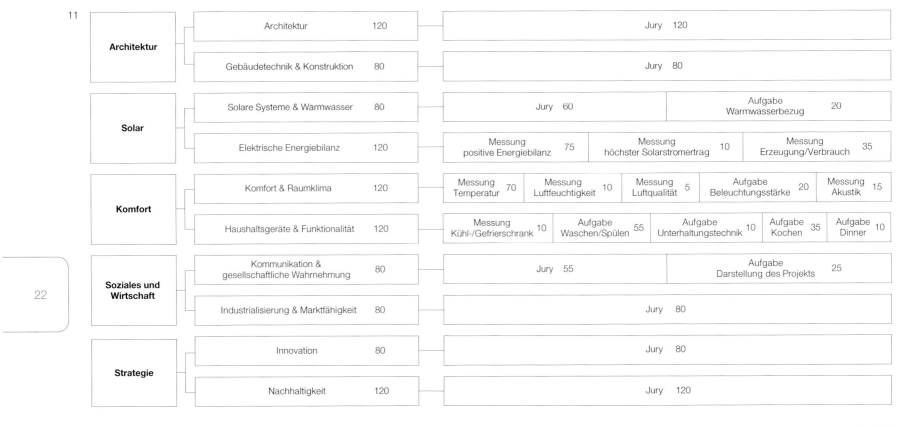

22

DIE 10 DISZIPLINEN Der Solar Decathlon Europe besteht aus zehn einzeln gewerteten Disziplinen, die in fünf Kategorien zusammengefasst sind. Jede Disziplin beinhaltet mehrere Unterkategorien verschiedener Gewichtung. Folgende Bewertungskriterien liegen den einzelnen Disziplinen zugrunde:

ARCHITEKTUR
Contest 1 »Architecture« – Architektur
Die Beurteilung erfolgt am realisierten Projekt vor Ort und anhand der eingereichten Planunterlagen. Zu den wichtigsten Bewertungskriterien zählen die Qualität des Zusammenwirkens von funktionalen und gestalterischen Lösungen sowie die räumliche Flexibilität, die architektonische Integration der Technik und das Lichtdesign.

Contest 2 »Engineering & Construction« – Gebäudetechnik & Konstruktion
Die konstruktiven Lösungen und deren Ausführung sowie die Integration und Funktionalität der Gebäudetechnik im architektonischen Gesamtkonzept werden beurteilt. Punkte können durch eine effiziente Umsetzung der Gebäudekonstruktion und der technischen Systeme erzielt werden.

SOLAR
Contest 3 »Solar Systems & Hot Water« – Solare Systeme & Warmwasser
In dieser Disziplin werden die Umsetzung und die Integration der aktiven Solarsysteme (Solarstromanlage und Solarthermie) bewertet. Auch muss im Wettbewerbszeitraum eine bestimmte Menge an Warmwasser bereitgestellt werden. Um die volle Punktzahl zu erreichen, werden ein- bis dreimal täglich 50 l warmes Wasser abgezapft, die eine Mindesttemperatur von 43,5 °C aufweisen müssen.

Contest 4 »Electrical Energy Balance« – Elektrische Energiebilanz
Die Beurteilung der Energiebilanz erfolgt ausschließlich durch die Auswertung der Mess-

11 Wettbewerbsstruktur und Punkteverteilung: Insgesamt werden 1000 Punkte in zehn Disziplinen vergeben.
12 Prinz Felipe von Spanien und Beatriz Corredor, spanische Ministerin für Wohnungsbau, zu Besuch in der Villa Solar

ergebnisse über den gesamten Wettbewerbs-zeitraum. Punkte werden vergeben für die zeitli-che Übereinstimmung von Stromerzeugung und -verbrauch, das Erreichen eines Überschusses von mindestens 40 kWh nach zehn Tagen sowie für den insgesamt höchsten Solarstromertrag im Teilnehmerfeld.

KOMFORT
Contest 5 »Comfort Conditions« –
Komfort & Raumklima
Zur Auswertung des thermischen Komforts wird jedes Gebäude mit Sensoren ausgestattet. Diese erfassen während des gesamten Wettbewerbs die Messwerte und überprüfen die Einhaltung der ambitionierten Vorgaben. Neben einer Raum-lufttemperatur von 23 bis 25 °C müssen eine relative Luftfeuchte von 40 bis 55 % und ein CO_2-Gehalt unter 800 ppm (parts per million) im Ge-bäudeinneren eingehalten werden. Des Weiteren werden die Beleuchtungsstärke am Arbeitsplatz (> 500 lux) und die Raumakustik beurteilt.

Contest 6 »Appliances & Functionality« –
Haushaltsgeräte & Funktionalität
Die Funktionalität und die Effizienz der eingebau-ten Haushaltsgeräte werden durch verschiedene Anwendungen überprüft. Täglich muss gewa-schen, gespült und gekocht werden, und selbst-verständlich sind auch Kühl- und Gefrierschrank permanent im Einsatz. Unterhaltungsmedien wie Fernseher und PC werden zu festgelegten Zeiten betrieben.

Ziel dieser Disziplin ist es, den durchschnittlichen Stromverbrauch eines modernen Haushalts unter realen Bedingungen abzubilden. Dieser muss durch die eigene Stromerzeugung abgedeckt werden.
In die Punktebewertung fließt neben den durch-geführten Messungen die subjektive Bewertung zweier Dinnerabende ein. Benachbarte Teams werden dabei eingeladen und mit Menüs bewir-tet, die in den Häusern vorbereitet werden. Die Gäste vergeben Wertungen für einen gelungenen Abend.

SOZIALES UND WIRTSCHAFT
Contest 7 »Communication & Social Awareness«
– Kommunikation & gesellschaftliche Wahr-nehmung
In dieser Kategorie geht es um den Auftritt der Teams in der Öffentlichkeit, deren Wahrnehmbar-keit in der Gesellschaft und die Steigerung des Bewusstseins für die Notwendigkeit nachhaltigen Bauens. Anhand des eigenen Projekts und des Wettbewerbs soll ein möglichst breites Publikum auf die Möglichkeiten und Vorteile von Solarener-gienutzung aufmerksam gemacht werden. Ein wesentlicher Bestandteil ist das Ausarbeiten eines ganzheitlichen Kommunikationskonzepts, der Zieldefinitionen, Strategieformulierungen und geeignete Instrumentarien zur Umsetzung umfasst. Die thematische Sensibilisierung der Öffentlichkeit soll anhand medienwirksamer Akti-vitäten erreicht werden. Berücksichtigt werden ebenfalls die öffentlichen Hausführungen und die

Kommunikation mit den Besuchern während der gesamten Wettbewerbsphase in Madrid – die Public Tours.

Contest 8 »Industrialization & Market Viability« –
Industrialisierung & Marktfähigkeit
Neben der Marktfähigkeit und den Chancen einer seriellen Produktion werden die Möglichkeiten der städtebaulichen Einordnung der Wohnhaus-prototypen bewertet. Die Hochschulteams fer-tigen Businesspläne an und führen Wirtschaft-lichkeitsstudien durch, deren Ergebnisse einer interdisziplinär besetzten Jury vorgestellt werden. Auch die konstruktiven und technischen Kompo-nenten gehen in die Bewertung ein.

STRATEGIE
Contest 9 »Innovation« – Innovation
Der Innovationsgehalt der Projekte wird als Ein-zelaspekt in jeder der Disziplinen bewertet. Ge-fragt sind die Entwicklung und Umsetzung von zukunftsfähigen Konzepten, die den Wert und die Leistungsfähigkeit der Gebäude steigern. Fünf unterschiedliche Jurys bewerten die Innovationen von der Architektur über die technische Ausstat-tung bis hin zur Kommunikation, Marktfähigkeit und Nachhaltigkeit.

Contest 10 »Sustainability« – Nachhaltigkeit
In dieser Kategorie werden Konzepte zur nach-haltigen Entwicklung im Bereich des Bauens vor-gestellt und bewertet. Die Minimierung negativer Umwelteinflüsse aus der Fertigung, dem Aufbau,

dem Betrieb und dem Rückbau der Häuser ist nachzuweisen.

Zusätzlich zu den Preisen für die Sieger in den zehn Wettbewerbsdisziplinen werden zwei Sonderpreise ohne Punktwertung vergeben: Das Team mit der positivsten Resonanz in der Öffentlichkeit erhält den »Public Award«. Dazu können die Besucher der Villa Solar über ihren Favoriten abstimmen. Für besonders herausragende Konzepte zum Einsatz von Tages- und Kunstlicht wird der »Lighting Award« verliehen.

MADRID 2010 Zum Starttermin des Solar Decathlon Europe 2010 im Jahr 2008 sind 21 Teams aus zehn Ländern und drei Kontinenten zugelassen. Darunter sind vier deutsche Hochschulen: Berlin, Rosenheim, Stuttgart und Wuppertal.

[1] U. S. Department of Energy Solar Decathlon. http://www.solardecathlon.gov, Stand: 06.12.2010
[2] Voss, Karsten; Musall, Eike; Lichtmeß, Markus: Vom Niedrigenergie- zum Nullenergiehaus. In: Bauphysik 6/2010, S. 424–434
[3] Griffith, B. u.a.: Assessment of the Technical Potential for Achieving Net Zero-Energy Buildings in the Commercial Sector. Hrsg. vom National Renewable Energy Laboratory, Golden/Colorado 2007

13–16 Fast 200 000 interessierte Besucher kamen in die Villa Solar, um die Häuser zu besichtigen: Public Tours bei den Teams aus Berlin, Rosenheim, Stuttgart und Wuppertal (von links nach rechts).

17 Villar Solar am Rio Manzanares

25

STECKBRIEF

Hochschule	Hochschule für angewandte Wissenschaften Fachhochschule Rosenheim
Abteilung	Forschung und Entwicklung
Teammitglieder	40 Teilnehmer in Madrid, 110 Projektbeteiligte insgesamt
Standort	Nullenergiestadt in Bad Aibling
Wohnfläche	60 m²
Gebäudehöhe	3,20 m von Oberkante Terrasse, mit Terrasse 4,20 m
lichte Raumhöhe	2,50 m
Bruttorauminhalt	250 m³
Planung	Oktober 2008 bis März 2010
Bauzeit	Februar bis Mai 2010
Konstruktion	vier Raummodule in Holzrahmenskelett-Bauweise
Leitidee	Tageslicht in jedem Raum, Mehrfachnutzung jeder Fläche, multifunktionales Raumkonzept, Barrierefreiheit
Innenraumkonzept	Mehrfachnutzung der Wohnfläche durch Multifunktionalität der Einbaumöbel
Webseite	www.solar-decathlon. fh-rosenheim.de

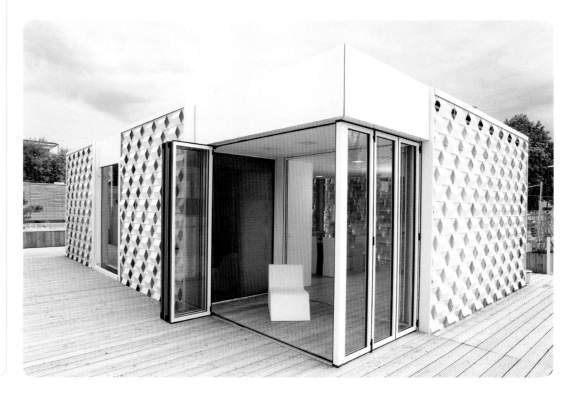

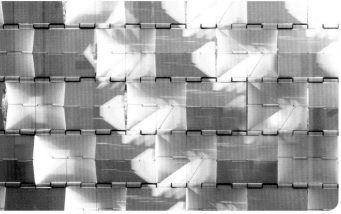

TEAM

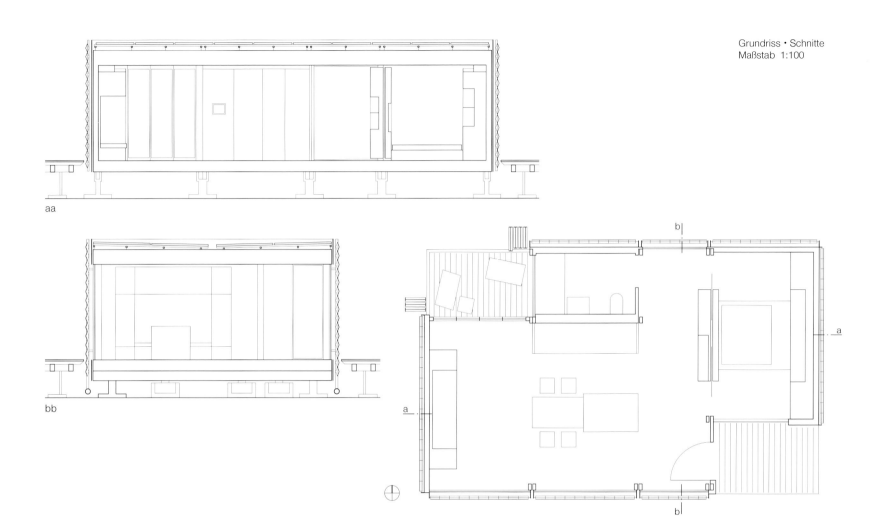

Grundriss · Schnitte
Maßstab 1:100

aa

bb

a

a

b

b

ROSENHEIM

01 Möblierungsvariante freier Raum: Nutzung der
geöffneten Nordterrasse
02 Möblierungsvariante Wohn-Essbereich:
Esstisch für acht Personen, Arbeitsplatznutzung und
Nutzung der geöffneten Nordterrasse
03 Möblierungsvariante Gäste: Gästebett für zwei
Personen, Esstisch für vier Personen, Schlafzimmer
und Nutzung der Nordterrasse als Wintergarten
04 Südostansicht mit Eingangsbereich

HOHE ANSPRÜCHE – RAFFINIERTE

LÖSUNGEN Der Wettbewerb ist durch klare Vorgaben strukturiert: Es soll ein Wohnhaus für zwei Personen geplant werden, das auf einem relativ kleinen Grundstück mit einer maximalen planerischen Wohnfläche von 74 m² hohen Komfort bietet. Dieser Herausforderung stellte sich das Team IKAROS Bavaria und setzte dabei auf effiziente und flexible Innenraumlösungen sowie auf eine ebenso ansprechende wie innovative Gebäudehülle. Auch der mehrmalige Auf- und Abbau des Hauses verlangte nach raffinierten Lösungen.

Unter diesen gestalterisch wie konstruktiv anspruchsvollen Randbedingungen nahm der Entwurf des Teams Form an. Schnell zeigte sich, dass die Transportfähigkeit sowie die Bewältigung des zeitlich begrenzten Auf- und Abbaus in Madrid nur durch eine modulare Bauweise mit hohem Vorfertigungsgrad zu bewerkstelligen war. Beim Ausbau und der Konzeptionierung der Module sowie der Gestaltung des Innenraums legten die Studenten das Hauptaugenmerk auf eine optimale Flächenausnutzung. Die Flexibilität der Möbel und die dadurch mögliche Mehrfachbelegung der vorgegebenen Grundfläche unterstreichen das Konzept. Der Nutzer erlebt maximalen Wohnkomfort durch Selbstbestimmung und Einflussnahme. Jeder der drei Wohnbereiche (Schlafen,

Arbeiten, Wohn-Essbereich) steht für sich und doch können auf einer Fläche bis zu drei Funktionen bei gleichbleibendem Komfort wechselseitig genutzt werden. Neben dem zukunftsweisenden Möbelbau stehen die nachhaltige Bauweise und die Verwendung ökologischer Materialien im Vordergrund. Raumhohe Glasflächen öffnen den Wohnbereich zum Außenraum hin und lassen Blickbezüge entstehen. Durch einen eigens entwickelten faltbaren Sicht- und Sonnenschutz kann der Bewohner individuell die Umwelt mit einbeziehen oder ausblenden.

Hauptziel des Entwurfs ist, innovative Lösungen zu präsentieren, die sowohl wettbewerbsbezogen wie auch allgemein im Wohnungsbau zukunftsweisend sind. Über einen Planungszeitraum von 18 Monaten wurden diese Ziele konsequent verfolgt und erfolgreich umgesetzt.

LEGO FÜR ERWACHSENE Um die Anforderungen an Transportfähigkeit und Flexibilität zu erfüllen, entschied sich das Rosenheimer Team für modulare Raumzellen. Ein Haus in Modulen zu planen bedeutet, dass es in wenige grundlegende Bausteine zerlegbar ist, die schnell zusammengebaut werden können. Ein weiterer wesentlicher Vorteil der Modulbauweise ist der hohe Vorfertigungsgrad, wodurch der Bau weitgehend witterungsunabhängig ist und gleich-

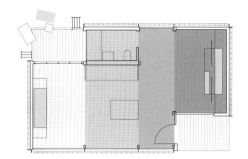 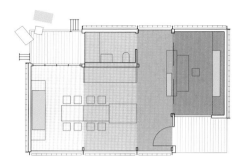 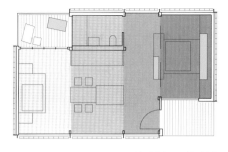

Modul 1 ⬜ Modul 2
◼ Modul 3 ◼ Modul 4

mäßig voranschreitet. Die einzelnen Bestandteile dieser Gebäude werden auf der Baustelle lediglich zusammengesetzt, und das Haus ist praktisch sofort bezugsfähig. Zudem kann es mühelos abgebaut werden, den Standort wechseln und ist beliebig erweiterbar.

Die einzelnen Module des Solarhauses wurden einschließlich des Innenausbaus mit einem Vorfertigungsgrad von ca. 92 % nach diesem Prinzip gefertigt. Im Innenraum liegt der Schwerpunkt auf Funktionalität und Gewichtsersparnis: Für alle Möbeleinbauten werden Leichtbauplatten verwendet, sodass das schwerste Modul lediglich ein Gewicht von 7,2 t erreicht.

Die Module wurden einzeln nach Madrid transportiert, auf der Baustelle der Villa Solar zusammengesetzt und technisch miteinander verbunden. Um sie problemlos mit einem Lkw auf Landstraßen und Autobahnen transportieren zu können, durften sie eine Modulbreite von 3 m nicht überschreiten.

ALLES KLAPPT Der Innenraum ist durchgängig hell und offen. Im östlichen Teil des Gebäudes, im vierten Modul, liegt der Schlaf- bzw. Arbeitsbereich. Je nach Position der beweglichen Elemente entstehen hier drei verschiedene Funktionsbereiche: ein Schlafzimmer für zwei Personen, ein separater Arbeitsplatz mit

29

1 Druckbalken mit Dichtungslippen zur Arretierung der Wand
2 Garderobenschrank Leichtbauplatte 20 mm
3 Stahlrahmen mit Scherengetriebe zur Betätigung des
   Druckbalkens Stahlrohr ⌀ 50/30 mm
4 Schiebetüren Acrylglas 10 mm
5 Stahlrahmen zur Aufnahme der Führungsschienen der
   rechten Schiebetür und Lagerung des Klappschreib-
   tischs Stahlrohr ⌀ 50/30 mm
6 höhenverstellbarer Monitor hinter
   magnetischen HPL-Paneelen 25 mm
7 Klapparbeitstisch MDF 30 mm
8 Lichtvoute
9 Führungsschiene Bettsystem
10 Regal Leichtbauplatte 25 mm
11 seitliche Verkleidung des Bettgestells Textilbahn

05
06

MODUL 1 (2,85 × 6,00 m)   Ein Wintergarten, der eine offene und barrierefreie Plattform für den Aufenthalt im Freien bietet, prägt dieses Modul. Im Inneren ist eine Wohnnische im Wandschrank integriert, deren erweiterbare Sitzfläche zwei zusätzlichen Personen als Gästebett dienen kann.

MODUL 2 (2,90 × 6,00 m)   Das Herzstück des Gebäudes ist der in diesem Bereich integrierte Installationsschrank, der Küche und Bad trennt. Dort sind sämtliche Hausanschlüsse, Haushaltsgeräte sowie Gebäudetechnik und Gebäudesteuerung untergebracht. Der zentrale Küchenblock nimmt Induktionskochfeld, Spüle, Stauraum, Abfallbehälter, Fernseher und Esstisch auf.

MODUL 3 (1,92 × 6,00 m)   Das Modul ermöglicht die Streckung des Gebäudes auf eine beliebige Größe und bietet dem Bewohner Raum für individuelle Nutzungsideen. Es dient der möglichen Raumerweiterung – gegebenenfalls auch mit einer Treppe in ein Obergeschoss.

MODUL 4 (2,85 × 6,00 m)   Dieses Modul bietet dem Bewohner drei verschiedene Nutzungsmöglichkeiten. Durch einfaches Verschieben der Möbel lässt sich das Schlafzimmer zu einem Arbeitszimmer oder zu einer frei nutzbaren Fläche umgestalten.

07
08

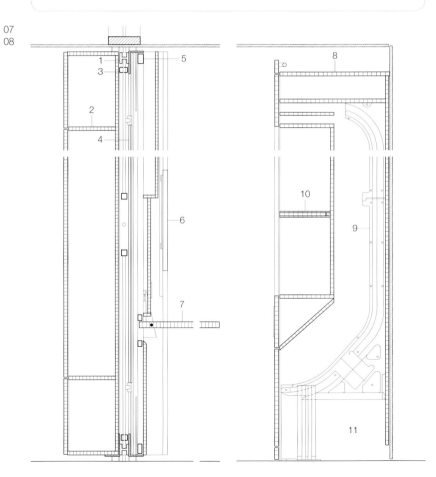

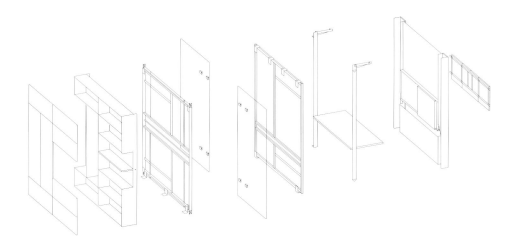
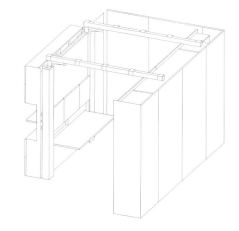

Schreibtisch oder ein freier, offener Raum. Jeder dieser drei Bereiche ist von den Bewohnern einfach und benutzerfreundlich veränderbar. Dieser Umgang mit begrenztem Flächenangebot zeigt, dass sich kleine Räume durch die wechselnde Nutzung funktional vergrößern lassen. Das an der Decke abgehängte verschiebbare Schrankelement trennt den offenen Wohnraum vom Schlaf- und Arbeitsbereich ab. Sind die im Schrank integrierten Schiebetüren geschlossen, entsteht ein zusätzlicher Raum, der für mehr Privatsphäre sorgt. Darüber hinaus kann das Schrankmöbel über ein Schienensystem an die Ostseite geschoben werden, sodass der komplette Innenraum als Ganzes nutzbar wird.

BETTSCHRANK   Aus dem an der Ostwand eingebauten 60 cm tiefen Wandschrank lässt sich elektronisch über einen Taster ein Doppelbett ausfahren. Matratze und Lattenrost sind vertikal im hinteren Drittel des Schranks verstaut und rollen mit einem Kettenantrieb bei Bedarf über Schienen aus. Durch die stufenlose Bedienung ist eine Sofavariante ebenfalls möglich.

VERSCHIEBBARES SCHRANKELEMENT   Der Schrank dient zum Wohnraum hin als Garderobe mit ausreichend Stauraum. Auf der gegenüberliegenden Seite nimmt er einen höhenverstell-

baren Monitor mit dahinterliegender Arbeitsplatte zum Ausklappen auf.

ARBEITSPLATZ   Die Beleuchtung ist flächenbündig installiert und schwenkbar auf der oberen Seite des Paneels gelagert. Damit ist eine optimale Ausleuchtung des Arbeitsplatzes gewährleistet. Der große Monitor kann sowohl als PC wie auch als Fernseher vom Bett aus genutzt werden. Eingabegeräte und Zubehör werden hinter dem geklappten Arbeitstisch verstaut.

DURCHDACHT BIS INS KLEINSTE DETAIL
Die Mehrfachbelegung der Fläche und die Multifunktionalität der Einbauten versprechen auch im Küchenmodul eine optimale Raumnutzung. Den Wohn-Essbereich dominiert ein monolithischer Küchenblock inmitten des Raumes. Dieser komplexe und multifunktionale Kubus ist in geschlossenem Zustand reduziert und klar in der Form. Durch verschiedene Auszüge ergeben sich

05   Schiebeschrank beim Einfahren
06   Schiebeschrank im ausgefahrenen Zustand
07   Querschnitt Schiebeschrank   Maßstab 1:20
08   Querschnitt Bettschrank   Maßstab 1:20
09   Explosionszeichnung Schiebeschrank
10   Perspektive Schiebe- und Bettschrank
11   Schiebeschrank als Arbeitsplatz
12   Schiebeschrank an die Ostseite geschoben

31

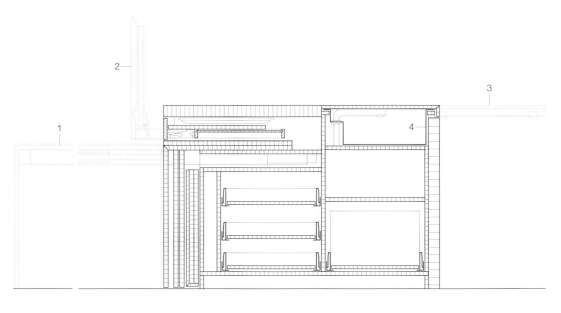

platzsparend unterschiedliche Nutzungsmöglich-keiten. So wird ein Teil der Abdeckplatte zur Seite geschoben, um an Spüle und Induktionskochfeld von Robert Bosch Hausgeräte zu gelangen. Dieser Auszug kann zugleich als Abstell- oder Arbeitsfläche genutzt werden. Zudem sind eine versenkbare Spülarmatur sowie eine Muldenlüf-tung als Dunstabzug integriert.

Im Küchenblock verbirgt sich außerdem ein Fernseher, der je nach Belieben ausgeklappt oder in einer Schublade horizontal gelagert wird, und ein Esstisch für vier bis acht Personen. Selbst entwickelte Klappstühle, die im Wand-schrank an der Westseite verstaut sind, sorgen für den nötigen Sitzkomfort. Abgerundet wird dieses Konzept durch eine variable Beleuchtung in Form von einfach umsteckbaren Pendelleuch-ten. Bei Bedarf können diese über dem Multi-funktionsmöbel ausgesteckt und über dem aus-gezogenen Esstisch in die abgehängte Decke wieder eingesteckt werden.

TOTAL RELAXED Im westlichen Teil des Hauses, im ersten Modul, befindet sich ein Schrankmöbel mit integrierter Sitznische. Flexi-ble Beleuchtung, installierte Lautsprecher und komfortable Polster schaffen einen bequemen Bereich zur Entspannung. Dabei kann die Sitz-fläche durch ein ausziehbares Bett darunter ver-größert werden und bietet somit genügend Platz für zwei Gäste zum Übernachten oder kommt den Bewohnern für gemütliche Fernsehabende zugute.

Die im Nordwesten gelegene Terrasse ver-größert zusätzlich den Wohnbereich. Glas-faltwände schaffen entweder einen zusätz-lichen Rückzugsraum oder erweitern den Innenraum optisch nach außen. Die Terrasse dient zudem als klimatische Pufferzone zwi-schen Innen- und Außenraum. Es wird ein be-haglicher Aufenthaltsort geschaffen, der beim Öffnen eine optimale Querlüftung des Gebäu-des garantiert.

1 Tischkonstruktion: Stäbchenplatte Eiche furniert 25 mm Tisch mit Kulissenauszug und je vier verbundenen Schwerlastauszügen. Die Platten und die Wangen können im Küchenblock verstaut werden.
2 LED-TV in Massivholzschublade mit Unterflur-Vollauszug 30 mm. Der Bildschirm wird manuell nach oben geklappt und kann je nach Wunsch in seiner Position verschoben werden.
3 Die Abdeckung der Spüle läuft auf zwei Schwerlastauszügen, die direkt unterhalb der Spüle angebracht sind.
4 Einzelanfertigung der Spüle mit ausfahrbarer Armatur. Die Armatur sitzt auf einer Abkantung innerhalb der Spüle, damit diese komplett geschlossen werden kann.
5 Zweifeld-Induktionskochfeld. Bedienung erfolgt über eine Touchleiste.
6 Integrierter Muldenlüfter: Die gefilterte Luft wird unterhalb des Küchenblocks direkt wieder in den Raum geführt.
7 Stauraum

HOL DIE NATUR INS HAUS Das Badezimmer liegt, abgetrennt durch die Installationswand, im hinteren Teil des zweiten Moduls. In die Installationswand sind zur Kochinsel hin eine Kaffemaschine, die Spülmaschine, der Backofen sowie Kühl- und Gefrierschrank von Robert Bosch Hausgeräte integriert. Auf der Badseite befinden sich die Wasseranschlüsse, die Toilette, das Waschbecken, die Waschmaschine und der Wärmepumpentrockner. Für eine individuelle Wandgestaltung im Bad wurde eine Acrylglas-Sandwichscheibe gewählt, in deren Mitte Seegras eingelegt ist. Diese ansprechend gestalteten Flächen lösen die konventionelle Fliese ab, und es entsteht ein frischer Raum, der durch eine Vollholzduschwanne zum Natur- und Sinneserlebnis wird.

Die Glasscheibe zur Terrasse hin ist satiniert, sorgt für eine optimale Tageslichtnutzung und bietet Sichtschutz beim Duschen.

13 Küchenblock in eingefahrenem, abgedecktem Zustand
14 Längsschnitt Küchenblock   Maßstab 1:20
15 Küchenblock vollständig ausgefahren
16 Querschnitt Küchenblock   Maßstab 1:20
17 Bad mit milchig-weißem Acrylglas
18 Dusche mit Acrylglas-Sandwichscheibe, in deren Mitte Seegras eingelegt wurde

5   6

7

GO GREEN Wichtige Kriterien bei der Material-wahl im Gebäudeinneren sind Nachhaltigkeit und Funktionalität. In diesem Zusammenhang wurde eine Lebenszyklusanalyse mit der LEGEP Software durchgeführt. Ressourcenschonende, robuste und eine Mischung aus eher kühl und sehr warm wirkenden Materialien kommen zum Einsatz. Aufgrund der starken Beanspruchung während der Wettbewerbszeit und im Hinblick auf die weitere Nutzung des Gebäudes finden vor allem langlebige Materialien Verwendung. Dabei spielen die Oberflächenqualität sowie hap-tische und optische Faktoren eine große Rolle. Im ganzen Haus ist Eichenparkett verlegt, das für Natürlichkeit und Wohlbefinden sorgt. Im Außen-bereich schafft Lärchenholz aus lokaler, nach-haltiger Forstwirtschaft eine übergangslose Ver-bindung von innen und außen. Das Traggerüst des Hauses ist in Holzrahmen-Skelettbauweise ausgeführt. Die Stützen der Konstruktion sind im Raum sichtbar und zeigen offen die Verwendung von Holz.

WIR NEHMEN'S LEICHT Im Möbelbau setzt das Team auf das gewichtssparende Leichtbau-system lisocore® der Firma lightweigth solution. Diese Platten garantieren eine enorm hohe Stabi-lität bei einer Gewichtsersparnis von bis zu 50 % im Vergleich zu herkömmlichen Holzwerkstoffen.

Bezogen auf das Gesamtgebäude kann das Gewicht somit um 20 % reduziert werden. Letz-teres ist essenziell für den Transport und die Beweglichkeit der Möbel. Die Leichtbauplat-ten sind mit robustem, weißem High-Pressure-Laminate (HPL) beschichtet, das der enormen Belastung lange standhält und sehr einfach zu reinigen ist.
Für alle Nischen sowie die Polsterung des Sofas kommt grün gefärbte Schurwolle zum Einsatz. Eine selbst entwickelte Grafik wurde von Schatt-decor via Digitaldruck zu HPL verpresst und in den Schranknischen verklebt um die Fläche auf-zulockern.

HARTE SCHALE, WEICHER KERN Die Umwelt ausblenden, Privatsphäre schaffen und gleich-zeitig noch genügend Tageslicht im Innenraum haben – dies wird mittels einer Verschattung er-reicht, deren faltbare Struktur im ausgefahrenen Zustand rautenförmige Öffnungen ergibt, die Ausblicke erlauben, aber Einblicke verhindern. Die Fassade besteht aus zwei Hüllen, die im Zu-sammenspiel ein Ganzes ergeben. Die inneren Glas- und Wandflächen dienen als primäre thermische Schutzhülle für die Bewohner. Die faltbare äußere Haut fungiert als Sicht- und Sonnenschutz und zieht sich um das gesamte Gebäude mit Ausnahme der Einschnitte im Süd-

osten (Eingang) und Nordwesten (Wintergar-ten). Die besondere Gestaltung der Außenhaut resultiert aus dem Wunsch, einen Sicht- und Sonnenschutz zu entwickeln der den Tageslauf der Sonne und die Dynamik des Tageslichts erlebbar macht. Die Zackenstruktur aus weißem pulverbeschichtetem Aluminium ist unter dem Haus zusammengefaltet und fährt über zwei seitliche Schienen nach oben. Im Innenraum entsteht ein interessantes Spiel von Licht und Schatten und je nach Sonnenstand verändert die dreidimensional gestaltete Fassade ihre Erscheinung.
Einschnitte in der Struktur ermöglichen Blick-beziehungen mit der Umgebung, wodurch die Bewohner nie völlig von ihrer Umwelt abgeschnit-ten sind. Nachts dringt durch die Öffnungen zwischen den Zacken bei erhelltem Innenraum warmes Licht nach außen, das dem Haus einen besonderen skulpturalen Charakter verleiht. Die Zackenstruktur ist fest an der Außenseite der geschlossenen Wandflächen angebracht, sodass ein einheitliches Bild aller Fassaden-flächen entsteht.

OHNE LICHT IST ALLES NICHTS – AM TAG ...
Es besteht die Möglichkeit, den Sonnenschutz beim hoch und runter fahren beliebig zu positio-nieren. Somit entsteht ein Oberlichtstreifen, der

19 Bodenbelag: Parkett Landhausdiele Eiche markant, strukturiert mit zwei Fasern 180 × 2200 mm 3-Schichtaufbau mit Vollholz-Stabmittellage, Oberfläche: Öl/Wachs-Finish

20 Wandgestaltung im Bad: Graswandpaneel aus 3-lagigem Polyester, Polyethylenterephthalat mit Glycol (PETG) mit Seegras-Inlays im Kunststoff verwalzt

21 Bezugsstoff: 100 % Schurwolle gefärbt

22 Nischengrafik: zu High-Pressure-Laminate (HPL) verpresstes Dekorpapier mit eigens entwickelter Grafik

23 Leichtbauplatten

24 Die Zick-Zack-Fassade dient im hochgefahrenen Zustand der Innenraumverschattung am Tag.

25 Außenwirkung der beweglichen Fassade bei Nacht

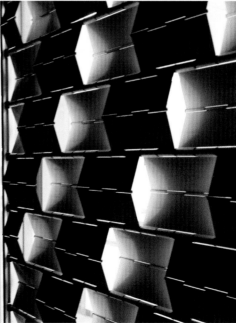

je nach Bedarf mehr oder weniger Tageslicht in den Raum lässt. Im Gegensatz zum konventionellen Rollladen ist das einstellbare Oberlicht lichttechnisch genau an der richtigen Stelle. Über die Innenseiten der Zacken wird durch Mehrfachreflektion Tageslicht in die Wohnräume abgegeben. Die obere horizontale Abdeckung der Verschattung reflektiert das Licht nach oben in den Raum. Selbst in komplett geschlossenem Zustand wird im Innenraum noch ein Tageslichtquotient von mehr als 1 % erreicht.

... UND IN DER NACHT! Im gesamten Gebäude kommt eine äußerst energieeffiziente Beleuchtung zum Einsatz, ohne dabei die atmosphärischen Anforderungen an eine Wohnraumbeleuchtung aus dem Blick zu verlieren. In Zusammenarbeit mit der Nimbus Group wurden situationsgerechte und flexible Lösungen entwickelt, die das Gesamtkonzept des Innenraums unterstreichen. Um den Stromverbrauch zu reduzieren, setzt das Team konsequent auf Leuchtdioden (LED) in warmweißer Lichtfarbe. LEDs zeichnen sich durch niedrige Anschlussleistungen bei hoher Lichtausbeute und guter Farbwiedergabe aus. Die gesamte Beleuchtung des Hauses hat lediglich eine Leistungsaufnahme von 250 Watt bei einer Lichtausbeute von ca. 60 lm/Watt. LEDs sind nahezu wartungsfrei und

haben in der Regel eine Lebensdauer von bis zu 50 000 Brennstunden. Neben der gleichbleibenden Energieeffizienz werden sowohl die gute Farbwiedergabe als auch eine angenehme Farbtemperatur von 3000 Kelvin garantiert.
Um den verschiedenen Nutzungsbereichen des Hauses mit ihren unterschiedlichen lichttechnischen Anforderungen gerecht zu werden, sind immer drei Bausteine bei den Lichtlösungen berücksichtigt: Allgemeinbeleuchtung, Funktionsbeleuchtung und Stimmungsbeleuchtung.

ALLGEMEINBELEUCHTUNG Für die allgemeine Beleuchtung wird eine flache Aufbauleuchte verwendet, die vor allem durch ihre geringe Aufbauhöhe von nur 10 mm überzeugt. Durch die Verwendung eines durchgängigen Deckenrasters entsteht ein einheitliches Raumgefüge, das bis in den Außenbereich reicht und so den Raum optisch vergrößert. Die Leuchten im Außenbereich und im Badezimmer sind zusätzlich gegen Spritzwasser und Staub geschützt.

FUNKTIONSBELEUCHTUNG Besondere Nutzungen brauchen besonderes Licht. So benötigt der Arbeitsplatz eine Beleuchtung, die den Aufgaben in diesem Bereich Rechnung trägt und durch die eine vorzeitige Ermüdung der Augen vermieden wird. Zwei Leuchten sind dafür flächenbündig oberhalb des Monitorpaneels angebracht und sorgen für die geforderte mittlere Beleuchtungsstärke von 500 Lux. Da sie sich bei Bedarf um bis zu 90° ausschwenken lassen, garantieren sie bei einfacher Handhabung eine optimale Ausleuchtung des Arbeitsplatzes.
Spezielle Leseleuchten befinden sich am Kopfende des Betts und in der Wohnnische. Durch einen verstellbaren Sockel sind sie stufenlos um ca. 90° schwenk- und um ca. 350° drehbar. Dadurch kann die Lichtaustrittsöffnung individuell an die Bedürfnisse der Nutzer angepasst werden.

Im Badezimmer ist die Beleuchtung oberhalb des Spiegels in den Acrylglas-Wandmodulen integriert.

Für den frei stehenden Küchenblock samt Esstisch wurde eine individuelle Lösung entwickelt. Der längenverstellbare Tisch erfordert ein besonders flexibles Beleuchtungssystem. Dafür wurden Pendelleuchten entworfen, deren Form gezielt in Konkurrenz zu dem klaren, von Kuben geprägten Raum treten.

Die Leuchte lässt sich über eine magnetische Steckverbindung flexibel in der Decke anschließen. So ist es leicht möglich, die Leuchten bei Bedarf über dem großen Esstisch zu platzieren oder alle drei Leuchten gemeinsam über dem Küchenblock aufzuhängen. Die Pendellänge kann dabei über einen Teleskopstab individuell eingestellt werden. Überdies ist es möglich, die Leuchte mit einem integrierten Akku zu betreiben. So wird sie transportabel und kann beispielsweise im Sommer mit auf die Terrasse genommen werden. Die Akkukapazität reicht für bis zu drei Stunden.

STIMMUNGSBELEUCHTUNG   Die atmosphärische Beleuchtung lässt sich nicht von den anderen Beleuchtungsbausteinen abgrenzen, sondern ist ein integraler Bestandteil. Durch die individuell regelbaren Leuchten können verschiedene Szenarien und damit unterschiedliche Stimmungen erzeugt werden. Ergänzend gibt es eine Voutenbeleuchtung an den Deckenanschlüssen der Schrankelemente. Sie erzeugt durch indirekte Beleuchtung eine gemütliche Stimmung in den verschiedenen Nutzungsbereichen des Hauses.

STEUERUNG   Die Steuerung der gesamten Beleuchtung erfolgt über ein zentral an der Installationswand angebrachtes Bedienfeld. An diesem können alle Leuchten einzeln, gemeinsam oder in vordefinierten Lichtszenarien aufgerufen und gedimmt werden. Abgesehen von der zentralen Steuereinheit gibt es dezentrale, ergono-

misch angeordnete Taster, die über eine Funkverbindung mit der Gebäudeautomation verbunden sind. Ihnen sind Leuchten fest zugeordnet, um sie ein- und ausschalten bzw. dimmen zu können. Der Nutzer kann nach Bedarf die Taster beliebig mit einer weiteren Funktion belegen.

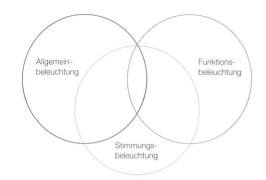

28

26   Wirkung der Verschattung im Innenraum: optimale Tageslichtverteilung im Wohbereich trotz vollständig geschlossenem Sonnenschutz
27   Lichtspiele und Reflexionen der Zackenstruktur im Innenraum
28   Die einzelnen Wohnbereiche können nicht eindeutig voneinander abgegrenzt werden. Deshalb bilden die Lichtlösungen für den Wohnraum eine Schnittmenge.
29   Leselicht: Die Leuchten sind auf einem ca. 350° drehbaren Fuß gelagert und lassen sich zusätzlich um 90° schwenken.
30   Arbeitslicht: Die Leuchten sind um 90° schwenkbar. Die schrägen Kegelsenkungen in der Diffusorscheibe lenken das Licht blendfrei genau dorthin, wo es benötigt wird.
31   Pendelleuchten über dem Küchenblock: Der Leuchtenschirm ist ein Kegelstumpf, dessen Geometrie durch einen amorph geformten Eingriff durchbrochen wird. Der Körper besteht aus mattem Acrylglas, das innen mit einer orangefarbenen Folie versehen ist. Dadurch wirkt der Leuchtenkörper, als ob er von innen heraus glimmt, und erzeugt im Betrieb ein wohlig-warmes Licht.
32   Allgemeinbeleuchtung: Die Aufbauleuchte strahlt rund 95 % ihrer Lichtleistung direkt nach unten ab und 5 % über die Kanten der mattierten Acrylglasplatte. Dies führt aufgrund der Randaufhellung des Leuchtenkörpers zu einer angenehmen Aufhellung der Decke.

29
30

31
32

37

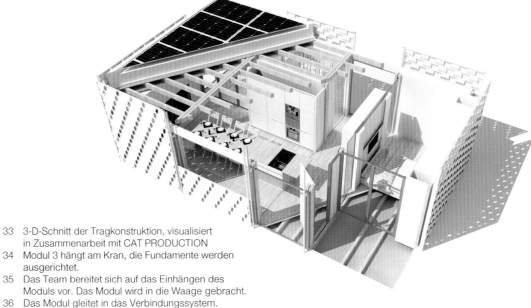

33 3-D-Schnitt der Tragkonstruktion, visualisiert
    in Zusammenarbeit mit CAT PRODUCTION
34 Modul 3 hängt am Kran, die Fundamente werden
    ausgerichtet.
35 Das Team bereitet sich auf das Einhängen des
    Moduls vor. Das Modul wird in die Waage gebracht.
36 Das Modul gleitet in das Verbindungssystem.

KONSTRUKTION

Die vier eingeschossigen Module des Rosenheimer Solarhauses sind in Holzrahmen-Skelettbauweise gefertigt. Durch dieses Grundkonzept ist es möglich, die Rahmen der einzelnen Module in immer gleicher Weise zu konstruieren und dabei den Einbau von Wand- und Glaselementen sowie die Ausstattung im Inneren variabel zu gestalten. Auf ein durchgängiges Raster wurde verzichtet, da jedes Modul für den jeweiligen Einsatzzweck optimiert und einer direkten Funktion zugeordnet wurde. Ein einfaches Verbindungssystem hält die einzelnen Module zusammen. Dafür werden Wandverbinder seitlich auf die Hauptrahmen geschraubt, die durch Einführen von oben zusammengesteckt werden können. Dadurch kann auf jegliche Revisionsöffnung verzichtet werden.

Die Verbinder erfüllen alle notwendigen statischen Anforderungen an die Standsicherheit des Hauses. Windlasten werden darüber von Modul zu Modul weitergetragen, und die entstehenden Schubkräfte gelangen von der Mitte des Gebäudes in die Außenwände. Für alle Strom- und Wasseranschlüsse werden ebenfalls einfache Stecksysteme verwendet, die einen unkomplizierten und schnellen Auf- und Abbau gewährleisten.

EINFACH ABHÄNGEN Das Rosenheimer Team entwickelte eigens eine Trag- und Hebekonstruktion für die Montage der Module. Dazu werden Traversen mittels Bolzen an unter den Modulen liegende Stahlträger gehängt, die fest mit den Modulen verbunden sind. Nach dem Setzen der Module werden die Traversen wieder entfernt. Die 23 Einzelfundamente aus Brettsperrholz (BSP) sind aus Industrieabfällen (Fenster und Türöffnungen) vorgefertigt und bestens für den »fliegenden Bau« geeignet, da sie schnell und einfach zusammengefügt und somit beim Transport platzsparend verstaut werden können. Das ist ökologisch und ökonomisch effizient und sichert eine nachhaltig sinnvolle Nutzung. Die

Lasten aus Schnee, Wind, Verkehr und das Eigengewicht werden achssymmetrisch von dem Holztragwerk über die Stahlunterzüge in die Brettsperrholz-Fundamente geleitet.

TRAGGERÜST Das Haupttragwerk besteht aus zwei Holzrahmen, die in Nord-Süd-Richtung angeordnet sind. Dank einer Holz-Stahl-Klebeverbindung (HSK-Verbindung) können diese tragenden Holzelemente sehr schlank gehalten werden, ohne den Querschnitt bedeutend zu schwächen. Dafür werden die Ecken der Holzbalken eingenutet, ein Lochblech wird eingelegt und unter hohem Druck ein Polyurethan-Klebstoff hineingepresst, der sich durch die Löcher der Bleche in das Holz bohrt. Somit entstehen viele kleine, dübelartige Verbindungen, die das Tragwerk biegesteif machen. Die Eckverbindung dient zur optimierten Lastabtragung und reduziert in Verbindung mit der Rippendecke die Feldmomente des Hauptträgers. Während eine klassische Stabdübelverbindung, durch die notwendigen Mindestabstände den Holzquerschnitt definiert, ist bei der HSK-Verbindung die reine Belastungssituation maßgebend. Zwischen die Holzrahmen sind Querhölzer eingebaut, die das Dach und den Boden ausformen und somit ein Raumtragwerk bilden. Die Decken- und Bodenquerbalken werden mit Furnierschichtholzplatten mittels Verklebung und zusätzlichen Schrauben verpresst und verbunden, um einen zusammengesetzten Querschnitt für die statische Bemessung zu erzeugen. Die Windaussteifung in Längs- und Querrichtung erfolgt über die Wandscheiben.

GEBÄUDEHÜLLE OPAK Bei der Außenwand handelt es sich um eine 156 mm dicke Holzrahmenkonstruktion.

WANDAUFBAU Raumseitig wird eine 15 mm dicke Gipsfaserplatte auf das vorhandene Ständerwerk aufgeschraubt. Diese ermöglicht eine hervorragende Raumakustik. Die gemessene Nachhallzeit im Innenraum beträgt bei einer Fre-

quenz von 1000 Hz 0,57 Sekunden. Eine 80 mm dicke Flachsdämmung in den Zwischenräumen der Holzständer in Kombination mit einer vorgesetzten Vakuumdämmung (VIP, siehe S. 90) der Firma VARIOTEC sorgt für einen Wärmedurchgangskoeffizienten (U-Wert) von weniger als 0,1 W/m²K. Durch Abkleben der VIP-Stöße wird eine wetterfeste, luft- und winddichte Gebäudehülle geschaffen. Zur Aussteifung dient eine diffusionsoffene Holzfaserplatte (DHF), die die Windlasten sicher ins Fundament leitet. Um den Sonnenschutz anschließen zu können, werden Adapterprofile auf die Randstreifen der VIP-Dämmung geschraubt.
Der Feuchteschutznachweis wurde mit der Software WUFI in Zusammenarbeit mit dem Fraunhofer Institut für Bauphysik (IBP) ermittelt.

DACHAUFBAU Auch hier sorgt die außen auf der Furnierschichtholzplatte befestigte VIP-Dämmung für einen U-Wert von unter 0,1 W/m²K und bildet gleichzeitig die Dampfsperre. Auf die VIP-Dämmung wurde bereits werksseitig ein Dämmkeil mit 2° Neigung aufgebracht, der vollständig mit PUR-Schaum ausgefüllt ist. Die wasserführende Ebene ist eine Schicht aus aufgeschweißtem flexiblem Polyolefin (FPO). Als Dachdeckung kamen Photovoltaikmodule zum Einsatz. Im Innenraum sorgt eine Heiz- und Kühldecke im Winter wie im Sommer für ein angenehmes Klima.

BODENAUFBAU Die Konstruktion des Bodens entspricht weitgehend dem Aufbau des Dachs. Es wird ebenfalls eine Furnierschichtholzplatte an die Holzbalken montiert. Die mit bituminösem Anstrich gegen aufsteigende Feuchte versehene VIP-Dämmung bildet den unteren Abschluss und stellt auch hier die Wetterschutzebene her. Der Lastabtrag in den Sockel erfolgt über eine hochdruckfeste Wärmedämmung, die nahtlos an die VIP-Dämmung anstößt. Ein Hohlboden der Firma Fermacell im Innenbereich ermöglicht eine einfache Kabel- und Leitungsinstallation.

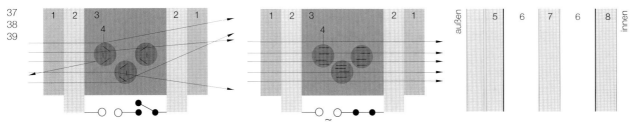

37
38
39

außen

innen

1 PET-Folie
2 Indium-dotiertes Zinnoxid (ITO)
3 Polymermatrix
4 Flüssigkristallmoleküle
5 VSG 10 mm aus 4 und 6 mm Float
  mit 0,38 mm Schalldämmfolie zwischen
  den äußeren Scheiben und
  Low-E-Beschichtung innen
6 SZR 10 mm mit 90 % Kryton und
  10 % Luft gefüllt
7 Float 6 mm
8 ESG 6 mm (aus Sicherheitsgründen)
  mit Low-E-Beschichtung

GEBÄUDEHÜLLE GLASFASSADE Die großzügigen Fensterflächen im Süden und Norden des Gebäudes sorgen für ausreichende Belichtung. Um alle Anforderungen hinsichtlich Schall-, Wärme- und Sonnenschutz zu erfüllen, wurde ein spezielles Drei-Scheiben-Isolierglas eingebaut. Der Scheibenaufbau ist asymmetrisch, um Doppelwandresonanzen zu vermeiden. Zusätzlich ist in das außenliegende VSG eine Schalldämmfolie integriert, die die Floatgläser entkoppelt und biegeweich miteinander verbindet. Durch diesen besonderen Glasaufbau kann ein bewertetes Schalldämmmaß von $R'_w > 40$ dB erreicht werden. Die Gläser haben einen U-Wert von 0,56 W/m²K. Die Außenverglasung im Schlafbereich ist mit einer schaltbaren Festverglasung in Liquid-Crystal-Display-Technologie (LCD-Technologie) ausgestattet. Dafür ist zwischen zwei Glasscheiben eine Mittellage eingebracht, in der sich Flüssigkristallmoleküle befinden. Auf Knopfdruck richtet eine elektrische Spannung von 60 V innerhalb von 100 Millisekunden die LCD-Kristalle so aus, dass das Glas transparent erscheint. Im spannungsfreien Zustand sind die Flüssigkristallmoleküle nach dem Zufallsprinzip angeordnet, sodass das einfallende Licht gestreut und das Glas transluzent wird. Damit kann je nach Bedarf Transparenz und Offenheit oder eine Privatsphäre hergestellt werden.

EINGANGSTÜR Damit die Eingangstür keine Schwachstelle in der energetischen Schutzhülle des Gebäudes darstellt, kommt eine Tür der

Firma VARIOTEC mit einer Vakuumdämmung als Mittellage zum Einsatz. Die Tür ist zudem rundum mit einer Doppelfalzdichtung versehen. Die Schwellenausführung ermöglicht einen barrierefreien Eintritt.

FALT-SCHIEBE-TÜREN An der Nordwestseite des Gebäudes sind hochwärmegedämmte Aluminium-Falt-Schiebe-Türen der Firma Ernst Schweizer installiert. Die äußeren Falt-Schiebe-Türen können beliebig geöffnet werden, das innere Türensystem bildet die thermische Hülle. Der Zwischenraum umfasst den in das Gebäude integrierten Wintergarten, der somit als Klimapuffer dient. Die Konstruktion wird über Eck geführt und benötigt keine Stütze. Die Kombination aus umlaufender Doppeldichtung und barrierefreier Schwellenausführung in den Falt-Schiebe-Systemen ist eine Neuheit.

Bei der Planung der thermischen Gebäudehülle wurde das Team vom Institut für Fenstertechnik (ift Rosenheim) unterstützt.

VERSCHATTUNG Um einerseits das gesamte Haus mit einer möglichst attraktiven Hülle zu versehen und andererseits eine vom Sonnenstand abhängige Verschattung zu ermöglichen, konstruierte das Rosenheimer Team eine flexibel auf- und abfahrbare Zick-Zack-Fassade. Durch das von unten nach oben schließende System lässt sich der gewünschte Verschattungsgrad an die Außenbedingungen anpassen. Dies trägt

wesentlich zum Energiekonzept des Hauses bei. Das Verschattungssystem besteht aus einzelnen Aluminiumwinkeln, die horizontal über Edelstahlrohre miteinander verbunden sind. Die Rohre werden mittels Bolzen in einem Schiebeschlitten an einer Führungsschiene der Firma Warema jeweils an den Modulkanten geführt. Durch einen Knickfalz mit Gelenkfunktion in den Winkeln ist die Verschattung komplett zusammenfaltbar und kann in die aufgeständerte Terrasse versenkt werden. Mittels Zahnriemenantrieb wird der Sonnenschutz nach oben gefahren. Dabei klappt sich jedes Element nacheinander aus und arretiert in einem vorgegebenen Winkel. Bei dem Antriebssystem handelt es sich um eine nach dem Gegenzug-Prinzip funktionierende Markisenführung, die für diesen Zweck umfunktioniert wurde. Dazu wurden u. a. leistungsstärkere Motoren eingebaut, um die Verschattung trotz des hohen Gewichts problemlos auf- und abfahren zu können. An einem in die Bodenabdeckung integrierten Edelstahlrohr wird die Sonnenschutzwand aufgehängt, das Aluminiumprofil ist zugleich auch aussteifendes Element. Die seitlichen Verbindungsbolzen sind beweglich gelagert, um einer Längenausdehnung im Sommer entgegenzuwirken. Die Führungsschlitten sind aus hochfestem und gleitfähigem Kunststoff gefräst. Dies ermöglicht eine einfache und schnelle Montage, verhindert Drehmomente am Schlitten und minimiert die Reibung im Führungsprofil. In den Gelenkbiegungen der Zacken kommen schmiermittelfreie Gleitlager zum Einsatz,

1 Photovoltaikmodul
2 Holz-Kunststoff-Verbundplatte 8 mm
3 Unterkonstruktion Stahlrohr ⌀ 30/30/3 mm
4 flexible Polyolefin-Bahn 2 mm
  Gefälledämmung 100 mm, VIP-Dämmung 46 mm
  Stäbchenplatte 33 mm, Hanfdämmung 120 mm
  Gipskarton 15 mm
5 Zick-Zack-Fassade
  pulverbeschichtetes Aluminium 125/265 mm
6 VIP-Dämmung 46 mm
  Holzfaserplatte 15 mm
  Ständerwerk 80 mm, dazwischen Hanfdämmung
  Gipskarton 15 mm

7 Parkett Eiche 13 mm
  Gipsestrichplatte 40 mm
  Hohlbodenunterkonstruktion 40 mm, höhenverstellbar
  Hanfdämmung 120 mm, Stäbchenplatte 21 mm
  VIP-Dämmung 46 mm, Anstrich Bitumen
8 Stahlprofil ⌀ 100/200 mm
9 Fundament Brettschichtsperrholz 100 mm
10 Terrassenbelag Lärche 30 mm
11 Führungsschiene Verschattung
12 Verglasung VSG aus 4 und 6 mm Float + SZR 10 mm
   + Float 6 mm + SZR 10 mm + ESG 6 mm
13 Zahnriemen 8-fach drahtverstärkt 5 mm vorgespannt
14 Drehmomentmotor 120 Nm

37 Liquid Crystal Display opak, nicht unter Strom
38 Liquid Crystal Display transparent, unter Strom
39 Verglasung mit einer Scheibendicke von 42,5 mm
40 Vertikalschnitt Südfassade   Maßstab 1:20
41 Vertikalschnitte Westfassade   Maßstab 1:20

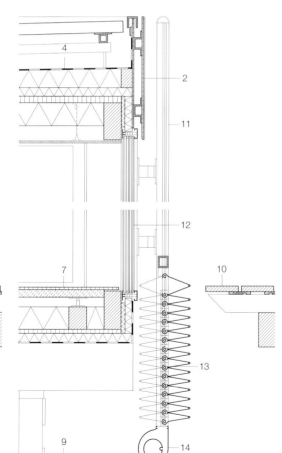

um ein reibungs- und geräuschloses Gleiten garantieren zu können.

Die feststehenden Zacken, die sich an den Wandflächen des Gebäudes befinden, sind nach dem gleichen Prinzip gefertigt. Die Befestigung erfolgt über Adapterprofile an der Wand. Das gesamte Fassadengewicht wird über ein Stahlprofil, das kraftschlüssig mit den Stahlunterzügen der einzelnen Module verbunden ist, in die Gründung geleitet. Ein hohes Maß an Vorfertigung erlaubte es, die Hülle trotz ihrer Komplexität (25 000 Einzelteile) schnell und einfach vor Ort zu montieren.

ÖKONOMISCHE BETRACHTUNG   Bei einer ganzheitlichen Betrachtung der Kosten für das Haus sind dem Kaufpreis die geringeren Betriebskosten und die Einnahmen durch die Photovoltaikanlage gegenüberzustellen. Bei herkömmlicher Nutzung als Zwei-Personen-Haushalt beträgt der Stromverbrauch ca. 2600 kWh/a, während die Erzeugung von elektrischem Strom konstant bei 16 000 kWh/a in Madrid und 11 000 kWh/a in Rosenheim liegt. Die Erträge aus der Photovoltaikanlage übertreffen somit die anfallenden Stromkosten um das Vierfache. Wirtschaftlich betrachtet rechnen sich die Mehrkosten der Anschaffung von ca. 1000 €/m² Wohnfläche gegenüber einem Standardhaus bereits nach 20 Jahren. Darüber hinaus erwirtschaftet der Nutzer jährlich etwa 5000 € durch den eingespeisten Strom. So spricht künftig alles für die Investition in ein Solarhaus.

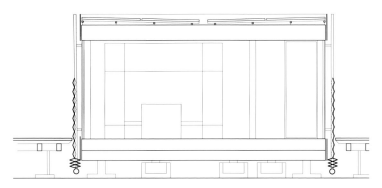

Das Rosenheimer Solarhaus wurde nach dem Passivhauskonzept entworfen und geplant.

Ziel ist es, durch geeignete Maßnahmen den Energiebedarf für Heizung und Kühlung so weit zu minimieren, dass ein behagliches Raumklima ohne aufwendige Gebäudetechnik erreichbar ist. Der Nutzenergiebedarf für Heizung und Kühlung soll unter 15 kWh/m²a liegen, was den Anforderungen an ein Passivhaus entspricht.

Im Rahmen des Solar-Decathlon-Wettbewerbs sollte das Gebäudekonzept in verschiedenen Klimazonen funktionieren. Dies wurde durch Berechnungen neben Madrid auch für die Standorte Rosenheim und Kuala Lumpur nachgewiesen. Ausgeführt wurde das Gebäude schließlich mit den Komponenten, die den Passivhausstandard am endgültigen Standort Rosenheim ermöglichen, ohne sich beim Wettkampf in Madrid nachteilig auszuwirken.

Dem Energiekonzept lag der Gedanke zugrunde, die Vorzüge des Passivhauses um eigene Vorstellungen und Ziele zu erweitern. Ein zukunftsweisendes Plusenergiehaus zu entwickeln bedeutet, sowohl hohen Wohnkomfort als auch maximale Energieeinsparungen zu erreichen. Voraussetzung dafür ist, energiegewinnende und -sparende Systeme optimal in eine gestalterische Umgebung einzubinden.

Da der Wettbewerbszeitraum in Madrid im Juni lag, wurde bei der Entwicklung des Konzepts zuerst der Sommerfall untersucht. Hier war oberstes Ziel, die Kühllasten so gering wie möglich zu halten. Dies wird durch eine gut gedämmte und luftdichte Gebäudehülle sowie eine Wohnraumlüftung mit Kälterückgewinnung realisiert. Ein weiterer konstruktiver Ansatz war die Entwicklung des leistungsfähigen eigenen Sonnenschutzes.

Die verbleibenden Kühllasten werden mit Unterstützung von zwei passiven Systemen gedeckt: zum einen durch die Strahlungskühlung (siehe S. 125), die mit der Oberfläche der Photovoltaikmodule (PV-Module) am Dach arbeitet, und zum anderen durch den Einsatz von Phase Change

ENERGIEKONZEPT

Material (PCM, siehe S. 44). Mit diesen beiden Systemen lässt sich ein großer Teil der sommerlichen Lasten abtragen. Das Konzept der Strahlungskühlung wird durch die Benetzung der PV-Module auf dem Dach während klarer Nachtstunden mit Regenwasser umgesetzt. Das abgekühlte Regenwasser speist über einen Pufferspeicher am Tag die im Innenraum eingesetzte Heiz- und Kühldecke. Ein aktiv belüfteter Latentwärmespeicher, der als externer Lüftungskanal integriert ist, unterstützt die Strahlungskühlung. Eine große Herausforderung während des Wettbewerbs war es, nach den öffentlichen Besuchszeiten das Haus innerhalb einer Stunde von ca. 35 °C (Außentemperatur) auf die vorgeschriebenen 23–25 °C herunterzukühlen. Darum ist zusätzlich eine Sole/Wasser-Wärmepumpe installiert, um die auftretenden Spitzenlasten abzudecken. Für den Winterfall gilt: Minimierung der Heizlasten durch eine gut gedämmte und luftdichte Gebäudehülle sowie Einsatz einer Wohnraumlüftung mit Wärmerückgewinnung. Die Glasfassade in Richtung Süden erzielt große solare Gewinne, wodurch der Heizwärmebedarf um ein Vielfaches gesenkt wird. Die restliche Heizwärme wird über die Wärmepumpe bereitgestellt. Zur Stromerzeugung werden monokristalline Photovoltaikmodule auf dem Dach verwendet. Diese garantieren an den Standorten Madrid und Rosenheim einen enormen Energieüberschuss.

KONSTRUKTIVE BAULICHE MASSNAHMEN

In der Heizperiode werden die Lasten durch die hochwärmedämmenden, luftdichten Bauteile der Gebäudehülle reduziert. Durch die verglaste Südfassade können zudem optimale solare Gewinne erzielt werden.

42 Lichteinfall bei geschlossener Fassade
43 Lichteinfall bei halb geöffneter Fassade
44 schematische Darstellung der Gebäudetechnik
45 schematische Darstellung des Energie- und Versorgungskonzepts

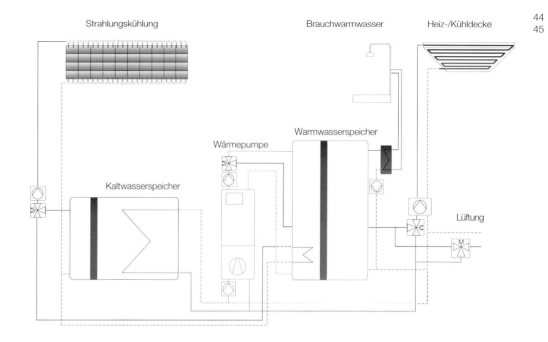

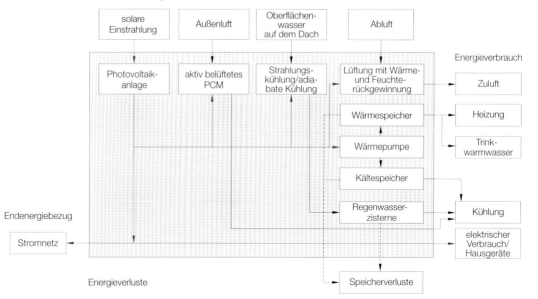

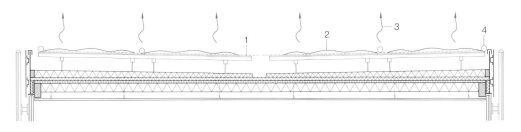

1 Photovoltaikmodule	3 Strahlungsaustausch
2 Wasserfilm	4 Leitungen

46 Strahlungskühlung benetzt die PV-Module mit einem
feinen Wasserfilm.
47 Schnitt Photovoltaikanlage Maßstab 1:200
48 schematischer Schnitt PCM-Kanal Maßstab 1:100
49 Blick in den PCM-Kanal: Platten (400/300/10 mm) im
Abstand von 14 mm aneinandergereiht
50 Überblick der technischen Komponenten

PCM Phase Change Material (PCM) – Phasenwechselmaterial – findet in letzter Zeit häufig Eingang in die Gebäudetechnik. Es funktioniert als Latentwärmespeicher. Bei diesen Materialien wird der Phasenübergang von fest nach flüssig oder umgekehrt genutzt, um überschüssige Wärme ohne großen Temperaturhub speichern oder abführen zu können.
So wird beispielsweise beim Erstarren bzw. Gefrieren von Wasser, dem Phasenübergang von flüssigem Wasser zu festem Eis bei 0 °C, ungefähr so viel Wärme frei, wie zum Erwärmen der gleichen Menge Wasser von 0 auf 80 °C benötigt wird.
In Deutschland sind Paraffine und Salzhydrate als Phasenwechselmaterialien am häufigsten vertreten.

In der Kühlperiode garantieren sowohl die gute Wärmedämmung als auch der außen liegende Sonnenschutz eine maximale Reduzierung der solaren Lasten. Der für südliche Klimaregionen optimierte selbst entwickelte Sonnenschutz kombiniert Funktionalität mit einer idealen Tageslichtversorgung. Durch die Möglichkeit der flexiblen Positionierung von unten wird eine Oberlichtsituation geschaffen, die den größten Teil der Solarstrahlung abschirmt.
Es kann also eine Minimierung der solaren Lasten für den Kühlfall erreicht werden, ohne auf eine optimale Tageslichtversorgung des Raums verzichten zu müssen.
Durch die Öffnungen im Eingangs- bzw. Terrassenbereich lässt sich eine angenehme Nachtlüftung realisieren, die die im Lauf des Tages entstandene Wärme abführt und das Gebäude abkühlt.

GEBÄUDETECHNIK Ein wichtiges Ziel war es, sich bei den technischen Wettkämpfen über die Energiebilanz und die Einhaltung der Komfortbedingungen möglichst weit vorne zu platzieren. Deshalb wurde bei der Gebäudetechnik nicht auf eine technische Fertiglösung zurückgegriffen, sondern eine Kombination von verschiedenen passiven und aktiven Systemen eigens entwickelt. Dabei stand weniger die Wirtschaftlichkeit

jedes einzelnen Bauteils im Vordergrund als vielmehr das Zusammenspiel von unterschiedlichen technischen Lösungsansätzen.
Als Energiequelle dient eine netzgekoppelte Photovoltaikanlage mit 12,6 kWp, die auf dem Flachdach mit einer Neigung von 2° installiert ist. Da eine Netzeinspeisung in Europa üblich ist, verwendete man dieses System auch für den Wettkampf. Die Anlage wurde so dimensioniert, dass auch am Standort Rosenheim in der Jahresbilanz mehr Strom erzeugt wird, als alle Verbraucher im Haus benötigen. Die PV-Module verschmutzen durch die fast horizontale Ausrichtung zwar schneller, bieten aber hinsichtlich der Strahlungskühlung eine optimale Fläche für den Strahlungsaustausch.

STRAHLUNGSKÜHLUNG Das passive Prinzip der nächtlichen Strahlungskühlung macht sich den physikalischen Effekt zunutze, dass eine mit Wasser benetzte Fläche durch Konvektion, Strahlungsaustausch mit dem Nachthimmel und Verdunstung (adiabate Kühlung) Energie an die Umgebung abgibt. Da die Temperatur der Atmosphäre während der Nacht um ca. 10–20 K unter der Außenlufttemperatur liegt, ist es möglich, Wasser unter die Außenlufttemperatur abzukühlen. Dem Wasser wird die Wärme durch den Strahlungsaustausch mit der Atmosphäre entzogen.

46
47

44

TEAM ROSENHEIM

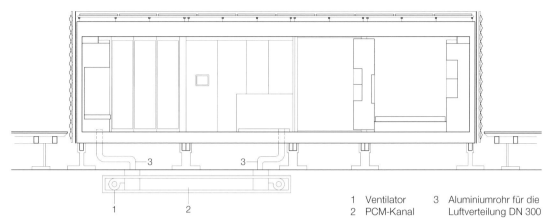

1	Ventilator	3	Aluminiumrohr für die
2	PCM-Kanal		Luftverteilung DN 300

Die Umsetzung geschieht über die nächtliche Benetzung der am Dach angebrachten flachen PV-Module von SunPower. Regenwasser wird aus einer 2000 l fassenden Zisterne von PEWO auf das Dach gepumpt und mit Sprühdüsen auf dem Dach verteilt. Das gekühlte Wasser sammelt sich je nach Umgebungsbedingungen mit einer Temperatur von bis zu 11 °C im Entwässerungssystem und gelangt so wieder in die Zisterne, die aus geschlossenzelligem PUR-Schaum konstruiert ist und somit Wärmedämmung, Komponentenfixierung und Tragfähigkeit in einem gewährleistet. Die Zisterne bildet einen Energiespeicher, der am darauffolgenden Tag die Kühldecke versorgt.

Durch dieses System der Strahlungskühlung, das in Zusammenarbeit mit ZAE Bayern realisiert wurde, kann unter optimalen Bedingungen die Zisterne in einer Nacht von 18 °C auf 11 °C abkühlen. Dies entspricht bezogen auf die Speichergröße ca. 15 kWh gespeicherter Kühlenergie. Der Energieverbrauch der Tauchpumpe beläuft sich dabei auf 1,2 kWh, wodurch eine Leistungszahl (COP – Coefficient of Performance) von 12 erreicht wird. Da die Umwälzpumpe des Kühldeckenkreislaufs im Betrieb nur 15 W benötigt, gewährleistet die Strahlungskühlung am Tag eine effiziente Gebäudekühlung bei minimalen Hilfsenergien.

LATENTWÄRMESPEICHER – PCM-KANAL

Das Rosenheimer Team verwendet einen selbst entwickelten Lüftungskanal mit Latentwärmespeicher, der unterhalb des Hauses installiert ist und das Phase Change Material (PCM) beherbergt.

Das PCM ist ein Salzhydrat, das in Graphit eingebettet ist, wodurch das Material eine wesentlich höhere Wärmeleitfähigkeit aufweist als reines PCM. Das Salzhydrat-Graphit-Gemisch liegt vakuumiert in 10 mm starken Platten vor, die vertikal im Kanal angeordnet sind. Die Schmelztemperatur des Materials liegt zwischen 22 und 28 °C.

Mit einem System-Lüftungsgerät und elektrisch zu betätigendem Klappenmodul von emco Bau- und Klimatechnik wird die Raumluft gezielt durch den Kanal geleitet. Durch das Vorbeiführen an den Platten nimmt das PCM die Wärme der Luft auf und gibt die abgekühlte Luft wieder an den Raum ab.

Zum Rückkühlen des Materials kann man über weitere Bypassklappen Nachtluft zuführen, die die im PCM gespeicherte Wärme nach außen abgibt. Durch diese Verlagerung der während des Tages entstandenen Wärmelasten in die Nacht ist es möglich, mit geringen Hilfsenergien eine sehr effiziente Kühlung bereitzustellen.

Zum Überprüfen des aktuellen Be- bzw. Entlade-

Komponenten	Eigenschaften	
PV-Anlage	Photovoltaikmodule 12,6 kWp, 40 Module, monokristallin	
	drei Wechselrichter mit je zwei Strings	
Wärmepumpe	Sole/Wasser, 5,5 kW Heizleistung COP 5	
Wärme-/ Kältespeicher	je 300 l, Schichtenspeicher mit Sprührohreinsatz für Schichtung Warmwasserstation: bis 16 l/min, Frischwasserstation mit TFS (ThermoFluidSystem) Temperaturregelung	
Warmwasserstation	bis 16 l/min	
Kühldecke	Nettofläche 53 m²	
	Leistung bei $\triangle$T 10 K = 54 W/m²	
Lüftung	Volumenstrom V = ca. 120 m³/h im Betrieb	
	CO_2- und Raumtemperatur-Regelung	
PCM-Kanal	Abmessungen	2,6 × 1,1 × 0,4 m
	Abmessungen inkl. Gerätschaften	5,0 × 1,1 × 0,4 m
	PCM-Schmelztemperatur	22–28 °C
	Schmelzenergie	44 Wh/kg
	speicherbare Energie	ca. 14 kWh
	Kühlleistung	bei 600 m³/h $\triangle$T = 10 K ca. 2,5 kW

zustands des Latentwärmespeichers wurden im ganzen Kanal Temperatursensoren platziert. Dadurch ist es möglich, das PCM gezielt einzusetzen.

Eine große Herausforderung während des Wettbewerbs in Madrid war das tägliche Absenken der Raumtemperatur von teilweise über 30 auf 24 °C. Das musste innerhalb einer Stunde zwischen dem Ende der Besucherzeiten und dem Beginn der wettbewerbsrelevanten Monitoringphase bewerkstelligt werden. Die große Kühlleistung wäre allein durch die Kühldecke nicht zu schaffen gewesen, konnte aber mithilfe des belüfteten PCM-Kanals erfolgreich erbracht werden.

WÄRMEPUMPE UND GEREGELTE LÜFTUNG

Ein weiteres Element der Gebäudetechnik ist eine Wärmepumpe von PEWO, die sowohl für die Beheizung als auch für die Kühlung verwendet werden kann (siehe S. 95). Sie ist an einen Wärme- und einen Kältespeicher mit je 300 l Inhalt gebunden. Aus dem Wärmespeicher wird über eine Frischwasserstation im Durchlauf das Brauchwasser direkt erwärmt.

Für die Wettkampfbedingungen in Madrid stand die Kühlung im Vordergrund. Die Wärmepumpe wurde zur Deckung der Spitzenlasten verwendet, also für das Abkühlen des Hauses nach den Besuchszeiten. Die dadurch entstandene Abwärme war für den vorgegebenen Warmwasserbedarf mehr als ausreichend, weswegen auf eine thermische Solaranlage verzichtet wurde. Als weitere Wärmesenke dient der schon beschriebene drucklose 2000-Liter-Regenwasserspeicher, der in der Nacht über das Strahlungskühlungssystem wieder abgekühlt werden kann.

Für den Standort Rosenheim ist eine Erdreichwärmepumpe vorgesehen, die gleichzeitig eine passive Kühlung des Hauses über den Erdboden ermöglicht.

Die geregelte Lüftungsanlage der Firma Zehnder mit 85 % Wärmebereitstellungsgrad und einer Leistungsaufnahme von 0,3 Wh/m³ ist zusätzlich über ein Heiz-/Kühlregister an das System angekoppelt.

GEBÄUDEAUTOMATION Die Gebäudeautomation soll das Leben der Bewohner im Haus ebenso energieeffizient wie bequem gestalten. Ob Licht, Klima, Musik, Internet, Sicherheit, Energieeinsparung, Verwaltung oder die Bereitstellung sonstiger Informationen: Die Gebäudeautomation verbindet die Anforderungen von Energieeffizienz, Sicherheit und Komfort miteinander.

Wesentliches Ziel dabei ist es, auf die gesamte Anlagen- und Haustechnik zentral zugreifen zu können. Da keine so weitgehenden Komplettlösungen am Markt vorhanden sind, entwickelte das Rosenheimer Team ein eigenes System, das flexibel an individuelle Bedürfnisse angepasst werden kann. Verschiedene standardisierte Anlagentechniken wurden verknüpft und zu einem zentral bedienbaren Konzept vereinigt. Die Herausforderung und Hauptaufgabe bestand darin, die einzelnen Gebäudeautomationssysteme zu einem großen Ganzen zu verbinden. Insbesondere wurde Wert darauf gelegt, die Handhabung des Hauses durch eine intuitive und leichte Bedienung möglichst einfach zu halten. Beim sogenannten Graphical User Interface (GUI) handelt es sich um ein Touchpanel, für das eine eigene Oberfläche programmiert wurde, die

51

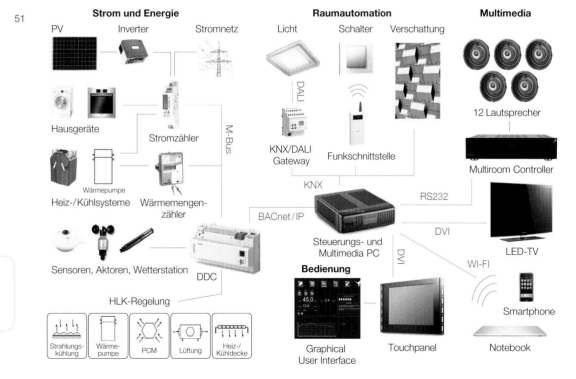

Strom und Energie — PV, Inverter, Stromnetz, Hausgeräte, Stromzähler, Wärmepumpe, Heiz-/Kühlsysteme, Wärmemengenzähler, M-Bus, Sensoren, Aktoren, Wetterstation, DDC, HLK-Regelung, Strahlungskühlung, Wärmepumpe, PCM, Lüftung, Heiz-/Kühldecke

Raumautomation — Licht, Schalter, Verschattung, DALI, KNX/DALI Gateway, Funkschnittstelle, KNX, BACnet/IP, Steuerungs- und Multimedia PC, Bedienung, Graphical User Interface, Touchpanel

Multimedia — 12 Lautsprecher, Multiroom Controller, RS232, DVI, LED-TV, WI-FI, Smartphone, Notebook

46

speziell auf die Technik des Hauses abgestimmt ist. Eingespeicherte Lichtszenarien, Multimedia-Anwendungen und das Innenraumklima lassen sich damit kontrollieren und einstellen.

Das Touchpanel ist somit der interaktive Mittelpunkt der Gebäudeautomation. Grundlegende wichtige Funktionen im Haus können zusätzlich über Schalter zugeschaltet werden.

PRINZIP DER GEBÄUDEAUTOMATION

Die Wohnraumautomation basiert auf einem KNX-System. Um konventionelle Lichtschalter nutzen zu können, sind spezielle Schalter über Tasterschnittstellen in den Bus integriert. Dabei kommt ein Funksystem zum Einsatz, das die Verdrahtung im Gebäude minimiert.

Im speziellen Bereich der Beleuchtungstechnik wird ein DALI-System verwendet. Dieses knüpft über einen KNX-DALI-Gateway an den KNX-Bus an und wird über diesen betrieben. Die einzelnen Leuchtmittel werden über elektronische Vorschaltgeräte angesteuert und sind stufenlos dimmbar. Dadurch ergibt sich ein breites Spektrum an Möglichkeiten von Lichtgruppierungen bis zur Szenenbildung.

Die Steuerung und Regelung der gesamten HLK-Technik (Heizungs-, Lüftungs- und Klimatechnik) sowie die Erfassung von Sensordaten übernimmt eine DDC-Anlage von Siemens Division Building Technologies. Diese verfügt über zahlreiche digitale und analoge Ein- und Ausgänge, die nahezu frei programmierbar sind. Ein Optimum an Flexibilität und Integrationsfähigkeit gewährleistet einen ausfallsicheren Betrieb der Anlagentechnik.

Die Energiedaten des Gebäudes werden mittels Stromzähler und Wärmemengenzähler erfasst

GEBÄUDEAUTOMATION Mithilfe der Gebäudeautomation kann die technische Gebäudeausrüstung energieeffizient, wirtschaftlich und sicher bedient und betrieben werden. Sie umfasst Regel- und Steuereinrichtungen sowie beliebig viele Sensoren und Aktoren. Einige Automationssysteme verwenden einen Controller, an den alle Aktoren und Sensoren angeschlossen sind. Dieser Controller kann z. B. die Werte eines Temperatursensors überwachen und bei Bedarf ein Heizkörper-Stellventil öffnen. Bekannteste Vertreter dieser Variante sind SPS (Speicher-Programmierbares System) oder DDC (Direct Digital Control). Andere Systeme verlagern die Intelligenz in die Aktoren und Sensoren. Diese sind alle über ein Bus- bzw. Netzwerkkabel verbunden. So überwacht z. B. ein Temperatursensor einen Schwellenwert und sendet bei Bedarf einen Befehl direkt an das Heizkörper-Stellventil. Bekannteste Vertreter dieser Variante sind KNX (Konnex, ehemals EIB – Europäischer Installations-Bus) und LON (Local Operating Network).

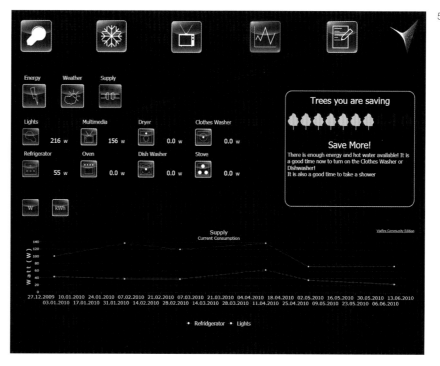

52

51   Übersicht und Verbindungen der einzelnen
     Komponenten der Gebäudeautomation
52   Layout der Benutzeroberfläche (GUI) des
     Touchpanels

Photovoltaik ▪ Lüftungsanlage ▪ Heißwasser
▪ Kühlen ▪ Heizen ▪ Hausgeräte

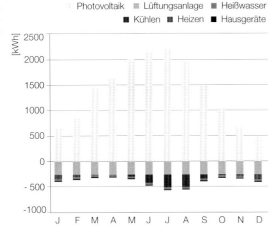

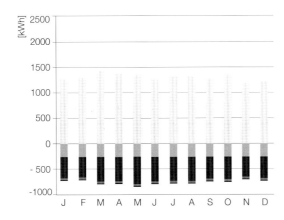

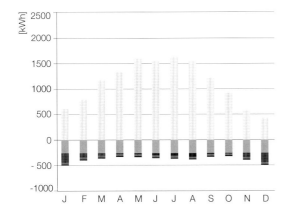

und über den Metering-Bus (M-Bus) übertragen. Dieses Bussystem verwaltet ca. 40 Komponenten und überträgt deren Werte an die DDC-Anlage.

Die darüberliegende Systemhierarchie, die Managementebene, ist für den Betrieb der Gesamtanlage nicht zwingend notwendig. Dargestellt wird sie vom Steuerungs- und Multimedia-PC. Dieser ermöglicht es, die Anlage um gewisse Funktionen zu erweitern. Er stellt zugleich eine zentrale Kommunikationsschnittstelle zwischen Mensch und der gesamten Automationsanlage dar. Die Managementebene für den Systemadministrator bildet die Gebäudeleittechnik-Software Desigo INSIGHT. Diese kommuniziert über BACnet mit der DDC-Anlage und diente während des Wettbewerbs der Überwachung der technischen Gebäudeausrüstung.

BERECHNUNGEN UND SIMULATIONEN

Von Beginn an hat das Rosenheimer Team den Entwurf des Solarhauses mithilfe von mehreren EDV-gestüzten Werkzeugen untersucht. Unterschiedliche Programme kamen in den verschiedenen Problembereichen zum Einsatz, um die jeweiligen Fragestellungen optimal beantworten zu können. Anfangs wurden einfache Tabellen verwendet, um einen allgemeinen Überblick über die einzelnen Parameter und deren Auswirkungen zu bekommen (z.B. Strahlungsdaten im Vergleich zur Dachfläche). Je detaillierter die Planung wurde, desto genauer wurden die benutzten Werkzeuge.

Eines dieser Optimierungsprogramme ist das PassivHausProjektierungsPaket (PHPP), das der Auslegung und Zertifizierung von Passivhäusern dient. Zur Ermittlung der Heiz- und Kühllasten sind die Programme ESP-r und IDA ICE herangezogen worden. Sie erlauben eine dynamische Betrachtung von Energieströmen in einem Bilanzierungsbereich (Zone – Raum), wie z.B. den Einfluss der solaren Strahlung auf die Raumtemperatur oder die Belastung durch interne Wärmequellen oder Ähnliches.

Für die Auslegung der Photovoltaikanlage wurde das Programm PV*SOL Expert 4.0 benutzt, das dem Team eine optimierte Lösung im Verhältnis Dachfläche zu Photovolaikmodulen ermöglichte.

Da die Entwicklung eines eigenen Sonnenschutzes und die Tageslichtverhältnisse eine wichtige Rolle spielten, wurden auch hier unterschiedliche Werkzeuge zur Untersuchung eingesetzt. So wurde mithilfe der Programme RADIANCE und WIS ein überschlägiger Abminderungsfaktor für den g-Wert der Verschattung und ihren Einfluss auf die Belichtung ermittelt.

ERGEBNISSE   Im Rahmen des Wettbewerbs sollte das Gebäudekonzept in mehreren Klimasituationen funktionieren. Im Fall des Rosenheimer Hauses ließ sich das durch Berechnungen außer für Madrid noch für die Standorte Rosenheim und Kuala Lumpur nachweisen. Insbesondere sollte belegt werden, dass das Gebäude mehr Energie erzeugt, als es letztendlich verbraucht. Um dies zu beweisen, waren verschiedene Betrachtungen erforderlich. Es mussten die Energieverbräuche den Energiegewinnen über einen bestimmten Zeitraum gegenübergestellt werden. Dabei wurde die Photovoltaik als Erzeuger des Gebäudestroms eingesetzt und direkt mit dem Verbrauch verglichen.

53–55   Die Diagramme stellen die Simulationsergebnisse der gebäudetechnischen Komponenten hinsichtlich ihrer Stromproduktion bzw. des Stromverbrauchs über ein Jahr gesehen in Madrid, Kuala Lumpur und Rosenheim (von oben nach unten) dar.

56   Team Rosenheim auf dem Hochschulgelände im Frühjahr 2010

TEAM IKAROS BAVARIA Die Hochschule Rosenheim bietet ein breites Spektrum an fachbezogenen Bachelor- und Master-Studiengängen in den Ausbildungsrichtungen Technik, Wirtschaft und Gestaltung an. Mit 21 Studiengängen in sieben Fakultäten stellt die Hochschule ein differenziertes Angebot bereit.

Die Teilnahme am Solar Decathlon Europe 2010 sollte ein Projekt der gesamten Hochschule werden, bei dem nicht eine Fakultät oder ein Studiengang im Vordergrund steht. Deshalb übernahm die zentrale Stabsstelle »Forschung und Entwicklung« der Hochschule Rosenheim die Initiierung und Koordination des Projekts und sorgte für die Einbindung aller Fakultäten.

Im ersten Schritt traten von Mitte Oktober bis Ende Dezember 2008 Teams bestehend aus Studierenden der Studiengänge Innenarchitektur, Innenausbau, Holzbau und Ausbau sowie Holztechnik gegeneinander in einem fakultätsübergreifenden Architekturwettbewerb an. Die Beteiligten hatten das Ziel, ein innovatives und zukunftsweisendes Gestaltungsprinzip zu entwickeln, das sowohl optisch als auch funktional überzeugt. Dabei sollte eine raumweise modulare Konstruktion die Flexibilität des Gebäudes auf allen Ebenen gewährleisten.

TEAM

49

57   Voller Tatendrang – das Team auf dem Weg zur
     Baustelle in Madrid
58–59   Stimmung während der »heißen« Phase –
        drum 'n' base in Lederhosen
60   Das Organigramm stellt dar, wie das Team im Lauf
     des Projekts zu einem »mittelständischen Unterneh-
     men« herangewachsen ist. Die Hochschule hat den
     Rahmen geschaffen, damit Studierende sich in
     ihrem Fach weiterbilden und entwickeln können. Alle
     Prozesse wurden von der Projektleitung und den
     sieben Teams basisdemokratisch entschieden. Die
     Teams wurden ausschließlich durch Studierende
     geleitet. Professoren standen als fachkundige Berater
     zur Seite, zudem hatten alle Teammitglieder die
     Möglichkeit, sich auf Wochenendseminaren ihrer
     Fachbereiche über ihr Studium hinaus weiterzubilden.

Eine unabhängige Jury wählte aus 16 Konzepten der Studententeams fünf Entwürfe aus, die in der nächsten Qualifizierungsrunde weiterbearbeitet wurden. Dabei sollte auf eine einheitliche Außenwirkung des Hauses geachtet werden. Ziel war es, eine Südfassade mit raumhohen Fenstern und einem innovativen Verschattungssystem zu gestalten, die Tageslicht bis tief in den Raum lässt.

Mitte Dezember 2008 fand eine erneute Begutachtung der verbliebenen Entwürfe durch die Jury statt, bevor abschließend der Sieger gekürt wurde. Das Konzept des Siegerteams setzte die Vorgaben am besten um: Ein Haus, das aus vier vorgefertigten Modulen besteht und im Innenraum durch verschiebbare und klappbare Möbel maximale Flexibilität schafft. Überdies entstand bei der Weiterentwicklung der Verschattung die Grundvorstellung einer beweglichen Zick-Zack-Struktur, die im nächsten Schritt weiter ausgearbeitet wurde.

Während sich ganz zu Anfang ausschließlich Architekten und Konstrukteure mit dem Projekt beschäftigten, kamen im Lauf des Planungsprozesses zunehmend Kommilitonen aus anderen Fachbereichen ins Team, das nun auch einen Namen erhielt: IKAROS Bavaria (Intelligenz in Konstruktion und Ausführung Rosenheim). Jetzt

arbeiteten Studierende und Mitarbeiter der Fakultäten Holztechnik und Bau, Informatik, Innenarchitektur, Angewandte Natur- und Geisteswissenschaften, Ingenieurwissenschaften und Wirtschaftsingenieurwesen gemeinsam auf das eine Ziel hin, ein attraktives und effizientes Solarhaus für Madrid zu bauen und im Wettbewerb möglichst gut abzuschneiden.

Entsprechend den Kompetenzen entstanden innerhalb des Teams Arbeitsgruppen, die sich eingehend mit ihrem Spezialbereich befassten:

• Architektur
• Innenausbau
• Nachhaltigkeit und Bauphysik
• Konstruktion und Produktion
• Energie- und Gebäudetechnik
• Kommunikation
• Transport und Logistik
• Aufbau

ENTWURFSÜBERPRÜFUNG   Für den Entwurf des Teams IKAROS Bavaria wurde ein 1:1-Modell gebaut, um die Funktionalität und Raumproportionen zu überprüfen und weiterzuentwickeln. Das Modell ermöglichte einen Überblick darüber, ob der gegebene Platz ausreichte und die Aufteilung der Möbel stimmig war. Zudem konnten sich die Projektbeteiligten einen realen Eindruck von

dem Raumgefühl verschaffen. Die daraus gewonnenen Erkenntnisse haben Planer, Konstrukteure und die am Projekt als Berater beteiligten Professoren überzeugt, das richtige Konzept gefunden zu haben. Nun konnte die Konstruktions- und Detailplanung des Wettbewerbshauses beginnen.

Die praktische Umsetzung war eine der größten Herausforderungen des Projekts, weil das Rosenheimer Team den Ehrgeiz hatte, alles selbst zu bauen. Dabei war es von Vorteil, dass die meisten Teammitglieder vor dem Studium eine Ausbildung zum Schreiner bzw. Tischler, Zimmerer oder Elektriker abgeschlossen hatten. Es war daher selbstverständlich, die handwerklich hohen Ansprüche eigenhändig zu verwirklichen. Mit fortschreitendem Bau wuchsen die Studierenden zu einem perfekt funktionierenden Team zusammen, das für den Wettbewerb gerüstet war. Es entstand ein großer Zusammenhalt und man zeigte viel Verständnis füreinander. Das Vertrauen und die Wertschätzung gegenüber jedem Projektmitarbeiter sorgten dafür, dass der errungene Erfolg am Ende allen gebührte. Die Vorfreude auf Madrid galt nicht nur der Teilnahme am Wettbewerb, sondern auch der gemeinsamen Zeit dort mit den Teammitgliedern, die zusammen seit fast zwei Jahren

darauf hinarbeiteten. Mehrere Teambildungs-
maßnahmen mit externen Coaches im Verlauf
der Planungs- und Bauphase trugen ihren Anteil
dazu bei.

INNOVATION TRIFFT TRADITION   In Madrid
angekommen, zeigte sich das gesamte Team
schon am ersten Aufbautag in traditioneller
Zimmermannskluft, wie es sich für echte Handwerker gehört. Nach sieben Tagen Nässe und
Kälte trug dies nicht nur zur Identifikation der
Gruppe bei, sondern diente gleichzeitig auch als
Regenschutz.
Zur feierlichen Eröffnung des Wettbewerbs trugen alle Teammitglieder erstmals die traditionell
bayerische Festtagstracht: Lederhosen und
Dirndl. Das Rosenheimer Team war damit einerseits unverwechselbar und demonstrierte andererseits zugleich, dass Tradition und Innovation
miteinander einhergehen.
Der Wettbewerb in Madrid hat bewiesen, dass
weder die Größe der Hochschule noch die
Anzahl ihrer Fachbereiche entscheidend für das
Ergebnis sind. Vielmehr ist es gelungen, durch
den Einsatz vieler Kräfte und durch ein gutes Miteinander ein Projekt dieses Umfangs zu stem-
men, ohne sich von Anfang an seiner Dimension
bewusst zu sein.

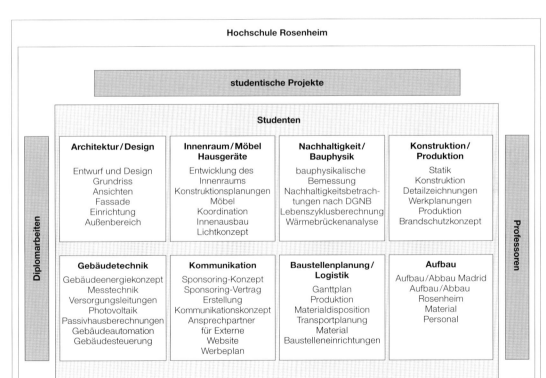

Hochschule Rosenheim

studentische Projekte

Studenten

Diplomarbeiten

Professoren

Architektur/Design	**Innenraum/Möbel Hausgeräte**	**Nachhaltigkeit/ Bauphysik**	**Konstruktion/ Produktion**
Entwurf und Design	Entwicklung des	bauphysikalische	Statik
Grundriss	Innenraums	Bemessung	Konstruktion
Ansichten	Konstruktionsplanungen	Nachhaltigkeitsbetrach-	Detailzeichnungen
Fassade	Möbel	tungen nach DGNB	Werkplanungen
Einrichtung	Koordination	Lebenszyklusberechnung	Produktion
Außenbereich	Innenausbau	Wärmebrückenanalyse	Brandschutzkonzept
	Lichtkonzept		

Gebäudetechnik	**Kommunikation**	**Baustellenplanung/ Logistik**	**Aufbau**
Gebäudeenergiekonzept	Sponsoring-Konzept	Ganttplan	Aufbau/Abbau Madrid
Messtechnik	Sponsoring-Vertrag	Produktion	Aufbau/Abbau
Versorgungsleitungen	Erstellung	Materialdisposition	Rosenheim
Photovoltaik	Kommunikationskonzept	Transportplanung	Material
Passivhausberechnungen	Ansprechpartner	Material	Personal
Gebäudeautomation	für Externe	Baustelleneinrichtungen	
Gebäudesteuerung	Website		
	Werbeplan		

Wirtschaft

STECKBRIEF

Hochschule	Hochschule für Technik Stuttgart
Teammitglieder	ca. 30 Teilnehmer in Madrid, ca. 150 Projektbeteiligte insgesamt
Standort	Stuttgart
Grundfläche	74 m²
Wohnfläche	48 m²
Gebäudehöhe	OK PV 3,80 m/OK Turm 5,06 m
lichte Raumhöhe	2,50–2,88 m
Bruttorauminhalt	ca. 200 m³
Planung	Oktober 2008 bis April 2010
Bauzeit	Januar bis Mai 2010
Konstruktion	massive Holzbauweise; Stahl-Glas-Konstruktion
Leitidee	Kombination von traditionellen, passiven und solaren Maßnahmen mit leistungsfähigen Materialien und innovativen Technologien; Modularität und Flexibilität für einfache Modifikation in unterschiedlichen Klimazonen
Innenraum	Ein-Raum-Konzept; klar ablesbare Modularität; multifunktionale Möbel; reduzierter, offener Raum geprägt von weißen Oberflächen und Eichenholz
Besonderheiten	innovative Entwicklungen wie Energieturm und PV/T-Kollektoren; Integration von Solarzellen in zwei unterschiedlichen Farben innerhalb rahmenloser PV-Module; speziell entwickelte Haustechnikgeräte
Webseite	www.sdeurope.de

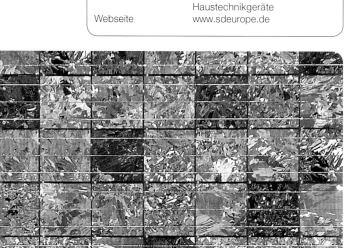

TEAM

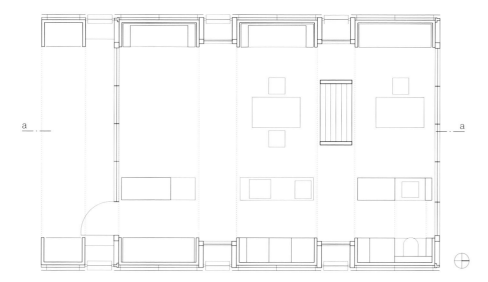

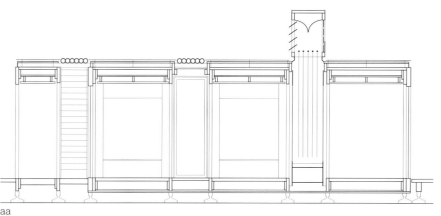

aa

STUTTGART

INTEGRATION VON TECHNIK UND GESTALTUNG

Der Entwurf von home⁺ basiert auf gestalterischen und energetischen Überlegungen. Als Maxime dienen die für den Wettbewerb Solar Decathlon Europe formulierten Ziele:

- bei Studenten und in der breiten Öffentlichkeit das Bewusstsein für die Möglichkeiten des energieeffizienten Bauens und der Nutzung regenerativer Energien steigern
- die Markteinführung innovativer solarer Energietechnologien fördern
- den Nachweis erbringen, dass energieeffizientes Bauen mit hohem Wohnkomfort und hoher architektonischer Qualität verwirklicht werden kann

Während sich das erste Ziel vorwiegend im Planungs- und Bauprozess und durch eine intensive Öffentlichkeitsarbeit erreichen lässt, ist für die erfolgreiche Umsetzung der beiden anderen Ziele das gebaute Ergebnis maßgeblich. Das Haus muss die Anforderungen an Komfort und Funktionalität erfüllen, den dafür notwendigen Energiebedarf minimieren und ausschließlich durch die Nutzung regenerativer Energiequellen decken. Aber erst durch die gelungene Integration der dafür verwendeten Materialien, Komponenten und Systeme in das Erscheinungsbild des Gebäudes kann die Akzeptanz durch die Nutzer erreicht werden. Letztendlich ist diese für eine Verbreitung auf dem freien Markt und auch für den nachhaltigen und bewussten Umgang mit dem Gebäude im Betrieb entscheidend.

Diesen Ansatz verkörpert home⁺ – ein Wohnhaus, ein Zuhause, das über den Zeitraum von einem Jahr deutlich mehr Energie bereitstellt, als es selbst benötigt, und das den Bewohnern ein Maximum an Komfort bietet. Für den Wettbewerb stehen bedingt durch den Austragungsort Madrid und das dortige Klima der sommerliche Wärmeschutz und die Kühlung des Gebäudes im Vordergrund. Aber das Haus funktioniert mit minimalen Modifikationen auch in Stuttgart, wo es nach dem Wettbewerb weitergenutzt wird. Das modulare Konzept lässt jedoch weitere umfangreiche Anpassungen an andere Klimate zu, z.B. in deutlich kälteren Zonen. Hierzu müsste nicht das ganze Haus modifiziert werden, sondern nur einzelne Modulbausteine. Bei allen Anpassungen bleiben die maßgeblichen energetischen Komponenten gleichzeitig prägende Elemente der Gestaltung des Hauses und in dessen räumliche Struktur integriert.

OPTIMIERUNG DER PASSIVEN SOLARNUTZUNG

Ausgangspunkt ist ein kompaktes und sehr gut gedämmtes Volumen, das eine geringe Hüllfläche im Verhältnis zum umschlos-

ARCHITEKTUR

01

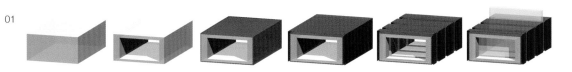

Volumen mit günstigem A/V-Verhältnis

Nord-Süd-Orientierung

hocheffiziente Dämmung

Energiehülle: Erzeugung elektrischer und thermischer Energie

Fugen: natürliche Belichtung und Belüftung

Energieturm: adiabate Kühlung und natürliche Belüftung

senen Raum aufweist. Dadurch werden die Transmissionswärmeverluste und damit auch der Energiebedarf reduziert. Das Volumen gliedert sich in einzelne Module, die mit etwas Abstand zueinander angeordnet sind. Die entstehenden Fugen dienen der Belichtung und Belüftung sowie der Vorwärmung der Zuluft im Winter und der passiven Kühlung im Sommer.

Eine besondere Rolle spielt dabei der Energieturm, der im Zusammenspiel von Wind und Verdunstungskühlung zur Erzeugung eines angenehmen Innenraumklimas in heißen und trockenen Regionen beiträgt, zu denen auch der Austragungsort des Solar Decathlon Europe 2010 zählt. Tradierte Prinzipien und Bauformen aus entsprechenden Gegenden wie z. B. die Windtürme im arabischen Raum und die in Spanien weitverbreiteten Patios dienten dafür als Vorbilder. In der Kombination mit heute verfügbaren neuen Materialien und Technologien entsteht ein Element, das hohen Komfort bei niedrigem Energieverbrauch ermöglicht und gleichzeitig die gestalterische und räumliche Wahrnehmung des Gebäudes maßgeblich prägt.

GEBÄUDEHÜLLE – INTEGRATION STATT ADDITION
Die äußere Erscheinung des Gebäudes wird von einer Energie erzeugenden Hülle aus Photovoltaikmodulen an der Ost- und

01 grundsätzliche konzeptionelle Überlegungen zu home⁺

01 grundsätzliche konzeptionelle Überlegungen zu
    home+
02 Energieturm mit einseitig schwarz gestrichenen
    Absorberplättchen im oberen Teil des Solarkamins.
    Die Lamellenfenster in den Fugen stehen offen.

Westfassade sowie auf dem Dach bestimmt. Ihren besonderen Charakter erhält diese Hülle durch den Einsatz farbiger Solarzellen in Bronze und Gold. Besonders die goldenen Solarzellen, die zwischen rötlichen, grünlichen und rein goldfarbenen Tönen changieren, tragen wesentlich zur Ästhetik der Fassade bei, deren Erscheinungsbild je nach Abstand des Betrachters sehr verschieden wirkt. Fällt kein direktes Sonnen- oder Kunstlicht auf die Hülle, so scheint sich das Gebäude, vor allem in begrünter Umgebung, geradezu zu tarnen. Im direkten Licht dagegen lässt die schillernde Fassade das Haus wie ein elegantes Schmuckkästchen erscheinen.

FASSADENMODULE Die großformatigen Glasmodule an den Fassaden (119 × 297 cm) unterstreichen die durch die Gebäudemodule und Fugen vorgegebene Gliederung und verleihen der Fassade einen klaren, ruhigen Rhythmus.

Im unteren Bereich der Fassadenmodule besteht die Belegung ausschließlich aus goldfarbenen Zellen, nach oben hin sind immer mehr bronzefarbene Zellen eingestreut. Diese Pixelung wird im Bereich der Attika in den kleinen Modulen auf dem Dach (119 × 102 cm) weitergeführt und geht schließlich vollständig in bronzefarbene Zellen über. Damit ergibt sich ein weicher Übergang zu den großen Glas-Glas-Modulen (119 × 232 cm) mit schwarzen, monokristallinen Zellen in der Dachmitte. Diese erzeugen nicht nur effizienter Strom als die Fassadenmodule, sondern zusätzlich auch kaltes Wasser. Dabei wird die langwellige Abstrahlung der Dachflächen gegen den kalten Nachthimmel zur Abkühlung von Wasser genutzt, das an der Rückseite der Module entlanggeführt wird. Um die dafür notwendigen Wärmeleitbleche und die Verrohrung zu verdecken, sind diese Glas-Glas-Module an ihrer Rückseite mit einer weißgrauen Emailleschicht versehen und somit trotz der ebenfalls mit Abstand verlegten Zellen opak.

GESTALTUNG DER FUGEN Die Größe aller verwendeten Solarzellen beträgt einheitlich 152 × 152 mm. Sie findet sich auch im Format der Absorberplättchen wieder, die in den seitlichen, als Solarkamine genutzten Bereichen des Energieturms hängen. Diese bestehen aus Gewichtsgründen und wegen der sehr geringen Oberflächenemissivität aus Aluminium und sind auf der jeweils sonnenzugewandten Seite mit einem schwarzen, selektiven Solarlack (siehe S. 73) beschichtet. Anders als die PV-Zellen sind sie in einem räumlichen, aufgelockerten Raster angeordnet und erfüllen über die reine Gestaltung hinaus eine doppelte Funktion: Sie dienen als Absorber für die Solarkamine und zur Verschattung der darunterliegenden Horizontalverglasung. Außerdem bewegen sie sich in der Luftströmung vergleichbar einem Mobile und nehmen damit ein poetisches Motiv auf, das auch bei den feuchten Tüchern im Turm zur Geltung kommt.

In den beiden anderen Fugen sind über der horizontalen Verglasung Vakuumröhrenkollektoren angeordnet. Die Absorberflächen im Inneren der evakuierten Glasröhren sind in einem Winkel von etwa 25° gegen Süden geneigt. Dadurch entsteht eine sheddachähnliche Struktur, die die solare Einstrahlung von Süden nahezu vollständig verhindert, aber das diffuse Nordlicht ungehindert in das Innere des Gebäudes einlässt. So dienen die Vakuumröhrenkollektoren neben der Warmwassererzeugung ebenfalls als Verschattungselemente und sind integraler Bestandteil des Erscheinungsbilds. Dies wird vor allem im Innenraum erlebbar, wo sich bei Sonnenschein feine Lichtstreifen im Schattenwurf der Absorberbleche auf dem Boden abzeichnen und der Blick nach oben in den nördlichen Himmel freigegeben wird.

An den östlich und westlich orientierten vertikalen Glasflächen der Fugen regulieren Rollstores die Sonneneinstrahlung und den Bezug von außen und innen, während an der Südseite ein Vorhang aus einem speziellen silikonbeschichteten und damit für den Außeneinsatz geeigneten Glas-

03 Der geschlossene transluzente Außenvorhang im Loggiabereich reduziert in der Mittagshitze den solaren Eintrag von der Südseite.

04 Die Abendsonne taucht das Haus in ein warmes Licht, in dem die zweifarbigen Solarzellen durch den hohen Gelbanteil in der Reflexion besonders stark zur Geltung kommen.

05 In der Abenddämmerung verändert sich das Erscheinungsbild der PV-Fassade durch die unterschiedlichen Reflexionseffekte in Abhängigkeit vom Wetter und von den Lichtverhältnissen.

06 Blick von erhöhter östlicher Position auf die als fünfte Fassade gestaltete Dachaufsicht mit den Vakuumröhrenkollektoren über den Glasfugen. Die Glasabdeckungen über beiden Solarkaminen im Energieturm sind geöffnet.

07

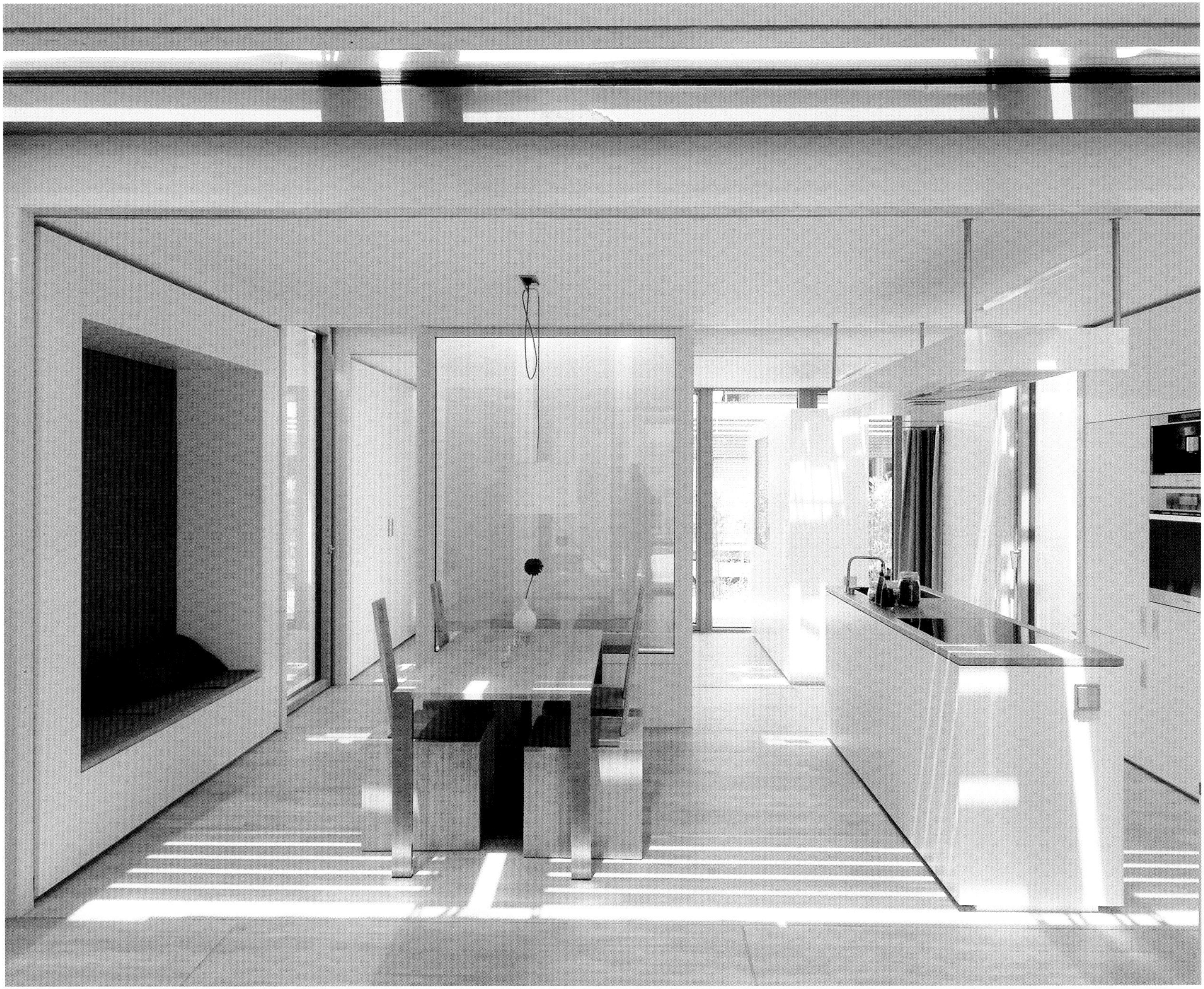

07 Blick im Innenraum von Süden nach Norden auf den Esstisch und den Energieturm dahinter. Die Maßnahmen zur Reduktion der solaren Einträge beeinträchtigen die helle Raumwirkung nicht.
08 Glasfugen gliedern den Innenraum.
09 Der sich in den klammerartigen Modulen ergebende Raum wird für Stauflächen und Sitznischen genutzt.
10 Raumzonierungskonzept
11 Möblierungsvariante Wohnen und Arbeiten zu zweit
12 Möblierungsvariante Schlafen
13 Möblierungsvariante Dinnerparty für acht Personen

08
09

fasergewebe diese Aufgaben übernimmt. Das Terrassenmodul erfüllt auch eine saisonal veränderliche Sonnenschutzfunktion. Während im Sommer die steil stehende Südsonne abgeschattet wird, kann die tief stehende Wintersonne weit in das Gebäudeinnere eindringen und so den Raum erwärmen.

INNENRAUM Der Innenraum ist gestalterisch durch die Reduktion der eingesetzten Mittel geprägt. Die Fronten der Einbaumöbel, die Decken, die Tücher im Energieturm, die Blechverkleidung in den Fugen und das Terrassenmodul bilden weiße Flächen, massives Eichenholz findet sich in den horizontalen Flächen, im Boden und den beweglichen Möbel. Die Sitznischen und die Kissen sind mit grünem Filz bezogen. Die Holzprofile der Fensterelemente und die Stirnseiten der primären Holzkonstruktion sind in Hellgrau leicht abgesetzt, wodurch der modulare Aufbau des Hauses ablesbar wird.
Im Kontrast dazu stehen die Fassade mit den zweifarbig gepixelten PV-Modulen und den Lamellen vor den Fugen, die sich mobileartig bewegenden Absorberbleche in den Solarkaminen und die nachts farbig angestrahlten Tücher im Energieturm.
Auch im Innenraum bestimmt der Wechsel von Modulen und Fugen die Gliederung. Im Süden definiert das schmale Terrassenmodul den Übergang zwischen Außen- und Innenraum. Von hier wird das Haus auch betreten.

EIN RAUM, VIEL RAUM Der Innenraum des Hauses erschließt sich mit einem Blick und wird durch den Energieturm und ein in Nord-Süd-Richtung verlaufendes Möbelband zoniert. Der Energieturm, in dessen Innerem schmale weiße Baumwollstoffbahnen versetzt in mehreren Lagen hintereinander hängen, trennt den großen, öffentlicheren Bereich in den beiden südlichen Modulen vom eher privaten im nördlichen Modul.
Als räumliches Element kommt dem Turm dabei eine zentrale Bedeutung zu wie etwa dem offe-

10
11
12
13

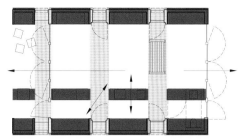

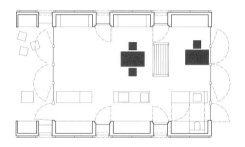

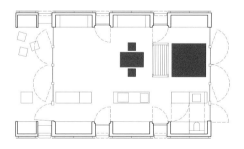

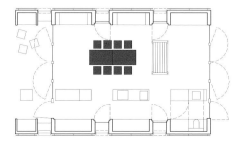

59

14   Blick vom Bad in den Schlaf-/Arbeitsbereich mit
transparent geschalteter trennender Verglasung
15   trennende Verglasung zwischen Bad und Schlaf-/
Arbeitsbereich transluzent geschaltet
16   Variationsmöglichkeiten des modularen Basiskonzepts
durch horizontale Addition und Modifikation der einzelnen Module
17   Anpassung des Konzepts an andere Klimazonen
18   home+ in Gegenden mit hohem Windenergiepotenzial

nen Kamin in alten mitteleuropäischen Bautypo-
logien. Nur spendet er keine Wärme, sondern im
heißen Madrider Sommer angenehm kühle Luft.
Nachts dienen die Tücher im Inneren des Turms
als Projektions- bzw. lichtstreuende Flächen, die
mithilfe von farbigen LED-Leuchten ein wechseln-
des Farbspiel bieten.
Das Möbelband definiert eine dienende Zone, in
der von Süden nach Norden der Eingang, die
Küche und das Bad liegen. Durch die Höhe der
Möbel wird der Bezug zwischen Hauptzone und
dienender Zone moduliert. So öffnet sich der
Eingangsbereich erst allmählich zum großen
Gemeinschaftsbereich, während der niedrige
Küchenblock einen starken Bezug zwischen dem
Koch- und dem Essbereich zulässt. Ein hohes
Möbel trennt das Bad vom Individualbereich zum
Arbeiten und Schlafen.
Am Waschbecken ermöglicht eine mittels LCD-
Technologie (siehe S. 40) zwischen transparent
und transluzent schaltbare Verglasung die indivi-
duelle Regulierung der Sichtbeziehung zwischen

Bad und Schlafbereich. Im Wohnbereich verschwindet der Fernseher bei Bedarf hinter einer
ebenso schaltbaren Verglasung.

MÖBLIERUNG   Die offene und klare Zonierung
des Innenraums lässt trotz der geringen Grundfläche von ca. 50 m² ein großzügiges Raumgefühl entstehen. Eine flexible Möblierung bespielt
die multifunktional nutzbaren Flächen: einfache
Hocker, die durch einsteckbare Lehnen zu bequemen Sitzen werden, sowie zwei Tische, die
einzeln oder zu einer großen Tafel zusammen-
geschoben genutzt werden können.
Der Gemeinschaftsbereich lässt sich durch die
flexible Möblierung sowohl in einen Ess- und
einen Wohnbereich untergliedern wie auch mit
zwei aneinandergestellten Tischen im Ganzen für
eine größere Einladung nutzen.
Auch die Beleuchtung des Raums ist auf die verschiedenen Nutzungsszenarien abstimmbar. So
können zwei Lampenschirme an den jeweils pas-
senden Stellen an der Decke befestigt und mit

Strom versorgt werden. Es besteht jedoch auch
die Möglichkeit, einen der beiden Schirme auf
einem Ständer zu befestigen und als Stehleuchte
flexibel im ganzen Haus einzusetzen.
Die Sitznischen laden zum Entspannen ein. Auch
die zeitweise nicht benötigten Hocker lassen sich
hier unterbringen.
Der Privatbereich im Norden ist ebenfalls flexibel nutzbar. Ausgestattet mit einem der beiden
Tische und einem Hocker dient er als Arbeits-
raum. Abends wird mit wenigen Griffen das Bett
aus dem Wandschrank aufgestellt und der Raum
in einen Schlafbereich verwandelt.

MODULARITÄT – MEHR ALS NUR EIN HAUS
Der modulare Aufbau von home+ ermöglicht die
Weiterentwicklung zu einem Bausystem. Durch
die horizontale und vertikale Addition der Module
und Fugen können nachhaltige, energieeffiziente
und architektonisch hochwertige Gebäude mit
hohem Wohnwert für Singles, Paare, Familien
oder Wohngemeinschaften entstehen. Eine

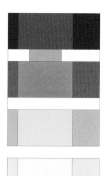

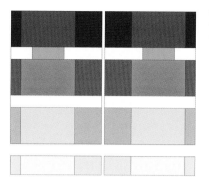

breitere Fugen für
höheren Energie-
eintrag in kälteren
Regionen

Warmwasser-
speicher

Kamin zur
Beheizung

Windkraft

adiabater Kühlturm

Anpassung an die benötigten Raumgrößen ist dabei vor allem durch die maßliche Modifikation der Holzmodule und deren Addition möglich. Darüber hinaus kann das Gebäude, insbesondere über die Modifikation der Fugen, an die klimatischen Gegebenheiten des jeweiligen Standorts funktional angepasst werden. So steigern z. B. größere Fugen in nordischen Ländern den Lichteintrag und die passiven solaren Wärmegewinne. Genauso ist in windreichen Küstenregionen anstelle der adiabaten Kühlung auch die Stromproduktion durch Windturbinen im oberen Bereich des Energieturms denkbar. In feucht-heißen Zonen könnte mit einer solar regenerierten sorptiven Entfeuchtung reagiert werden.

MODULARER AUFBAU Das Gebäude besteht aus vier Holzmodulen, die mit Stahl-Glas-Fugen verbunden sind. Drei der vier Holzmodule und die dazwischenliegenden Fugen umschließen den konditionierten Innenraum und sind daher auch an Wand, Decke und Boden gedämmt.

Die Verglasungen sind durchgängig mit Dreifach-Isolierglas ausgeführt. Das vierte Holzmodul ist nur etwa halb so breit und dient ausschließlich als Witterungsschutz und Verschattung. So ist auch die südlichste der drei Fugen lediglich mit Einfachverglasung versehen. Module und Fugen bilden zusammen ein Gebäude mit äußeren Abmessungen von 10,90 × 6,80 m im Grundriss und einer Gebäudehöhe von 3,50 m.

MONTAGE Bei der Montage des Hauses wird zunächst die Unterkonstruktion aus Stahlfüßen aufgestellt und in allen Richtungen ausgerichtet. Die Abstände zwischen den Fundamenten erge-ben sich dabei über einlegbare Flachstahlstangen, die gleichzeitig als Aussteifung dienen. Die Höhe wird in einem ersten Schritt über Unterlegehölzer eingestellt und mithilfe der vertikal verstellbaren Auflagerpunkte fein justiert. Mit einem gut eingespielten Team ist es möglich, die komplette Unterkonstruktion in etwa 90 Minuten zu errichten.

Auf die Auflagerpunkte der Unterkonstruktion werden die Holzmodule gesetzt. Diese bestehen aus je zwei Rahmen aus Furnierschichtholz (FSH, Stärke 75 mm), die im Decken- bzw. Bodenelement mit Balken aus Konstruktionsvollholz und OSB-Platten verbunden sind. Die oberen und unteren Rahmenriegel müssen die Lasten aus dem Dach bzw. aus dem Boden zu den Auflagern hin abtragen, die beiden seitlichen Rahmenstiele steifen in Querrichtung aus. Die biegesteife Eckverbindung wird über eingeleimte Gewindestangen mit Vorspannung erreicht. An diesen werden auch die Kranhaken

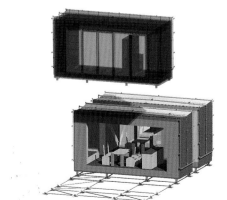

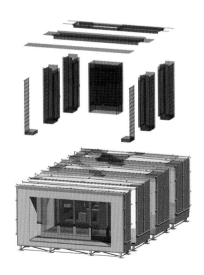

KONSTRUKTION

befestigt, sodass die statische Belastung der Konstruktion sich beim Versetzen der Module kaum von der Belastung im montierten Zustand unterscheidet. Die außen liegenden senkrechten Rahmenstiele weisen eine statische Höhe von ca. 65 cm auf. Die beiden Modulrückwände bestehen aus Furnierschichtholzplatten mit gesperrter Faserrichtung.

VORFERTIGUNG Die Vorfertigung der Holzmodule erfolgte in den Hallen der Firma müllerblaustein in Blaustein bei Ulm, die an der Ausführung der Holzbauarbeiten maßgeblich beteiligt war. Auch die Dämmung der Module mit Vakuumdämmpaneelen (Wand, Dach und Boden) und Schafwolle (Decke und Boden; siehe S. 90), die Abdichtung, die Montage der Unterkonstruktion für die PV-Module und ein Großteil der HLS- und Elektroinstallationen wurden dort an- und eingebracht. Die Ausbauten der Innenoberflächen und der Möbel wurden erst während der

Montage in Stuttgart im schon geschlossenen Gebäude vollendet. Die Vorfertigung in der Halle erlaubt präzises Arbeiten ohne störende Witterungseinflüsse und stellt eine hohe Qualität der Bauausführung sicher. Gerade bei der Verarbeitung von Vakuumdämmpaneelen ist dies von hoher Bedeutung. Durch diese Dämmpaneele und eine Unterkonstruktion aus Recycling-PUR erreicht der Wandaufbau einen U-Wert von 0,13 W/m²K und der Decken- und Bodenaufbau sogar einen U-Wert von 0,10 W/m²K. Damit liegt home⁺ unter dem im Passivhausstandard definierten Wert von 0,15 W/m²K.

FUGEN Sind die Module auf der Unterkonstruktion ausgerichtet, kann mit dem Versetzen der Fugen begonnen werden. Die Stahl-Glas-Fugen sind jeweils aus drei Teilen aufgebaut. Die beiden vertikalen Elemente bestehen aus den außen liegenden Glaslamellen, den gedämmten Seitenteilen mit Blechverkleidung und den Drehkipp-

19 Absetzen der Module auf der ausgerichteten Unterkonstruktion
20 Vorfertigungs- und Montagekonzept von home⁺
21 Montage des Aufsatzes für den Energieturm
22 Anbringen der solaraktiven Gebäudehülle
23 Errichtung des Außenbereichs (Terrasse)

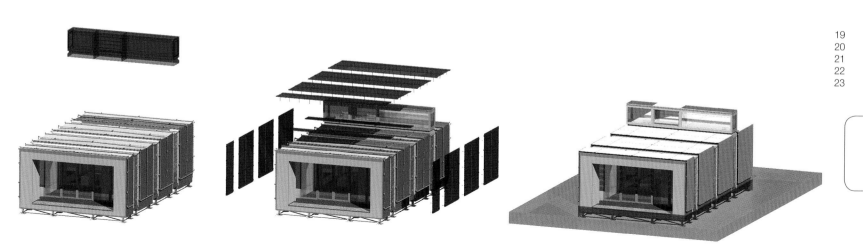

19
20
21
22
23

fenstern aus Holz mit Dreifach-Isolierverglasung. Sie werden als ein Element auf jeweils einer Stahlkonsole aufgesetzt und mit den Holzmodulen verbunden und abgedichtet.

Im Dachbereich schließt eine große Dreifach-Isolierverglasung mit einem Holzrahmen die Fuge. In der nördlichen Fuge ist die horizontale Verglasung zweigeteilt, dazwischen findet der untere Teil des Energieturms als eigenständiges Element seinen Platz. Die aufgesetzte Laterne mit Glaslamellen im oberen Teil des Energieturms und zwei Solarkaminen vervollständigt diesen Gebäudeteil.

Im Bodenbereich schließt eine Sandwichkonstruktion aus OSB-Platten und Vakuumdämmpaneelen die Fugen nach unten ab. Sämtliche HLS- und Elektroleitungen verlaufen im Boden und müssen in den Fugen beim Aufbau verbunden werden, bevor der Zwischenraum mit Schafwolle gedämmt und die oberen Bodenplatten eingelegt werden können.

PHOTOVOLTAIKMODULE Die Unterkonstruktion der PV-Module besteht aus Flachstahl und trägt die Lasten über einzelne Befestigungspunkte auf die Holzmodule ab. Die PV-Module selbst sind großformatige und rahmenlose Glas-Glas-Module und mit Punkthaltern auf der Unterkonstruktion befestigt.

24 Errichtung der Rohbaumodule in der Montagehalle in Blaustein bei Ulm
25 Einbau der Trassen und Medienversorgung in die Rohbaumodulen
26 Vertikalschnitt Fuge im Dachbereich   Maßstab 1:20
27 Vertikalschnitt Fußboden   Maßstab 1:20
28 Horizontalschnitt Fuge   Maßstab 1:20

1 Dachaufbau:
  Photovoltaikpaneel aus VSG mit einlaminierten
  Solarzellen 17,7 mm
  Abdichtungsbahn
  OSB-Platte mit 3 % Gefälle 20 mm
  Dämmung Schafwolle 120 mm
  OSB-Platte 20 mm
  Vakuumdämmung 2-lagig mit versetzten Stößen 40 mm
  OSB-Platte 25 mm
  Holzbalkendecke 80/160 mm, dazwischen Dämmung
  Schafwolle 160 mm
  OSB-Platte 22 mm
  Dampfsperre
  Kühldecke 54 mm
  Phasenwechselmaterial (85 % Salzhydrate,
  15 % Graphit) 10 mm
  Gipskartonplatte 20 mm
2 Tragkonstruktion für Photovoltaik aus verzinktem Stahl
3 Vakuumröhrenkollektoren direkt durchströmt
4 Dreifach-Überkopfverglasung U = 0,5 W/m²K, g = 48 %
  ESG 6 mm + Argon 18 mm + ESG 4 mm +
  Argon 18 mm + VSG 6 mm
5 Bodenaufbau:
  Bodenbelag Eiche weiß geölt 10 mm
  Weichfaserplatte mit Fußbodenheizung 30 mm
  Ausgleichsschicht, OSB-Platte 30 mm
  Holzbalkenkonstruktion 60/240 mm, dazwischen
  Dämmung Schafwolle 240 mm
  OSB-Platte 22 mm
  Vakuumdämmung 24 mm
  OSB-Platte 20 mm, Abdichtungsbahn
6 Wandaufbau:
  Photovoltaikpaneel aus VSG mit einlaminierten
  Solarzellen 17,7 mm
  Abdichtungsbahn, OSB-Platte 20 mm
  Vakuumdämmung 2-lagig mit versetzten Stößen 40 mm
  Dampfsperre
  Tragkonstruktion Furnierschichtholz 75 mm
  Möbelkorpus Spanplatte 650 mm
7 Fugenleibung:
  Aluminiumverkleidung beschichtet 3 mm
  OSB-Platte 12 mm
  Schafwolle 40 mm
  Vakuumdämmung zweilagig mit versetzten Stößen mit
  Silikatfüllung 40 mm
  OSB-Platte 20 mm
  Tragkonstruktion aus Furnierschichtholz 75 mm
  Möbelkorpus Spanplatte 650 mm
8 Dreifach-Verglasung U = 0,5 W/m²K, g = 50 %
  ESG 4 mm + Argon 18 mm + ESG 6 mm +
  Argon 18 mm + VSG 4 mm
9 Sonnenschutz
10 Glaslamellen h = 250 mm aus VSG 8 mm,
  motorbetrieben

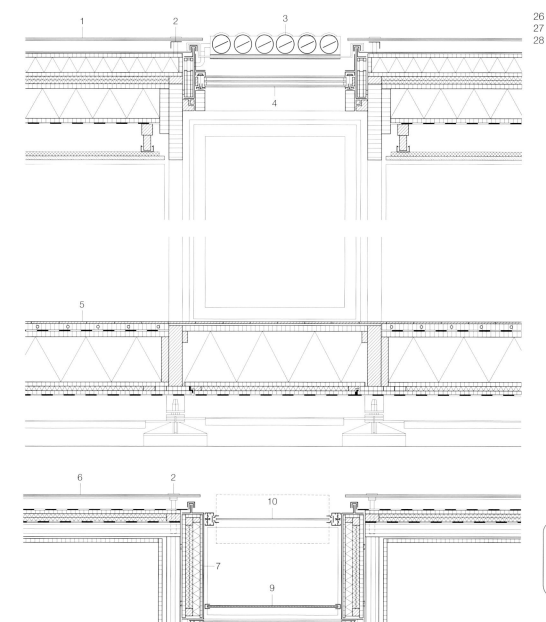

KONSTRUKTION

Das Klima in Madrid ist heiß und trocken, gerade zur Zeit des Wettbewerbs im Juni. Die Wettbewerbsregeln geben vor, dass im Inneren der Häuser die Temperatur zwischen 23 und 25 °C und die relative Luftfeuchte zwischen 40 und 55 % gehalten werden soll. Dies ist im Hinblick auf die sinnvolle Verwendung regenerativer Energien sicher infrage zu stellen, da zumindest im europäischen Kontext die Behaglichkeitskriterien weiter gefasst werden könnten. Die engen Wertefenster des Reglements beim Solar Decathlon Europe erzwingen einen unverhältnismäßig hohen Technikeinsatz. Neben dem Wettbewerb in Madrid spielt für den Entwurf aber auch die Nachnutzung in Stuttgart eine große Rolle.

Das Energie- und Versorgungskonzept von home+ basiert auf folgenden Grundprinzipien:

- maximale Reduktion des Energiebedarfs durch Optimierung der sogenannten passiven Maßnahmen: optimales Verhältnis von Hüllfläche zu Volumen, richtige Orientierung, Wärmedämmung, angemessenes Öffnungsverhältnis, wirksame Verschattung, Ausnutzen der Möglichkeiten der natürlichen Lüftung, Maximierung der Wärmespeicherkapazitäten im Haus etc.
- maximale Effizienz im Umgang mit dem Restenergiebedarf (hier grundsätzlich Strom) für Haushaltsgeräte, Wärmepumpe, Beleuchtung, Hilfsenergie etc.
- maximale eigene Bereitstellung regenerativer Energie: Strom über Photovoltaik auf dem Dach und an den Fassaden, Wärme über Vakuumröhrenkollektoren über den Glasfugen, Kälte (und teilweise auch Wärme) über spezielle, neu entwickelte photovoltaisch-thermische (PV/T) Kollektoren auf dem Dach
- maximale Nutzung von Synergieeffekten durch Optimierung des hydraulischen Systems und der Gebäudesteuerung. Hierzu gehört auch der sinnvolle Einsatz von Speichertechnik zur Überbrückung der Tag-Nacht-Wechsel.

NATÜRLICHE LÜFTUNG In einem hochgedämmten und weitgehend dichten Gebäude spielt die Kontrolle der Lüftung eine maßgebliche Rolle. Die natürliche Lüftung übernehmen in diesem Fall die verglasten Fugen. Je nach Anforderungen an die Zuluft kommt eine der folgenden drei Möglichkeiten zur Anwendung:

- Belüftung über den Energieturm
- Öffnung der Fugen zur freien Querlüftung und Kühlung in den Übergangsjahreszeiten
- in den Wintermonaten Vorerwärmung der Luft durch die doppelschalig verglasten Fugen, bevor sie in den Innenraum eingeführt wird

29

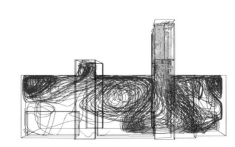

ENERGIEKONZEPT

Aufgrund der Klimabedingungen in Madrid, vor allem durch die hohe solare Einstrahlung und die hohen Außentemperaturen, besitzt der Kühlfall Priorität. Die hochgedämmte Bauweise begrenzt den sommerlichen Wärmeeintrag, aber auch die Transmissionswärmeverluste, die in der Nacht im Sommer vorteilhaft wären. Gleichzeitig reduziert sich hierdurch die im Winter in Madrid oder Stuttgart erforderliche Heizlast auf ein Minimum.

ENERGIETURM Der Energieturm stellt ein Kernelement für die Gewährleistung hohen Wohnkomforts dar. In Verbindung mit den schon erwähnten traditionellen Motiven entsteht mit heute verfügbaren Materialien und Technologien ein Bauteil, das dem Nutzer Behaglichkeit bei niedrigem Energieverbrauch ermöglicht. Gleichzeitig macht der Energieturm als gestalterisches Element einen Teil des Energiekonzepts für den Nutzer sicht- und erlebbar.

Die Klimafuge, in der sich der Energieturm befindet, ist in drei vertikale Bereiche geteilt. Der mittlere Bereich fängt die anströmende Luft oben ein und leitet sie nach unten ins Gebäudeinnere. Da der Turm das Gebäude aufgrund der Rahmenbedingungen des Wettbewerbs nur geringfügig überragt, wurde das Anströmverhalten im Vorfeld ausführlich durch Simulationen und Windkanaltests anhand eines Modells untersucht.

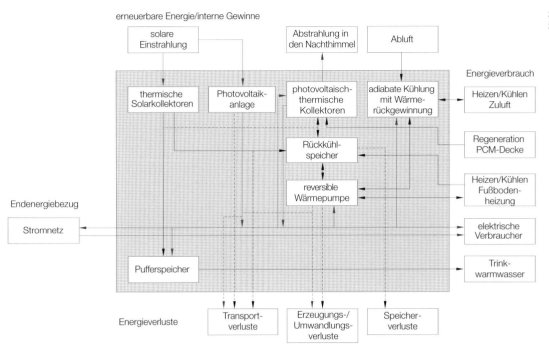

29 Untersuchung der Strömungssituation für die Nutzung des Energieturms: Anströmverhalten von außen und Verteilung der Luft im Gebäude
30 schematische Darstellung des Energieversorgungskonzepts
31 erhöhter Blick von Südost

ENERGIEKONZEPT

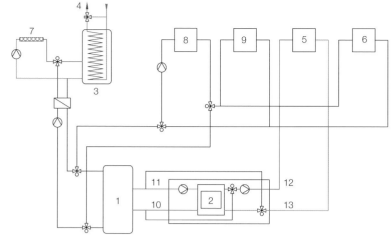

34
35

1 Rückkühlspeicher 1200 l	4 Warmwasser	8 PV/T-Kollektoren	10 Vorlauf Wärmesenke
2 reversible Wärmepumpe	5 Fußbodenheizung	9 Lüftungsgerät mit	11 Rücklauf Wärmesenke
3 hygienischer Warmwasser-	6 PCM-Kühldecke	adiabater Kühlung und	12 Vorlauf Kühlkreislauf
speicher 300 l	7 Vakuumröhrenkollektor	Wärmerückgewinnung	13 Rücklauf Kühlkreislauf

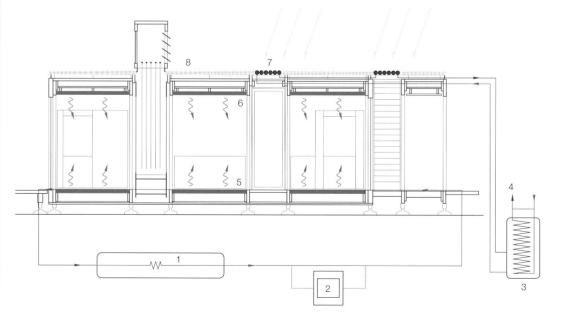

TEAM STUTTGART

PASSIVE KÜHLUNG Im Inneren des Turms werden abgehängte Baumwolltücher von oben über ein perforiertes Rohr und eine speziell entwickelte Stoffbefestigung gleichmäßig mit Wasser benetzt. Das Ziel der Wasserversorgung und -verteilung ist, dass die Flüssigkeit nicht in großen Mengen an den Tüchern hinunterläuft, was eine hohe Wasserumwälzung zur Folge hätte und ineffizient wäre, sondern dass diese vollflächig feucht gehalten werden. Dadurch kühlt die durchströmende Luft über Verdunstungskühlung ab und wird befeuchtet. Anschließend tritt diese gekühlte Luft im Sockelbereich des Turms quellluftartig in den Innenraum und trägt zum Wohnkomfort bei. Die Funktion des Turms wurde anhand eines 1:1-Modells ausführlich durch Messungen untersucht. Die Abluft verlässt das Gebäude durch die öffenbaren Bereiche im Dach des Energieturms links und rechts neben dem Windeintrittsbereich, unterstützt durch sogenannte Solarkamine. In diesen heizen sich mobi-

leartig gestaltete Absorberflächen durch die solare Einstrahlung auf und geben die Wärme an die umgebende Luft ab. Der dadurch entstehende thermische Auftrieb unterstützt die Durchströmung der Kamine und führt zu einem Unterdruck im Gebäude, was die Funktion des kühlenden Teils des Turms stärkt.
Konstruktiv ist dieses Fugenelement von hoher Komplexität, denn die thermische Trennebene wird im mittleren Bereich nach innen verlegt. Gleichzeitig erhöhen die geforderte Transportfähigkeit und die äußerst kurze Auf- und Abbauzeit im Wettbewerb die Anforderungen erheblich. Letztendlich wurde die Energieturmfuge daher in fünf vorgefertigte Teile zerlegt.

LEISTUNGSFÄHIGKEIT Der Energieturm kann vor allem dann einen Beitrag zur Gebäudekühlung liefern, wenn die Umgebungstemperaturen nicht zu hoch und die Umgebungsfeuchte niedrig ist. Um die relative Feuchte im Raum auf

ADIABATE KÜHLUNG Die adiabate Kühlung nutzt die Verdunstung von Wasser zur Kühlung von Luft. Die für die Verdunstung, also den Phasenübergang vom flüssigen in den gasförmigen Aggregatszustand, benötigte Energie wird der Umgebung in Form von Wärme entzogen. Dadurch kühlt sich die Umgebung im Bereich der Verdunstung ab. Dieser Effekt findet auch in der Natur Anwendung, z. B. bei der Temperaturregulierung des Körpers durch Schwitzen. Der Schweiß verdunstet an der Oberfläche der Haut und entzieht die dafür notwendige Energie dem Körper, der sich dadurch abkühlt.

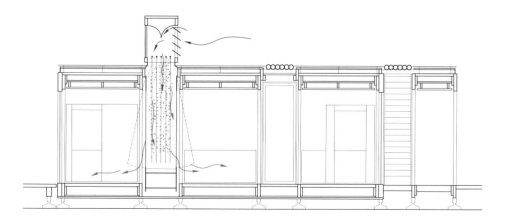
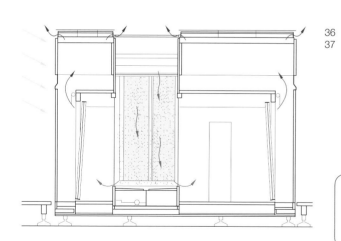

32 Techniknische im Eingangsbereich mit Wärmepumpe, Solarspeicher (grau) und Lüftungsgerät (blau)
33 schematische Darstellung der aktiven Kühlung über die reversible Wärmepumpe
34 Beleuchtungsprobe für den Energieturm. Die Tücher

im Turm können über LED in jeder Farbe angestrahlt werden.
35 schematische Darstellung der freien Kühlung über den Fußboden
36–37 Längs- und Querschnitt durch den Energieturm

ENERGIEKONZEPT

40

==== 1. Nachthälfte: Entladung der PCM-Decke
==== 2. Nachthälfte: Regenerierung des Rückkühlspeichers

38 Herstellung der PV/T-Kollektoren: Verkleben der
    Wärmeleitbleche auf der Modulrückseite
39 Lötarbeiten in den Werkstätten der HFT Stuttgart
40 schematische Darstellung der nächtlichen Nutzung
    der PV/T-Kollektoren zur thermischen Entladung
    der PCM-Decken und zur Regeneration des Rück-
    kühlspeichers
    1 Rückkühlspeicher 1200 l
    2 reversible Wärmepumpe
    3 Fußbodenheizung
    4 PCM-Decke

5 Vakuumröhren
6 PV/T-Kollektoren
41 Vertikalschnitt Maßstab 1:10
    PV/T-Kollektoren und PCM-Decke
    1 einlaminierte PV-Zellen im Glas-Glas-Modul
    2 Absorberbleche und Zirkulationsleitung
    3 Zirkulationsleitung
       Gipskartonplatte mit aufgelegten Graphit-
       infiltrierten PCM-Platten
42 Gebäude bei Nacht: Die farbige Wechselbeleuchtung
    der Tücher im Energieturm ist deutlich zu sehen.

maximal 55 % bei 25 °C Raumtemperatur zu begrenzen, darf die Zuluftfeuchte 11 g pro kg Luft nicht überschreiten. Ausgehend von der jeweiligen gemessenen Außenluftfeuchte berechnet die Gebäudesteuerung die maximale Außenlufttemperatur, mit der bei Verdunstungskühlung durch den Energieturm der Raum noch gekühlt werden kann. Ist die Außenluft bereits sehr feucht, darf die Umgebungstemperatur nur geringfügig über dem Sollwert der Zulufttemperatur liegen, während bei trockener Außenluft auch bei hoher Außentemperatur noch ein Kühleffekt erzielt wird, ohne dass die relative Luftfeuchte einen angenehmen Wert überschreitet. Erst wenn die Außenbedingungen eine Nutzung des Energieturms nicht mehr zulassen, muss auf die aktiven Systeme (Lüftungsgerät, Wärmepumpe) ausgewichen werden.

Die Luftmenge, die durch den Energieturm strömt, hängt von der jeweiligen Windrichtung und Windgeschwindigkeit ab. Die entsprechenden Widerstandsbeiwerte wurden im Windkanal mit einem Gebäudemodell detailliert vermessen. Mit den Beiwerten lässt sich der Antriebsdruck für eine gegebene Windgeschwindigkeit und -richtung berechnen. Abhängig von den Druckverlusten im Gebäude wird dann der durch den Turm beförderte Volumenstrom ermittelt, der Aussagen über sein Einsatzpotenzial zulässt, d.h. unter welchen Außenbedingungen der Turm wie viel leisten kann. Pro Pascal Antriebsdruck ergeben sich etwa 200 m³/h Luftvolumenstrom.

Der für die Verdunstungsmenge an den Baumwolltüchern wichtige Massenübergangskoeffizient wurde in einem Prototyp von 5 m Höhe experimentell bestimmt und liegt bei $2{,}24 \times 10^{-8}$ kg/(m²·s·Pa). Die Prüfstandsmessungen wurden zur Validierung eines Simulationsmodells verwendet, mit dem das Potenzial des Energieturms für unterschiedlichste Umgebungsbedingungen im Vorfeld des Wettbewerbs ermittelt wurde. Bei 30 °C und 50 % relativer Feuchte werden bei moderaten Windgeschwindigkeiten von 2,5 m/s maximal 1,2 kW Kühlleistung erzeugt. Sinkt die Windgeschwindigkeit auf 1 m/s, reduziert sich die Leistung auf 0,4 kW. Eine Durchströmung des Turms findet allerdings nur bei günstigen Windrichtungen statt.

Der energetische Beitrag zur sommerlichen Kühlung des Gebäudes ist mit 1,1 kWh/m² eher gering. Ein Einsatz ist aber in einer Jahresbetrachtung vor allem auch durch den Nutzen in den Übergangszeiten sinnvoll, zumal die Kühlenergie nahezu ohne Antriebsenergie mit einem sehr geringen Wasserverbrauch bereitgestellt wird. Zudem lässt sich der Turm über weite Teile des Jahres zur freien Lüftung ohne Antriebsstrom nutzen.

INNOVATIVE SPEICHERDECKE UND PV/T-KOLLEKTOREN
Die einfachste Methode zur Vermeidung von Temperaturspitzen im Raum besteht darin, ein Gebäude mit ausreichend thermischer Masse in den raumumschließenden Bauteilen auszuführen. Bei einem Haus, das ca. 1800 km quer durch Europa transportiert werden muss, kommt eine massive Bauweise aus nachvollziehbaren Gründen nicht infrage. Bauteile mit

integrierten Phasenwechselmaterialien (PCM, siehe S. 44) bieten aber die Möglichkeit, Leichtbauten mit zusätzlicher thermischer Trägheit zu versehen. Die Materialien (in diesem Fall spezielle Salzhydrate) nehmen im Temperaturbereich ihres Schmelzpunkts (hier ca. 22 °C) verhältnismäßig große Mengen an Wärme aus dem Raum auf. Sinkt die Raumtemperatur unter die Erstarrungstemperatur oder werden die PCM mit Wasser gekühlt, gehen sie wieder in den festen Aggregatszustand über und geben Wärme ab. Die mit PCM belegte abgehängte Decke nimmt tagsüber Wärme aus dem Raum auf und speichert sie. Diese Wärme soll ihr nachts mit möglichst geringem Primärenergieaufwand wieder entzogen werden. Das dafür erforderliche Kühlwasser wird daher nicht auf konventionelle Weise, d. h. mit einer Kompressionskälteanlage, erzeugt, sondern über ein regeneratives Verfahren, nämlich durch Wärmeabstrahlung an den kalten Nachthimmel – ideal für den Wettbewerbsstandort Madrid mit regelmäßigen klaren Nächten im Sommer. Hinter den auf der Dachfläche liegenden PV-Modulen, die mit dem kalten Nacht-

himmel im Strahlungsaustausch stehen, wird deshalb Wasser vorbeigeführt, das dabei abkühlt. Dieses Wasser durchströmt die Decke, dadurch härten die PCM nachts wieder aus. Je nach Wasser- und Außentemperatur sowie Bewölkungsgrad sind dabei Kühlleistungen von ca. 50–120 W pro m² Dachmodulfläche realistisch.

STRAHLUNGSKÜHLUNG Das Prinzip der Strahlungskühlung (siehe S. 125) beruht auf der Wärmeabgabe durch langwellige Abstrahlung eines Körpers an einen anderen Körper mit niedrigerer Temperatur, der als Wärmesenke dient. In der Anwendung zur Kühlung von Gebäuden stellt die Gebäudeoberfläche den zu kühlenden Körper dar, die Wärmesenke ist der Himmel. Dieser eignet sich dafür besonders gut, da die Himmelstemperatur – insbesondere in der Nacht – niedriger ist als die der meisten Gegenstände auf der Erde. Auch in Sommernächten kann die Himmelstemperatur auf unter 0 °C absinken; bei klarem Himmel können sogar Himmelstemperaturen von -10 °C und darunter erreicht werden. Um diesen Effekt auszunutzen, wurde home+ mit einem

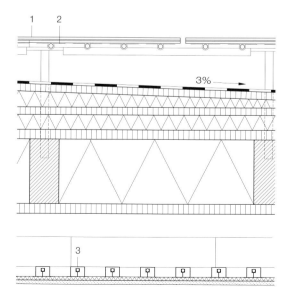

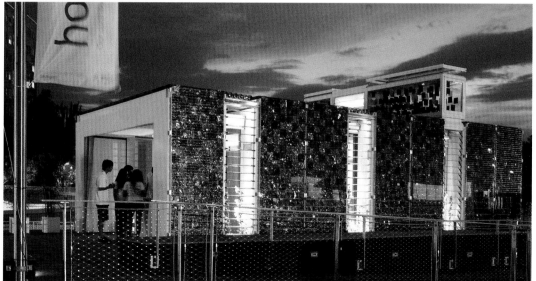

43
44

Strahlungskühlungssystem ausgestattet, das photovoltaisch-thermische (PV/T) Hybridkollektoren verwendet. Solche PV/T-Kollektoren mit Wasser als Wärmeträgermedium werden üblicherweise eingesetzt, um tagsüber Strom und Wärme zu produzieren. Je nach Anwendungsfall kann dabei entweder der elektrische oder der thermische Ertrag im Vordergrund stehen. Im ersten Fall muss das Fluid die PV-Zellen so weit wie möglich abkühlen, um ihren Wirkungsgrad zu steigern. Im zweiten Fall setzt die Art der Anwendung (Brauchwassererwärmung, thermische Kühlung etc.) eine bestimmte Austrittstemperatur für das Fluid voraus. Die Konstruktion des PV/T-Kollektors wird demzufolge in erster Linie vom festgelegten Ziel definiert. Eine Anwendung von PV/T-Kollektoren zur Ausnutzung von Strahlungskühlung war bisher nicht bekannt. Sie erfordert eine spezielle, auf maximale langwellige Abstrahlung des Kollektors an den Himmel ausgelegte Konstruktion des PV/T- Moduls. Aus diesem Grund wurde ein Kollektor ohne Abdeckung gewählt. Darüber hinaus muss eine möglichst gute thermische Anbindung des Absorbers an das PV-Modul erfolgen. home⁺ setzt das System zur nächtlichen Strahlungskühlung in Form von 36 m² PV/T-Kollektoren um, die auf dem Dach horizontal angeordnet sind. Sie werden in den frühen Nachtstunden ab ca.

22 Uhr zunächst dazu verwendet, die PCM-Decke zu regenerieren, und anschließend, um einen 1,2 m³ großen Speichertank herunterzukühlen, der tagsüber als Wärmesenke für die Wärmepumpe dient.
Die PV/T-Kollektoren wurden speziell für die Anwendung zur nächtlichen Strahlungskühlung an der HFT Stuttgart entwickelt. Dabei wurde eine möglichst gute thermische Anbindung der durchströmten Absorberbleche an das Photovoltaikmodul angestrebt und durch einen wärmeleitfähigen, mit Aluminium versetzten Spezialkleber realisiert. Um die erzielbare nächtliche Kühlleistung experimentell zu testen, wurden im Vorfeld handelsübliche PV/T-Kollektoren ohne die standardmäßige Glasabdeckung auf dem Testdach der Hochschule untersucht. Da die Temperaturdifferenz zwischen den nächtlich kühlen PV/T-Kollektoren und dem warmen Speichertank meist höher ist als zwischen dem PV/T-Kollektor und der PCM-Decke mit annähernd Raumtemperatur, ist die mittlere Kühlleistung bei Rückkühlung des Speichertanks höher. Für eine gegebene elektrische Leistung der Umwälzpumpe steigt somit auch die elektrische Leistungszahl.

KÜHLENERGIE   Die gesamte sommerliche Kühlenergiemenge der PV/T-Kollektoren beträgt

43 Die Dachfläche von home⁺ als fünfte Fassade: zweifarbige PV-Module, PV/T-Module und Vakuumröhrenkollektoren
44 Blick auf den Energieturmaufsatz, Deckel und Lamellen sind geschlossen.
45 Messergebnisse der PV/T-Kollektoren in den Wettbewerbsnächten von 19. bis 25. Juni 2010
46 Potenzial der PV/T-Kollektoren
47 Jahresbetrachtung des solaren Deckungsgrads für Madrid und Stuttgart

45

Datum	Kühlenergie [kWh]	Betriebszeit [h]	durchschnittliche Kühlleistung [W/m²]	elektrischer Verbrauch der Pumpen [kWh]	elektrische Leistungszahl [–]
19.–20. Juni	23,7	9,5	65,6	0,81	29,3
21.–22. Juni	13,4	9,2	38,5	0,78	17,2
22.–23. Juni	24,6	10,6	61,1	0,90	27,3
23.–24. Juni	17,0	10,4	43,0	0,89	19,2
24.–25. Juni	25,7	10,8	62,4	0,92	27,9

mehr als 2000 kWh, was einer spezifischen Energiemenge von 60 kWh/m² entspricht. Von dieser Energiemenge werden ca. 600 kWh direkt für die Regeneration der PCM-Decke verwendet, was eine Kühlenergiemenge von 11 kWh/m² ergibt. Die restlichen ca. 1400 kWh werden für die Abkühlung des Speichers genutzt. Davon sind ca. 400 kWh bei so niedrigen Temperaturen verfügbar, dass eine Fußbodenkühlung von 30 m² betrieben werden kann. Die restlichen ca. 1000 kWh werden für die Rückkühlung der elektrischen Kältemaschine (reversible Wärmepumpe im Kühlmodus, siehe S. 95) verwendet.
Die PCM-Decken stellen somit 30 % der gesamten erforderlichen Kühlenergiemenge von 40 kWh/m² bereit. Die Durchströmung des Fußbodens mit kühlem Speicherwasser deckt weitere 20 % der Kühlenergiemenge. Zusammen stellen die PV/T-Kollektoren damit direkt 50 % der Kühlenergie des Gebäudes zur Verfügung. Die verbleibenden 50 % werden zum Teil durch indirekte Verdunstungskühlung der Frischluft bereitgestellt (20 %), zum anderen Teil durch die elektrische Kältemaschine (Wärmepumpe). Durch die Abkühlung des Speichertanks tragen die PV/T-Kollektoren auch zur Verbesserung der Leistungszahl der Kältemaschine bei, die durch die günstige Rückkühlung eine mittlere Leistungszahl von 4 erreicht.

AKTIVE SOLARTECHNIK IN DER GEBÄUDE-HÜLLE

Eine Hülle aus Photovoltaikmodulen bekleidet die vier Gebäudemodule an der Ost- und Westfassade sowie auf dem Dach. Ihren besonderen Charakter erhält die Hülle durch den Einsatz farbiger PV-Zellen aus polykristallinem Silizium. Durch die Verwendung der Farbtöne Bronze und Gold und den Abstand der Zellen zueinander in den transparenten Glas-Glas-Modulen entsteht eine in verschiedenen Farben schillernde, mehrschichtige Fassade, die die dahinterliegende weiße Abdichtungsebene noch erahnen lässt, und deren Erscheinungsbild sich je nach Blickwinkel und Beleuchtungsverhältnissen ändert. Während an der Fassade der goldene Farbton vorherrscht, wird über eine Pixelung mit bronzefarbenen PV-Zellen der Übergang zu den schwarzen PV-Zellen aus monokristallinem Silizium im mittleren Dachbereich vollzogen.
Die goldenen und bronzenen polykristallinen PV-Zellen weisen einen Zellwirkungsgrad von etwa 13 % auf und lassen sich somit auch in einem Modul verbauen, ohne nennenswerte Einbußen beim Stromertrag in Kauf nehmen zu müssen. Lägen die Werte für den Wirkungsgrad der verschiedenen Zellen weit auseinander, wäre für den Modulwirkungsgrad nur die Effizienz der schwächeren Zellen entscheidend.

SELEKTIVE BESCHICHTUNGEN Das Spektrum der solaren Strahlung erstreckt sich vom kurzwelligen Ultraviolett- über den sichtbaren bis hin zum langwelligen, nahen Infrarotbereich. Die strahlungsphysikalischen Eigenschaften von Materialien – Absorptions-, Reflektions- und Transmissionsgrad sowie Emissivität – variieren in Abhängigkeit von der Wellenlänge. Selektive Beschichtungen ermöglichen es, die Transmissions- oder Reflexionseigenschaften der Trägermaterialien für bestimmte Wellenlängenbereiche einzustellen und so für den Einsatz in Gebäuden zu optimieren.

PV/T-Kollektoren

mittlere Kühlleistung	43,8 W/m²
Kühlleistung bei Betrieb mit PCM-Decke	31,0 W/m²
Kühlleistung bei Betrieb mit Speicher	46,4 W/m²
mittlere elektrische Leistungszahl (COP)	32,5
elektrische Leistungszahl bei Betrieb mit PCM-Decke	13,6
elektrische Leistungszahl mit Speicherbetrieb	75,4

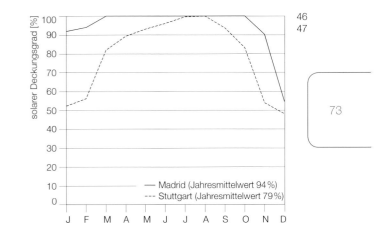

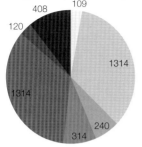

Energiebedarf (Strom) Madrid [kWh/a]

408 · 109 · 120 · 1314 · 1314 · 240 · 314

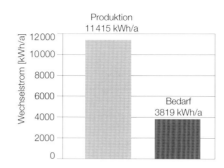

Produktion
11415 kWh/a

Bedarf
3819 kWh/a

Wechselstrom [kWh/a]

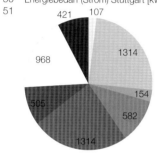

Energiebedarf (Strom) Stuttgart [kWh/a]

421 · 107 · 968 · 1314 · 505 · 154 · 582 · 1314

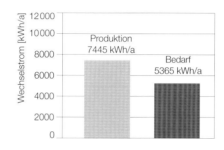

Produktion
7445 kWh/a

Bedarf
5365 kWh/a

Wechselstrom [kWh/a]

Wechselrichter ■ MSR-Technik
■ Haushaltsgeräte ■ Notbeheizung Warmwasser (elektrisch)
■ Lüftung Notbeheizung Rückkühlspeicher
■ Kompressor Wärmepumpe ■ Pumpen

Mit einem Zellwirkungsgrad von etwa 17 % liefern die monokristallinen Zellen auf dem Dach den größten Anteil des jährlichen Stromertrags. Bei einer installierten maximalen Gesamtleistung von etwa 12 kWp (6 kWp an den Fassaden, 6 kWp auf dem Dach) liegt der jährliche Stromertrag am Standort Madrid bei etwa 11 500 kWh.

Wird das Nutzungsprofil aus den Wettbewerbsvorgaben zugrunde gelegt, liegt der jährliche Stromverbrauch bei etwa 4000 kWh. Es ergibt sich also ein jährlicher Überschuss bei der Stromerzeugung von etwa 7500 kWh.

Thermische Kollektoren dienen in Madrid zur solaren Warmwasserbereitung und am späteren Standort in Stuttgart bei Heizbetrieb im Winter zusätzlich zur Heizungsunterstützung bzw. zur Erwärmung des Rückkühlspeichers als Wärmequelle für die Wärmepumpe. Gleichzeitig übernehmen diese speziellen, relativ großen Vakuumkollektorröhren im Dachbereich die Funktion des Sonnenschutzes der verglasten Fugen. Durch die optimierte Stellung und Ausrichtung der Absorberbleche in den Röhren entsteht eine Art Sheddach bzw. Nordlichtsituation in diesen Bereichen.

GEBÄUDESTEUERUNG Der Entwurf für eine Gebäudesteuerung (siehe S. 47) ist von der Vorgehensweise her dem architektonischen Entwurf

52

![photo]

sehr ähnlich. Am Anfang steht die Analyse der Aufgabenstellung, aus deren Anforderungen das Konzept für die Gebäudesteuerung entsteht. Anhand des Entwurfs wird ein System ausgewählt, das sich zur Umsetzung der gestellten Aufgabe eignet.

Für das Projekt home+ standen folgende Anforderungen bzw. Aufgaben an vorderster Stelle:
- geringer Stromverbrauch der Gebäudesteuerung
- einfache, selbsterklärende Bedienoberfläche
- Webbrowser-basierter Fernzugriff auf die Bedienoberfläche
- externer Fernzugriff über WLAN bzw. Internet
- kontinuierliche Messdatenaufzeichnung
- Eingriffsmöglichkeiten des Nutzers in die regelungstechnischen Vorgänge
- Beleuchtungssteuerung
- Regelung der Heizung, der thermischen Solaranlage und der Lüftung inklusive aller Untergruppen

Um diese Anforderungen umzusetzen, wurde eine Gebäudesteuerung aus der Industrie gewählt. Das System besteht aus einem Industrie-PC mit externer Peripherie, auf dem das Automationsprogramm als eigener Task (SPS-Programm) im Hintergrund läuft. Die Software ist so programmiert, dass sämtliche auftretenden

Informationen (Temperaturen, Stellsignale, Energiedaten, Daten der Wetterstation etc.) aufgezeichnet und in einer Datei abgelegt werden. Diese Daten lassen sich dann mit einem gebräuchlichen Tabellenkalkulationsprogramm weiterverarbeiten.

Die Bedienoberfläche, die dem Nutzer den Zugriff auf die Steuerung ermöglicht, wurde als Web-Visualisierung realisiert, die Bedienung des Gebäudes erfolgt über einen Standardbrowser. Ein Fernzugriff auf das System ist somit problemlos möglich.

Als weitere Innovation wurden sämtliche im Raum angebrachten Bedienelemente mit einer neuartigen Funktechnologie ausgestattet. Dabei erzeugt der Lichtschalter durch die eingesetzte mechanische Energie bei Betätigung einen elektrischen Impuls, der von einem Empfänger in einen Schaltbefehl (z. B. »Tischleuchte ein«) umgewandelt wird. Eine Verkabelung dieser Bedienelemente entfällt dadurch komplett. Auch die farbigen LED-Lichtleisten im Energieturm stellen eine Besonderheit dar. Durch ein Bussystem (DMX-Bus) ist es möglich, die Turmbeleuchtung mit einem Farbspiel zu unterlegen, das dem Gebäude nachts ein besonderes Erscheinungsbild gibt. Am Tag signalisiert ein dunkles Blau der LED-Beleuchtung dem Nutzer, dass der Energieturm bereit ist, die frische

Außenluft abzukühlen und somit das Gebäude natürlich zu klimatisieren.

Bei der Programmierung des Klimakonzepts wurde großes Augenmerk auf eine klare Programmstruktur mit einer Vielzahl von Möglichkeiten für Nutzereingriffe gelegt. Wichtige Kenngrößen werden von der Gebäudesteuerung automatisch erfasst und dem Nutzer über die Visualisierung auf der Bedienoberfläche angezeigt. Die Philosophie der Programmierung besteht darin, dass der Nutzer entscheidet, welche Raumkonditionen er haben möchte, und diese durch wenige Eingriffe selbst einstellt. Die Grundklimatisierung erfolgt dabei stets automatisch im Hintergrund.

PRIMÄRENERGETISCHE AMORTISATIONS-ZEIT
Eine ausführliche Nachhaltigkeitsbetrachtung, die sich an den Kriterien der Deutschen Gesellschaft für Nachhaltiges Bauen (DGNB) orientiert, ergibt für home+ eine sehr positive Bilanz. Dazu wurden für die gesamte fossile Primärenergie, die in der Konstruktion inklusive der solaren Aktivtechnik enthalten ist, ca. 612 GJ ermittelt. Wird dieser Wert durch den jährlichen Stromertrag unter Berücksichtigung des deutschen bzw. spanischen Strommix dividiert, ergibt sich für den Standort Stuttgart eine primärenergetische Amortisationszeit von ca. 26 Jahren und für Madrid von nur ca. sieben Jahren.

48 jährlicher elektrischer Energiebedarf in Madrid
49 Jahresbilanz für Stromproduktion und -bedarf am Standort Madrid
50 jährlicher elektrischer Energiebedarf in Stuttgart
51 Jahresbilanz für Stromproduktion und -bedarf am Standort Stuttgart
52 Die Vakuumröhrenkollektoren dienen auch der Verschattung der Glasfugen.
53 Energiebilanz in Anlehnung an das DGNB-Verfahren, Vergleich der Standorte Madrid und Stuttgart
54 Bedienoberfläche der Gebäudesteuerung (Touch-panel)

Energiebilanz	Stuttgart	Madrid
Energieproduktion [kWh]	7445	11 415
Energiebedarf [kWh]	5323	3819
Differenz [kWh]	2122	7596
Differenz im Energiemix [MJ]	23 618	85 303
gesamter Energieaufwand der Konstruktion [MJ]	612 487	
Energie-Rückgewinnungszeit [a]	26	7

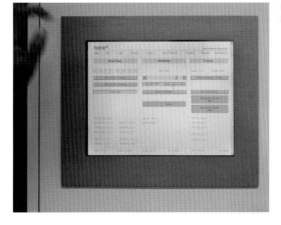

Für die Teilnahme am Solar Decathlon Europe 2010 wurde die umfassende Kompetenz der Hochschule für Technik Stuttgart (HFT Stuttgart) gebündelt, indem neben allen einschlägigen Studiengängen (Architektur, Bauphysik, Innenarchitektur, Konstruktiver Ingenieurbau, Infrastrukturmanagement und Sustainable Energy Competence) auch das Zentrum für angewandte Forschung – Nachhaltige Energietechnik (zafh.net) eingebunden wurde. Das zafh.net hat bereits beim Solar Decathlon 2007 das siegreiche Team Germany der TU Darmstadt bei der Durchführung der energetischen Gebäudesimulation und der Entwicklung eines innovativen Kühlkonzepts unterstützt.

Den Kern des Teams der HFT Stuttgart bildete eine Gruppe von Studierenden aus dem Masterstudiengang Architektur, die über die gesamte Laufzeit im Projekt engagiert waren. Sie koordinierten die Beiträge aller beteiligten Studierenden, zwischenzeitlich bis zu 150 Personen, sowie der Fachplaner und Firmen. Gerade die Zusammenarbeit mit professionellen Projektpartnern bot eine hervorragende Gelegenheit zum praxisnahen Lernen und zu interdisziplinärer Zusammenarbeit, die besonders auch auf studentischer Ebene geprobt und gelebt wird.

TEAM

55

55   Organisationsstruktur des Teams der HFT Stuttgart
56   Team Stuttgart vor home+ beim Wettbewerb in Madrid

TEAM

STECKBRIEF

Hochschule	Bergische Universität Wuppertal
Abteilung	Baukonstruktion und Entwerfen, Bauphysik und Technische Gebäudeausrüstung
Teammitglieder	40
Wohnfläche	48 m^2
Gebäudehöhe	5,36 m
lichte Raumhöhe	2,74–4,35 m
Bruttorauminhalt	290 m^3
Planung	Oktober 2008 bis März 2010
Bauzeit	April bis Mai 2010
Konstruktion	Holzkonstruktion mit Passivhauskomponenten; Elementierung in hochwärmegedämmte Tafeln; 12 m stützenfrei überspannter Raum
Besonderheiten	europäisches Haus: Auslegung des architektonischen und energetischen Konzepts für unterschiedliche Standorte innerhalb Europas
Webseite	www.sdeurope.uni-wuppertal.de

TEAM

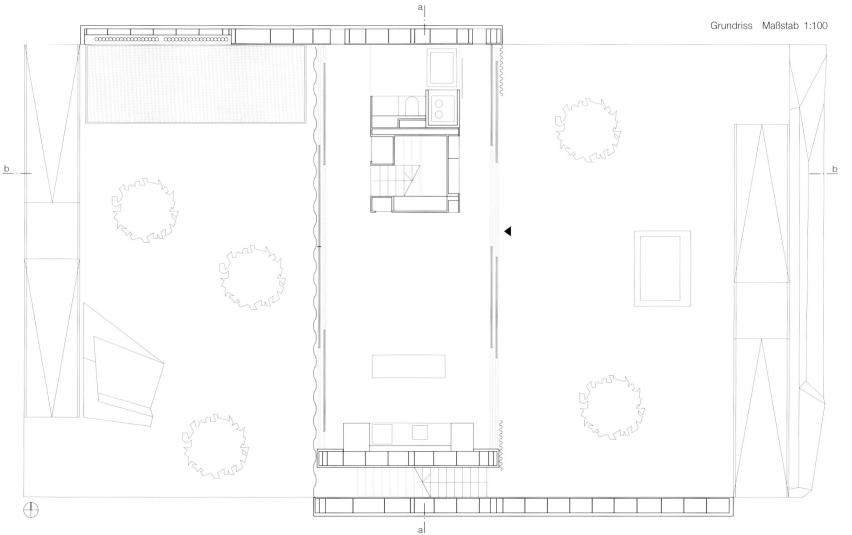

WUPPERTAL

Schnitte   Maßstab 1:100

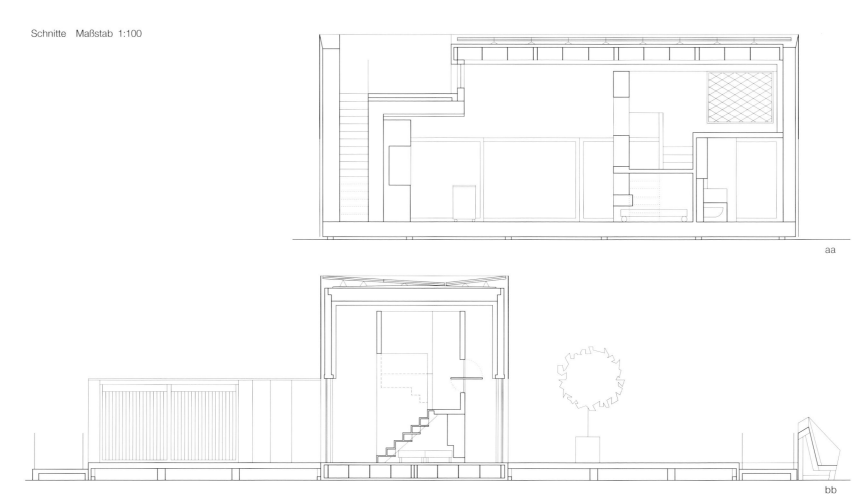

aa

bb

ARCHITEKTUR

TEAM WUPPERTAL

EIN HAUS FÜR EUROPA – GANZHEITLICHES (ER)LEBEN

Die Leitidee des Wuppertaler Projekts bestand von Beginn an in der Entwicklung eines Gebäudes, das überall in Europa seinen Standort haben kann – ein europäisches Haus. Die harmonische Zusammenführung von Funktion, Ästhetik, Technik, Energieeffizienz und Raum zu einem Ganzen sind entwurfsbestimmend für ein standortübergreifendes Funktionieren des Hauses – nicht nur im Sinn einer energetischen Lösung, sondern auch im kulturellen Sinn.

Das Projekt vereinigt dabei Nachhaltigkeit als zentrales Thema unserer Zeit mit zeitgemäßem, modernem Wohnen. Der Mensch als individuelles, in Gemeinschaft lebendes Wesen, seine Beziehung und Interaktion mit der ihn umgebenden Umwelt und zugleich der bewusste Umgang mit der Ressource Energie sind Kerngedanken des Entwurfs. Der Begriff Nachhaltigkeit ist in diesem Zusammenhang nicht nur auf technischer oder materieller Ebene zu verstehen, sondern ebenso in Bezug auf das gebaute Umfeld und die langfristige Akzeptanz durch seine Bewohner. Der Mensch und sein gerechtfertigter Anspruch auf eine attraktive, stimulierende Umgebung stehen im Mittelpunkt des Konzepts.

Die sinnliche Wahrnehmung der Umgebung und des Raums, die Möglichkeit des Lebens zwischen innen und außen, die Inszenierung und das bewusste Erleben von häuslichen Aktivitäten sind wichtige Bestandteile der Konzeption. Die offenen Räume, in denen durch die hohe Flexibilität der Einrichtung verschiedene Raumkonstellationen gemäß einer bestimmten Wohn- oder Lebenssituation möglich sind, entsprechen dem Trend im modernen Wohnen. Funktionsüberlagerungen und verschiedene, vielfältige Bespielungen eines Raums sind die logische Konsequenz.

In gleichem Maß wie die gestalterischen Aspekte nehmen auch energetische Überlegungen Einfluss auf das Projekt. Ein minimaler Ressourcenverbrauch des Hauses und seiner Bewohner ermöglicht an Standorten von Madrid bis Kopenhagen den Energieausgleich ausschließlich durch Solarenergie.

Das Haus funktioniert als Solitär in verschiedenen Umgebungen, ist aber auch dazu geeignet, gemeinschaftliche Cluster zu bilden, die mit ihren privaten Bereichen trotz großer Dichte ein hohes Maß an Privatsphäre bieten sowie platz- und energiesparendes und damit nachhaltiges Bauen ermöglichen.

INSIDE OUT – WOHNEN ALS ERLEBNIS

Das Haus und die Außenräume haben zusammen eine Kantenlänge von 13 × 23,20 m bei einer maximalen Höhe von 5,36 m inklusive eines 0,50 m hohen Sockels. Zwei solaraktive, thematisch differenzierte Wandscheiben begleiten den durch das Haus fließenden Raum. Zwischen diesen beiden Wänden spannt sich der transparente Wohnraum mit ca. 50 m² auf, der sich mittels Glasschiebeelementen nach beiden Seiten öffnen lässt. Die beiden Terrassen mit verschiedenen thematisch-funktionalen Elementen sind somit dem Wohnraum zuschaltbar.

Den oberen Raumabschluss bildet ein auf den Wandscheiben aufliegender Kubus, der den Raum auf seiner kompletten Länge von mehr als 12 m frei überspannt und den in der Höhe differenzierten, teils zweigeschossigen Innenraum sowie einen Dachpatio definiert.

Bestimmendes Element im Inneren des Hauses ist ein multifunktionales, begehbares Raummöbel: die SmartBox. Ihr gegenüber liegt die Küche mit einem mobilen Tresen. Der Innenraum ist charakterisiert durch die Farbe Weiß. Mit kräftigen sonnengelben Akzenten ergibt sich ein lebendiges, jedoch auf das Wesentliche reduziertes Ambiente. Die Farbgestaltung erweitert im Zusammenspiel mit einer interaktiven Lichtgestaltung den begrenzten Innenraum optisch.

Darauf basierend entsteht ein an die wechselnden Bedürfnisse der Bewohner adaptierbares Gefüge – der fließende Raum. Dieser Raum mit seinen flexiblen und beweglichen

01

01 Durch fließende Übergänge von innen nach außen erweitert sich der Wohnraum um ein Vielfaches.

02–04 Multifunktionalität durch Herausklappen: Der Raum wird flexibel nutzbar.

05 Die SmartBox als multifunktionales Wohnmöbel konzentriert auf zwei Ebenen die Bereiche Schlafen, Körperpflege, Arbeiten, Entertainment, Sitzen und Stauraum. Zusätzlich integriert sie zentrale Elemente der Haustechnik.

Möbeln wird als frei bespielbares Feld verstanden; die Grenzen zwischen innen und außen verschwimmen und die Funktionen überlagern sich in den einzelnen, minimierten Bereichen des Hauses. Die »dienenden« Bereiche beschränken sich nicht länger auf eine einzelne Funktion, vielmehr lassen sich mittels Klappen, Rollen und Verschieben der einzelnen Komponenten verschiedene, situationsbedingte Wohnszenarien herstellen. Das ästhetische Prinzip ist hierbei der Gedanke der Ganzheitlichkeit, also die gestalterische Integration der notwendigen Technik in eine ausgewogene Gebäude- und Raumproportion. Farbgebung, Materialität, sinnliches Erleben häuslicher Aktivitäten, Funktionalität und deren Zusammenspiel bilden wesentliche Bestandteile des Konzepts »Wohnen als Erlebnis«.

SINNESERFAHRUNG – MATERIALITÄT

Unter dieser konzeptionellen Prämisse reduziert sich der Materialeinsatz auf einige wenige, sorg-

02
03
04

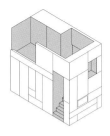 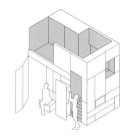 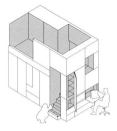 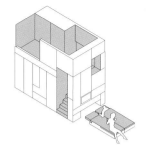

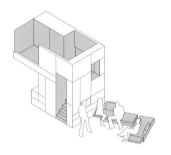 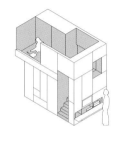  

fältig in Bezug zueinander gesetzte Materialien. Das Textilgewebe, mit dem der obere Teil der Fassade und die faltenwerfenden Vorhänge vor den Glasflächen im unteren Teil gestaltet sind, erscheint als weiches, in der Sonne glitzerndes Gewand, das den Baukörper bekleidet. Helle Oberflächen im Innen- und Außenraum mit gelben Farbakzenten ergänzen sich mit den haptischen und optischen Qualitäten des dunklen Holzbodens, der den Fluss des Raums begleitet.

SMARTBOX – ZUM MAXIMUM MINIMIERT

Ausgehend vom Motiv des »Haus im Haus« ist die SmartBox multifunktionales, flexibles Herz des räumlichen Gefüges. Das begehbare Raummöbel beherbergt die häuslichen Bereiche für Schlafen, Körperpflege, Arbeiten, Entertainment, Sitzen, Stauraum etc. Zudem sind zentrale Elemente der Haustechnik wie das Lüftungskompaktgerät und die Gebäudesteuerung in der Box untergebracht. Damit werden die technischen

Funktionen Lüften, Heizen, Kühlen und Warmwasserbereitung von hier gesteuert.

Die Überhöhung des Raums zur Zweigeschossigkeit an dieser Stelle ermöglicht eine optimale Nutzung auf kleinster Fläche. Mittels Klappen, Drehen oder Herausziehen einzelner Elemente wie der Bettsofas, zweier Arbeitstische, mehrerer Schränke und Stauräume oder einer Liegefläche als Rückzugsort im oberen Bereich werden verschiedene Anforderungen erfüllt sowie zahlreiche Raumkonstellationen ermöglicht.

Das Fugenspiel der weißen Oberflächen des Körpers und das farblich abgesetzte Innenleben unterstreichen die Funktionsweise der einzelnen Elemente.

Die Box integriert zusätzlich den offenen, bei Bedarf abtrennbaren Bereich zur Körperpflege. Sämtliche Funktionen sind hier sorgfältig in das Gesamtgefüge des Raummöbels eingelassen. Das Bad öffnet sich nach außen hin und verschmilzt mit dem Becken auf der Terrasse zu einem die Sinne anregenden Wasserband.

ESSEN UND TRINKEN Der SmartBox gegenüber befindet sich die Küchenbar mit ihrem mobilen Tresen. Die Küche zeichnet sich durch klare Linien und reduzierte Formensprache aus. Aus Gründen der Platzersparnis und der Barrierefreiheit ist der vertikal verschiebbare Oberschrank auf zwei Ebenen nutzbar.

Der mobile Tresen ist in sämtlichen Bereichen des Hauses sowie auf den Terrassen einsetzbar. Er beherbergt eine versenkbare Espressomaschine und bietet darüber hinaus Stauraum für einen flexiblen Tisch mit zwei bis acht Sitzplätzen sowie die dazugehörigen faltbaren Stühle. Die Küche ist als Ort der Kommunikation und des Genießens konzipiert. Von hier aus erschließt sich der höhengestaffelte Raum optisch. Das Raumvolumen, also seine Länge und Höhe, die SmartBox und der Dachpatio stehen in einem ausgewogenen proportionalen Verhältnis zueinander. Der primäre Maßstab dafür ist der sich im Raum bewegende Mensch. Ein Fenster zum Dachpatio gibt den Blick auf den Himmel frei.

FENSTER UND VORHANG IN BEWEGUNG

Mithilfe von vier Schiebefenstern pro Gebäude-
seite lässt sich der konditionierte Innenraum zum
Außenraum hin öffnen und ein Raumkontinuum
herstellen. Die Glasschiebeelemente sind über
die gesamte Länge des Raums verfahrbar. Bei
geöffneten Fenstern bezieht der Wohnraum die
Terrassen mit ein und wird dadurch um ein Vielfaches erweitert. Im geschlossenen Zustand
sind die Schiebeelemente mit ihren hochwärmedämmenden Eigenschaften Bestandteil der
optimierten thermischen Hülle. Die Fensterelemente sind eigens für das Gebäude entwickelte
Prototypen.

Das außen liegende Vorhangsystem wurde im
Experiment getestet. Seine lichtfilternden Eigenschaften sorgen für den notwendigen Sonnenschutz, seine Semitransparenz gewährleistet die
Intimität der Bewohner. Trotz der hohen Sonnen-
schutzwirkung bleibt der Bezug von innen nach
außen gewährleistet. Die Vorhänge lassen sich
je nach Bedarf stufenlos verschieben.

Der obere Teil der Fassade des frei tragenden
Riegels erhält eine textile Hülle aus dem gleichen
Material. Durch den eingenähten Faltenwurf
nimmt sie das Bild des Vorhangs auf und verbindet die beweglichen und unbeweglichen Teile
der Fassade zu einem Ganzen.

LICHTSPIELE – INTERAKTION MIT DEM

LICHT Leitmotive für die Belichtung und
Beleuchtung des Hauses sind die verschiedenen
Wahrnehmungsebenen des Menschen und der
effiziente Einsatz von Licht. In Verbindung mit
den entwurfsbestimmenden Faktoren Innovation,
Technik, Energieeffizienz und Interaktion steht
die atmosphärische Inszenierung des Raums
sowie der häuslichen Aktivitäten im Mittelpunkt.
Das horizontal einfallende Tageslicht wird durch
die Vorhänge gefiltert und taucht das Innere des
Hauses in sanftes, gleichmäßiges Licht. Das
durch das Fenster zum Patio vertikal einfallende
Licht akzentuiert die Formen des Raums durch
intensive Lichtspiele. Dieser »Zweiklang aus

Licht« sensibilisiert das Auge des Bewohners
und lässt ihn die umgebende Architektur bewusst
wahrnehmen.

In Zeiten ohne ausreichendes Tageslicht erfolgt
die künstliche Beleuchtung mit energieeffizienter
LED-Technik. Hierzu wurde in Zusammenarbeit
mit der Firma Nimbus ein innovatives, nutzer-
aktives Lichtkonzept in Form einer Lichtdecke
entwickelt. Unterhalb der gesamten Decke ist
alle 10 cm je ein LED angebracht, was für eine
flächige, homogene Ausleuchtung des Raums
sorgt. Insgesamt sind 3600 LEDs installiert,
zusammengefasst in Module zu je 100 LEDs.
Über Bewegungssensoren, an die die einzelnen
LED-Module von je 1 m² Größe gekoppelt sind,
folgt das Licht dem Bewohner im Raum. Dabei
schalten jeweils nur die Module ein, die sich
direkt über dem Nutzer befinden. Dieser kann
sich so auf die gerade ausgeübte Aktivität
konzentrieren, und es wird nur dort Strom zur
Beleuchtung verbraucht, wo der Bewohner das
Licht in dem Moment benötigt. Die nutzeraktive
Lichtdecke ist ein experimenteller Ansatz zur
Senkung des Energieverbrauchs. Zusätzlich
besteht die Möglichkeit, verschiedene Lichtszenen einzuprogrammieren, die gesamte Decke
auszuleuchten oder das Licht zu dimmen, um
die Beleuchtung unterschiedlicher Situationen
anzupassen.

Zur Lichtstreuung dienen transluzente Akustikpaneele unterhalb der Lichtdecke. Sie besitzen
mit ihrem Kammersystem und einer mikroperfo-
rierten Oberfläche zusätzlich schallabsorbierende Eigenschaften. Ihre Verwendung als
Wandverkleidung trägt zu einer deutlichen Verbesserung der Raumakustik bei.

An wichtigen Punkten des Hauses ergänzen
hocheffiziente Spots das Konzept. Sie sind in
die Deckenpaneele integriert und bringen ganz
gezielt das Licht an seinen Bestimmungsort.
Die Leuchten haben eine Leistung von jeweils
nur 1 W und sind z. B. für die Ausleuchtung des
Esstischs, der Bar sowie des Arbeitsplatzes
zuständig.

06 Küche mit mobilem Tresen, Falttisch und Blick auf den Patio
07 Der Innenraum wird von der LED-Lichtdecke ausgeleuchtet.
08 Auf der Solarwand erzeugen PV-Module mit schwarzen, monokristallinen und blauen, polykristallinen Zellen eine dynamische Pixelgrafik.
09 Das Licht der nutzeraktiven Lichtdecke folgt dem Bewohner durch den Raum.

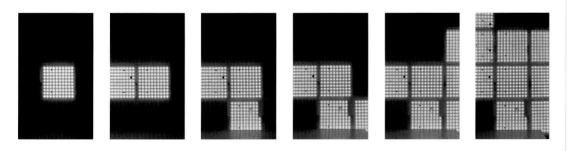

INTERAKTIVE LICHTDECKE
- 36 LED-Module mit
  je 100 LEDs pro Modul
  3600 LEDs insgesamt
  Modulgröße: 1 m^2
  Leistung pro Modul: 9,5 W
- Steuerung über Bewegungssensoren
- Programmierung von individuellen Lichtszenen
- 16 LED-Spots zur gezielten Ausleuchtung, Leistung pro Spot: 1 W

85

ARCHITEKTUR

10

11
12

Das Licht im Außenraum ist dagegen als führendes Medium konzipiert. Es macht Wegeführungen sichtbar, begleitende Lichtbänder inszenieren einzelne Elemente wie das Wasserbecken oder die Wandscheiben.

SOLARE WÄNDE Die beiden Solarwände sind ein herausragendes Merkmal des architektonischen Konzepts. Sie verdeutlichen die räumliche Verbindung von innen und außen und integrieren die solaraktiven Elemente Photovoltaik und Solarthermie als gestalterische Mittel.
Die Südwand wird bestimmt durch 115 individuell gestaltete PV-Module mit unterschiedlichen Zelltypen und transparentem Rückseitenlaminat, die als Vorhangfassade eine Art Pixelgrafik erzeugen. Dazu werden Module mit schwarzen, monokristallinen Zellen und solche mit blauen, polykristallinen Zellen kombiniert. Die eingesetzten Module wurden in Zusammenarbeit mit der Industrie speziell entwickelt.
Das nördliche Wandelement hingegen beherbergt die zur Warmwasserbereitung genutzte Solarthermie. Dazu sind auf der Südseite Vakuumröhrenkollektoren integriert. Die Struktur ihrer

10 Beleuchtung des Wasserbeckens durch Lichtbänder
11 Der Vorhang schafft gute Sichtbeziehungen nach außen bei gleichzeitig hohem Sonnenschutz.
12 Vorhang aus aluminisiertem Gewebe – das Gewand des Hauses
13 Patio als Wohnzimmer unter freiem Himmel
14 Leben zwischen innen und außen: Funktionsüberlagerung und vielfältige Bespielungen des Raums durch bewegliche Elemente
15 Erweiterung des Wohnraums zum Außenbereich: das Team Wuppertal auf der Westterrasse

vertikalen Anordnung nimmt den Faltenwurf des Vorhangs auf. Die räumliche Nähe von Wasserbecken, Bad und Flächen zur Warmwassererzeugung versinnbildlicht die angestrebte Synthese von Gestaltung und Technik.

Eine grafische Gestaltung bestimmt die Nordseite der Wand. Thema ist der Mensch und sein Bezug zu diesem Haus. Porträts der Teammitglieder und der am Projekt beteiligten Partner veranschaulichen den architektonischen Schaffensprozess als komplexes Zusammenspiel verschiedener Personen mit unterschiedlichen Hintergründen.

TERRASSEN – LEBEN ZWISCHEN INNEN UND AUSSEN

Die beiden Terrassen sind als Erweiterung des Wohnbereichs nach dem Prinzip des fließenden Raums konzipiert. Mobile Elemente wie Liege- und Sitzmöglichkeiten, schattenspendende Zitrusbäume oder ein duftender Kräutergarten werden durch die mobilen Möbel des Innenraums ergänzt. Diese Elemente ermöglichen immer neue Konstellationen, den Bedürfnissen und Situationen angemessen.

Die Ostterrasse wird durch eine Sitzskulptur bestimmt und dient als Entree des Hauses. Die Westterrasse hingegen besitzt mit ihren Sitz- und Liegemöglichkeiten, mit Pflanzen und dem Wasserbecken eher privaten Charakter.

PATIO – EIN PRIVATES BELVEDERE

Der Dachpatio basiert auf der Idee eines vor Blicken geschützten Außenraums. Sein loungeartiges Ambiente erweitert den Lebensraum der Bewohner unter freiem Himmel in intimer Atmosphäre. Eine überhöhte Brüstung schirmt den Bereich nach außen hin ab, der Blick in die Ferne bleibt jedoch im Stehen ohne Einschränkung gewahrt. Über ein Kippfenster ist der Patio mit dem Innenraum des Hauses visuell verbunden und stellt die angestrebte Raumkontinuität im Haus her. Eine sorgfältige Materialwahl mit hohen haptischen Qualitäten wie Holz, Edelstahl, Faserbeton und die weichen Liegekissen unterstreichen den Loungecharakter dieses Wohnzimmers im Freien. Der Dachpatio ergänzt damit das »Erlebnis Wohnen« um einen weiteren Bereich.

13

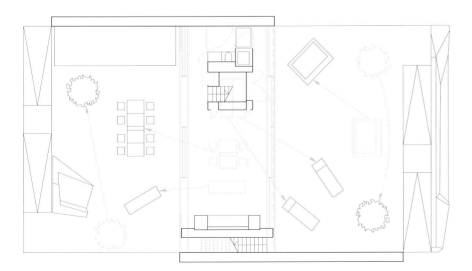

14
15

87

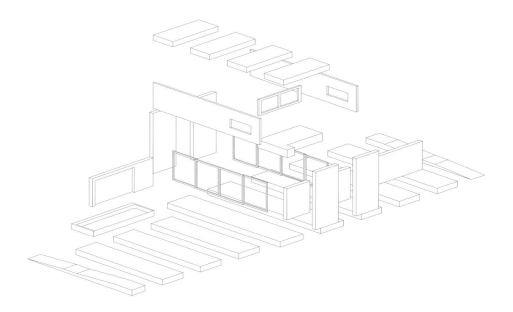

ARCHITEKTUR, KONSTRUKTION, TECHNIK UND LOGISTIK – EINE ENGE SYMBIOSE

Die Realisierung eines transparenten, fließenden, die Grenzen zwischen Innen- und Außenraum aufhebenden Raumgefüges in Kombination mit Energieeffizienz stellt höchste Anforderungen an die Konstruktionsweise des Gebäudes. Architektonischer Anspruch, Transportfähigkeit und ein schneller Auf- und Abbau bilden weitere bestimmende Faktoren für die konstruktiven Lösungen des Hauses.

VORFERTIGUNG – EIN INTELLIGENTES SYSTEM

Die Baustellen- und Transportlogistik stellte eine besondere planerische Herausforderung dar. Sämtliche Bauteile und Fügungstechniken wurden daher bereits im Planungsprozess so konzipiert, dass ein reibungsloser Auf- und Abbau gewährleistet ist. Der Faktor Zeit spielte bei den Überlegungen eine entscheidende Rolle. Alle konstruktiven Lösungen berücksichtigen, dass die mehrheitlich im Bauhandwerk unerfahrenen Studierenden die Elemente eigenständig vorfertigen und montieren mussten. Hohe kon-

struktive Anforderungen wie die Herstellung der Luftdichtigkeit zur Einhaltung des angestrebten energetischen Standards setzten seitens des Teams eine präzise Fertigung voraus.

Zur Gewährleistung der Transportfähigkeit sowie der effizienten Montage an unterschiedlichen Standorten sind die Bauteile auf das Maß eines Lkws mit einer maximalen Länge von 13,50 m abgestimmt. Das gesamte Gebäude mit allen Außenterrassen ist so konzipiert, dass es aus wenigen vorfabrizierten und gewichtsoptimierten Großelementen montiert werden kann.

Das Haus inklusive der gesamten Innenausstattung kann so mit seinem Gesamtgewicht von 45 t auf sieben Lkw verladen und mittels üblicher Hand- und Elektrowerkzeuge aufgebaut werden. Das Abladen bzw. das Einbringen der wenigen großen Elemente erfolgt mit Gabelstaplern und Autokran.

Der Rohbau des Hauses besteht aus 34 Großelementen zuzüglich der Außenhaut und der raumbildenden Elemente des Innenraums. Dieses System ermöglicht es, den Rohbau inklusive luftdichter Fügung aller Bauteile in nur 24 Stun-

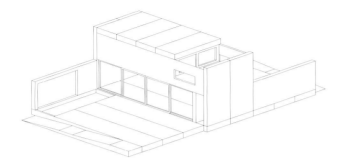
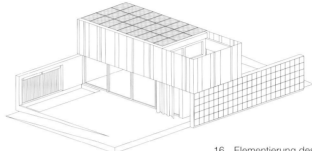

16 Elementierung des Gebäudes
17 Fügung der Großelemente zur hochwärmege-
    dämmten, luftdichten Gebäudehülle
18 fertige Oberflächen aus vorgehängten Fassaden-
    elementen

den zu errichten. Insgesamt kann das Gebäude in einer Zeitspanne von zehn Tagen, einschließlich der Erprobung und Einstellung der gebäudetechnischen Anlagen, bezugsfertig gemacht werden. Abbau und Verladung sind in vier Tagen zu bewerkstelligen.

Die gesamten tragenden Teile wie Seitenwände, Träger oder Decken- bzw. Dachelemente sind als gedämmte, in einer Montagehalle vorgefertigte Scheiben ausgebildet. Auch nicht tragende Teile wie die Terrassen sind bereits so weit vorkonfektioniert, dass sie vor Ort lediglich verbunden werden müssen. Sämtliche Verbindungspunkte lassen sich einfach und reversibel fügen. Diesem Prinzip folgen auch die Komponenten des Innenausbaus. Prinzipiell kommen hierbei je nach Anforderung einfache Schraubverbindungen, handelsübliche Metallsteckverbindungen oder vorkonfektionierte Bolzensteckverbindungen zum Einsatz.

An sämtlichen Bauteilen sind – soweit unter transporttechnischen Aspekten machbar – die Halterungen für das Finish angebracht, beispielsweise für die Faserzementplatten, die Photovol-taikmodule der Südwand oder die Wandgestaltung der Nordwand. Auf der Baustelle werden dann die vorgefertigten Verkleidungen eingehängt. Um Transportschäden zu vermeiden, werden Teile der Unterkonstruktion der äußeren Gebäudehülle, wie z. B. für die Photovoltaik auf dem Dach oder die textile Hülle, vor Ort als vorgefertigte Konstruktionen montiert. Große Teile der Haustechnik, der Elektrik und der sanitären Installationen sind ebenfalls bereits in die Bauteile integriert und werden bauseits an den jeweiligen Knotenpunkten zusammengefügt. Der hohe Vorfertigungsgrad trägt hinsichtlich einer künftigen Serienproduktion entscheidend zu einer Zeit- und somit Kostenoptimierung bei.

Die architektonische Gestaltung des Projekts eignet sich sehr gut für die Elementierung der Konstruktion in einzelne Großbauteile. Sie sind weniger auf ein regelmäßiges Auf- und Abbauen an unterschiedlichen Stellen ausgelegt als vielmehr auf den standortunabhängigen Einsatz des architektonischen, konstruktiven und technischen Gesamtkonzepts. Das Fertigteilsystem sowie das geringe Eigengewicht erlauben es, das Haus an jedem Ort mit tragfähigem Untergrund in kürzester Zeit aufzustellen. Verankerungen im Boden oder aufwendige Vorarbeiten sind dazu nicht notwendig.

MATERIAL UND KONSTRUKTION – KOMPLEXE EINFACHHEIT Nach der Abwägung verschiedener Konstruktionsweisen fiel die Wahl auf eine Kombination aus Holzstegträgerkonstruktion und Paneelen. Alle Bauteile bestehen aus einem Verbund von tragenden Profilhölzern, isolierten Holzprofilen, integrierter leistungsfähiger Wärmedämmung und OSB-Platten, die zugleich als Flächenaussteifung wirken. Konstruktionsbedingt kommen in diesem Gefüge zwei verschiedene Wärmedämmsysteme zum Einsatz: Vakuumdämmung und Mineralwolle mit verbesserten Dämmeigenschaften. Der U-Wert der gesamten opaken Bauteile liegt bei 0,1 W/m²K.

Das statische System unterstreicht die Idee des frei fließenden Raums. Alle statisch wirksamen Holzbauelemente sind so konstruiert, dass sie zugleich die Außenhülle des Gebäudes bilden.

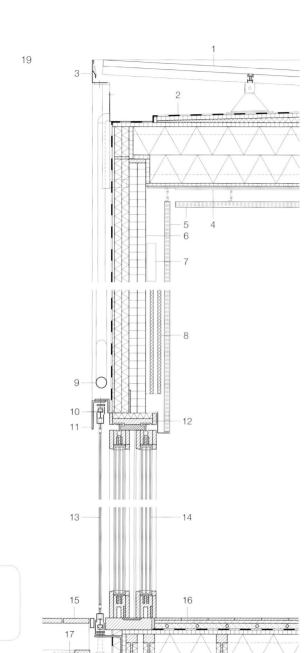

1 Photovoltaikmodul (1675/1001/31 mm)
   auf Unterkonstruktion mit verstellbaren Füßen
2 Dachaufbau:
   Dachbahn
   OSB-Platte 22 mm
   Gefälledämmung, Einblasdämmung Zellulosefaser
   10–58 mm
   OSB-Platte 22 mm
   Holzstegträger 300 mm, dazwischen Wärmedämmung
   Mineralwolle 300 mm
   OSB-Platte 15 mm
   Gipskartonplatte 9,5 mm
3 Stahlprofil, Befestigung textile Fassade
   120/80/8 mm
4 Lichtdecke mit 36 LED-Modulen (9,5 W pro Modul)
   92/92 mm
5 transluzente Akustikpaneele: Stegplatte aus
   Polycarbonat, mikroperforierte Oberfläche 30 mm
6 Wandaufbau:
   Furnierbrettschichtholzträger 2× 45 mm
   Vakuumdämmung (4-lagig) 80 mm
   OSB-Platte 12 mm
   Feuchtigkeitssperre
   aluminisiertes Gewebe
7 Zuluftkanal 5/20 mm
8 Phasenwechselmaterial 2,7 kJ/kgK
9 Regenrohr
10 Führungsschiene Vorhang
11 Stahlprofil L 153/80/8 mm
12 Laibung, kerngedämmtes Vollholzprofil 224/56 mm
13 Verschattung:
   beweglicher Vorhang aluminisiertes Gewebe,
   $F_c = 0,07$
14 Schiebefenster $U_w = 0,9\ W/m^2K$
   Rahmen Vollholz 98/65 mm, $U_F = 1,0\ W/m^2K$
   Dreifach-Isolierverglasung $U_g = 0,58\ W/m^2K$
   ESG Weißglas 6 mm + SZR Argon 16 mm +
   ESG Weißglas 6 mm + SZR Argon 16 mm +
   ESG Weißglas 6 mm
15 Terrasse:
   Belag Dielen 26 mm
   Unterkonstruktion Holz 80/100 mm
   Tragkonstruktion Holz 100/220 mm
16 Bodenaufbau:
   Fußbodenbelag Parkett 12 mm
   Holzfaserzementplatte 16 mm
   Fußbodenheizung/-kühlung 30 mm
   Feuchtigkeitssperre
   OSB-Platte 22 mm
   Holzstegträger 300 mm, dazwischen Wärmedämmung
   Mineralwolle 300 mm
   Faserzementplatte 12 mm
   Unterspannbahn
17 Motor für Vorhangbetätigung

VAKUUMDÄMMUNG Vakuumdämmung besteht aus vorgefertigten, luftdicht verschweißten Paneelen, bei denen ein Vakuum im Inneren den durch die Gasmoleküle der Luft bedingten Wärmetransport reduziert. Im Kern befinden sich meist Platten aus gepresster mikroporöser Kieselsäure oder PUR-Schaum, die gas- und wasserdampfdicht mit einer Kunststofffolie umhüllt und anschließend evakuiert werden. Dämmkerne aus Kieselsäure sind nicht brennbar und hitzebeständig. Unter Zusatz von gasbindenden Stoffen wird die Lebensdauer verlängert, die bis zu 50 Jahre betragen kann. Die Wärmeleitfähigkeit ist bei Vakuumpaneelen bis zu zehnmal besser als bei herkömmlichen Dämmsystemen, die in ihrer Porenstruktur immer noch Luft enthalten. Dadurch lassen sich auch schlanke Wandkonstruktionen mit niedrigem U-Wert realisieren. Auch bei Beschädigung des Vakuums liegt der U-Wert noch unter dem herkömmlicher Dämmsysteme.

19 Vertikalschnitt Ost-/Westfassade   Maßstab 1:20
20 multifunktionale Gebäudehülle
21 Kenndaten der optimierten Gebäudehülle

Auch die beiden solaraktiven Wandscheiben sind Teil des Tragwerks. Zu den Terrassen hin überspannen zwei hohen, mit nur 9 cm Stärke äußerst schlanken Träger aus Furnierschichtholz die gesamte Länge von 12 m stützenfrei. Als Dämmung werden in diesem Bereich Vakuumdämmpaneele mit einer Gesamtstärke von 8 cm eingesetzt. Dadurch lässt sich der Querschnitt des konstruktiven Wandaufbaus an dieser Stelle deutlich reduzieren.
Die resultierenden Lasten werden über die Horizontalträger in die vertikalen Tragelemente der Solarwände geführt. Die statisch wirksamen Träger der Wände sind aus Holzstegträgern (Schichtholz-OSB-Verbundträger) gefertigt. Kennzeichen dieser Stegträger ist ihre leichte Handhabung im Bau und ihr geringes Gewicht. Vor allem aber liegt der Vorteil dieses Holzwerkstoffs in den konstruktiven Möglichkeiten: Die Kombination aus vertikalem Träger und aussteifender Platte zu einem tragenden Wandelement ermöglicht durch den extrem schlanken Quer-

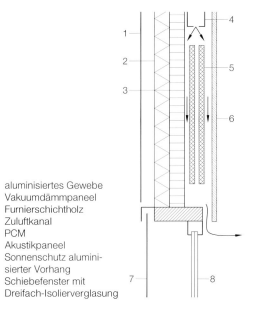

1 aluminisiertes Gewebe
2 Vakuumdämmpaneel
3 Furnierschichtholz
4 Zuluftkanal
5 PCM
6 Akustikpaneel
7 Sonnenschutz alumini-
   sierter Vorhang
8 Schiebefenster mit
   Dreifach-Isolierverglasung

Beschreibung		Kenndaten
Hüllfläche		295 m²
Formfaktor	Verhältnis A/V	0,96
Fensterflächenanteil	bezogen auf Hüllfläche	25 %
Wandaufbau	Holzstegträgerkonstruktion mit Mineralwolle (WLG 032) ausgefacht	$U = 0,1$ W/m²K
	Bereich freispannender Träger: Furnierschichtholz mit Vakuumdämmpaneelen	$U = 0,09$ W/m²K
Deckenaufbau	Holzstegträgerkonstruktion mit Mineralwolle (WLG 032) ausgefacht Gefälledämmung	$U = 0,1$ W/m²K
Bodenaufbau	Holzstegträgerkonstruktion mit Mineralwolle (WLG 032) ausgefacht	$U = 0,1$ W/m²K
Fenster	Dreifachverglasung mit Weißglas und Argonfüllung	$U_g = 0,6$ W/m²K $g = 55$ %
	Fenster mit Holzrahmen	$U_w = 0,9$ W/m²K
Sonnenschutz	bewegliches Vorhangsystem aluminisiertes Gewebe	$F_c = 0,07$

schnitt des Stegs eine erhebliche Reduzierung von Wärmebrücken im Vergleich zur herkömmlichen Leichtbauweise. Durch die Ausfachung der entstehenden Hohlräume mit Mineralwolle wird eine Minimierung des Wärmedurchgangs bei kleinem Wandquerschnitt erreicht. Um den angestrebten U-Wert von 0,1 W/m²K zu erreichen, wurden 30 cm hocheffizienter Mineraldämmung (WLG 032) verbaut. Auch die Boden- und Dachelemente sind nach diesem Prinzip hergestellt. Dies führt zu einer sehr leichten und thermisch hocheffizienten Konstruktion mit hoher Präzision. Die Fügungen der einzelnen Bauteile der thermischen Hülle – Wand-, Decken- sowie Fensterelemente – werden bauseits mit gleicher Genauigkeit luftdicht hergestellt.

In den Wandaufbau im Bereich des freispannenden Trägers sind im Inneren die Lüftungsführung sowie Speichermasse in Form von PCM-Paneelen integriert. Die innere Oberfläche bilden die auch bei der Lichtdecke eingesetzten Akustikpaneele.

Die ausladenden Terrassen bestehen einschließlich der gesamten Unterkonstruktion aus wärmebehandeltem Buchenholz, um Witterungsprozesse zu vermeiden. Auf eine weitere Behandlung, z. B. durch Ölen der Oberflächen, wurde zugunsten einer silbergrauen Patina verzichtet.

Die Rahmen aller Fensterelemente einschließlich der Schiebefenster sind aus wärmebehandeltem Eschenholz hergestellt. Um die angestrebte Raumkontinuität von innen nach außen zu gewährleisten, lassen sich sämtliche eigens für dieses Gebäude hergestellten Schiebeelemente verfahren. Das Haus kann sich so zum Außenraum hin öffnen, ohne dass Stützen oder Festverglasungen den Fluss des Raums stören. Diese für ein energetisch hocheffizientes Gebäude außergewöhnliche Lösung stellt ein besonderes Merkmal des Hauses dar. Mit ihrer Dreifachverglasung und einem Glasanteil der gesamten Fensterfläche von über 80 % erreichen die Schiebefenster einen U-Wert von ca. 0,9 W/m²K.

Die gesamte Konstruktion ist aus FSC (Forest Stewardship Council)-zertifizierten Hölzern hergestellt.

DIE GEBÄUDEHÜLLE – FUNKTION UND ÄSTHETIK   An der Fassade kommen verschiedene Materialien zum Einsatz. Charakteristisches Merkmal des Hauses ist die vorgehängte, hinterlüftete Fassade aus aluminisiertem Polyester. Gleich einem im Sonnenlicht glänzenden Gewand bekleidet das wetterfeste Textilgewebe das Haus und verleiht ihm ein elegantes Äußeres. Der eingenähte Faltenwurf im oberen Bereich nimmt dabei gestalterischen Bezug auf den außen liegenden Vorhang zur Verschattung der Glasschiebeelemente. Die textile Haut ist über ein System von Stahlhalterungen mit der Fassade verbunden, wobei einfache, mit der Konstruktion verbundene Spanner das Gewebe straffen. Die Fassadenkonstruktion ermöglicht durch ihr geringes Gewicht eine leichte und schnelle Montage.

Ergänzend zur oberen festen textilen Hülle sind beidseitig zu den Terrassen hin vor den Schiebefenstern verfahrbare, zweigeteilte Vorhänge des gleichen Materials angebracht. Sie dienen als effizienter Sonnenschutz sowie als Blickschutz und zeichnen sich durch einen Lichttransmissionsgrad von nur 7 % aus, d. h. ein Großteil der direkten Sonneneinstrahlung wird reflektiert und dadurch der Wärmeeintrag minimiert. Trotzdem erhält der Innenraum ausreichend Tageslicht. Raumseitig besitzt der Vorhang genügend Transparenz, um den Bezug nach außen sicherzustellen. Über die zentrale Haussteuerung kann der oben wie unten geführte Sonnenschutz automatisch verfahren werden und reagiert – je nach Programmierung – auf raumklimatische Notwendigkeiten des Hauses und die Bedürfnisse der Bewohner.

Die Verkleidungen der Solarwände sind in allen Bereichen ebenfalls als vorgehängte Konstruktion ausgeführt. Zu den Terrassen hin finden dabei glasfaserverstärkte Betonplatten Verwendung. Das ökologisch unbedenkliche, langzeitbeständige Material wird sowohl im Innen- als auch im Außenbereich als zugeschnittene Plattenware eingesetzt, über ein Aluminiumprofilsystem lediglich eingehängt und durch sein Eigengewicht in Position gehalten. An den Außenseiten der Wandscheiben mit der integrierten Photovoltaik auf der Südseite und der beschriebenen Gestaltung auf der Nordseite sind die entsprechenden Module mittels eines vertikalen Schienensystems mit einrastenden Auflagern montiert.

Die rund 40 m² große Photovoltaikanlage aus effizienten Standardgroßmodulen auf dem Dach ist als hinterlüftetes System mit geringen Neigungswinkeln von 3° bis 6° montiert. Auf einen optimierten Neigungswinkel hinsichtlich der Energieausbeute – rund 30° mit südlicher Orientierung – wird unter gestalterischen Aspekten verzichtet. Durch die fast waagrechte Anordnung der Photovoltaikmodule ist keine Ausrichtung der Solaranlage auf eine bestimmte Himmelsrichtung nötig. Das Haus kann dadurch nach architektonischen und ästhetischen Gesichtspunkten gestaltet werden, ohne dass die technische Anlage das Erscheinungsbild bestimmt.

DER INNENRAUM – KOMPAKTE INTEGRATION Ebenso wie die gesamte Gebäudekonstruktion sind auch die wenigen Elemente des Innenraums zerlegbar. Die SmartBox ist aus Modulen in Leichtbauweise erstellt. Die 15 Einzelteile werden von einem Holzgerüst im Inneren getragen und bauseits mit Steck- oder Schraubverbindungen zu einem Ganzen gefügt. Alle Hohlräume des entstehenden Raumkörpers werden dabei als Stauraum genutzt. Vorkonfektionierte Möbel wie Schreibtisch, Schränke, Schubkästen oder Regale sind in die einzelnen Fertigteile integriert.

Im Inneren des Raummöbels sind neben den verschiedenen Stauräumen auch alle gebäudetechnischen Installationen untergebracht. Sämtliche Kanäle und Leitungen für Lüftung, Elektroinstallationen sowie Warm- und Kaltwasser laufen an einer Stelle, dem Lüftungskompaktgerät, zusammen. Auf einer Fläche von nur 1 m² konzentrieren sich somit alle relevanten Komponenten der haustechnischen Anlage in äußerst kompakter Form. Für innen wie außen wurde der gleiche Bodenbelag aus wärmebehandeltem Holz gewählt. Darunter verläuft ein Bodenkanal von der SmartBox in den Küchenbereich, über den die gesamten elektrischen Installationen des Gebäudes zentral verteilt werden. Über einen Bodentank und die Revisionsöffnung in der SmartBox ist dieser Kanal stets zugänglich. Anpassungen der Installationen und ihrer Leitungsführungen an geänderte Anforderungen sind jederzeit möglich.

22–24 Vorfertigung der hochwärmegedämmten Bauteile
25 schematische Darstellung des Energie- und Versorgungskonzepts mit Einsatz erneuerbarer Energien innerhalb des Gebäudes

22
23
24

erneuerbare Energie/interne Gewinne

solare Einstrahlung		Abluft		Energieverbrauch

```
┌──────────────┐  ┌──────────────┐  ┌─────────────────┐
│ Photovoltaik- │  │  thermische  │  │ adiabate Kühlung │
│    anlage     │  │Solarkollektoren│  │        ↓        │      ┌─────────┐
└──────────────┘  └──────────────┘  │ Lüftung mit Wärme-│ →→  │ Zuluft  │
                                     │ rückgewinnung    │     └─────────┘
                                     │        ↓        │
                                     │  Wärmepumpe     │ →→  ┌─────────┐
┌──────────────┐                     │        ↓        │     │Heizung/ │
│  Batterien   │                     │   Speicher      │ →→  │Kühlung  │
└──────────────┘                     └─────────────────┘     └─────────┘
```

Energieverbrauch

Zuluft

Heizung/ Kühlung

Trinkwarmwasser

elektrische Verbraucher

Endenergiebezug

Stromnetz

Energieverluste

Wärmeverluste

EIN HAUS FÜR EUROPA Das Energiekonzept des Wuppertaler Hauses folgt den Anforderungen an ein Netto-Plusenergiehaus, d.h. das Gebäude stellt in der Jahressumme lokal mehr Energie bereit, als es verbraucht. Mit dem Ziel, ein europäisches Haus zu entwickeln, hat sich das Team Wuppertal einer zusätzlichen Herausforderung gestellt: Das Haus soll in verschiedenen Klimazonen Europas funktionieren. Deshalb passt sich das Gebäude nicht nur durch seine architektonische Gestaltung unterschiedlichen Standorten an, sondern gleicht auch vom sonnenwarmen Spanien bis zum gemäßigten Norden seinen gesamten Verbrauch durch die solare Strom- und Wärmeerzeugung aus.

Eine weitere Grundlage für die Entwicklung des Energie- und Versorgungskonzepts ist die Transportfähigkeit. Damit verbunden ist die Notwendigkeit eines schnellen Aufbaus und einer kurzen Phase der Inbetriebnahme. Die Sonne stellt – in Interaktion mit dem öffentlichen Stromnetz – die einzige Energiequelle zur Verbrauchsdeckung des ausschließlich mit Strom betriebenen Gebäudes dar. Für kurze Zeit funktioniert das Haus auch autark vom Stromnetz. Aufgrund der geringen Gebäudegröße sind die haustechnischen Anlagen auf kleinstem Raum untergebracht und vollständig in die Architektur integriert. Die ganzheitliche Entwicklung des Konzepts im Entwurfs- und Planungsprozess bewirkt eine selbstverständliche Verknüpfung von architektonischer Gestaltung und technischer Gebäudeausstattung. Eine besondere Herausforderung bei der Einhaltung der ausgeglichenen Energiebilanz stellen die aus den Wettbewerbsbedingungen resultierenden Anforderungen dar wie beispielsweise Innenraumtemperaturen von maximal 25 °C im spanischen Sommer, intensive Nutzung der Haushaltsgeräte sowie eine hohe technische Ausstattung auf sehr kleiner Fläche.

Um ein Plusenergiehaus sinnvoll umzusetzen, ist es notwendig, Maßnahmen zur Energieeinspa-

ENERGIEKONZEPT

rung und Nutzung erneuerbarer Energien konsequent zusammenzuführen. Gleichzeitig wird ein möglichst hoher Grad der direkten Verbrauchsdeckung ohne Zwischenspeicherung im Stromnetz angestrebt.

Der gesamte Entwicklungsprozess wurde von Simulationen zur Konzeptüberprüfung und Systemauslegung in Zusammenarbeit mit dem Fraunhofer-Institut für Solare Energiesysteme begleitet.

MEHR ALS NUR EINE HÜLLE Die Gebäudehülle ist einer der wichtigsten Bestandteile, um sowohl auf gestalterischer wie auch energetischer Ebene ein ausgewogenes Gesamtergebnis zu erzielen. Nach Passivhausstandard ausgeführte, hochwärmegedämmte, luftdichte Bauteile reduzieren den Heizenergiebedarf; ein leistungsfähiger Sonnenschutz reduziert den Kühlenergiebedarf auf ein Minimum. Dabei ist die Größe der Glasfassaden eine besondere Herausforderung. Im Inneren des Gebäudes wird zur Erhöhung der thermischen Masse und zur Stabilisierung des

Raumklimas der Wandaufbau durch Hohlkammerplatten mit Phasenwechselmaterial (PCM, siehe S. 44) auf der Basis von Salzhydraten ergänzt. Unabhängig vom Standort des Hauses verhindert die optimierte Gebäudehülle Energieverluste über die Fassaden. Der thermische Komfort im Innenraum lässt sich mit geringem zusätzlichem Energieeinsatz erreichen.

Die Gebäudehülle übernimmt darüber hinaus die Aufgabe der Energieerzeugung. Die Integration von solaraktiven Flächen – elektrisch und thermisch – gewährleistet die Deckung des eigenen Energiebedarfs. Ein besonderes Augenmerk liegt dabei auf der Integration der Flächen zur Solarstromerzeugung. Auf 40 m² sind hocheffiziente Photovoltaikmodule mit geringer Neigung hinterlüftet in das Flachdach eingebunden. Die Südwand als architektonisch auffälliges Merkmal steht für Gestaltung ohne Verzicht auf Energieeffizienz. Die unterschiedliche Farbigkeit der Module auf einer Fläche von rund 30 m² an den Solarwänden wird durch die Kombination von monokristallinen (schwarz) und polykristallinen

(blau) Zellentypen erreicht. Somit kann durch den Einsatz von hocheffizienten Standardzellen aus der Serienproduktion eine Mehrfarbigkeit in der Gestaltung erzielt werden, ohne dass eine leistungsmindernde Farbmodifikation der Solarzellen notwendig ist.

WENIGER IST MEHR – KOMFORT TRIFFT ENERGIEEFFIZIENZ Ist der Energiebedarf für Heizen und Kühlen auf ein Minimum reduziert, rückt der Strombedarf für den Haushalt, die Beleuchtung sowie die Ventilatoren der Lüftungsanlage immer deutlicher in den Fokus.

Trotz drastischer Energiesparmaßnahmen bietet das Gebäude alle Möglichkeiten und Funktionen für komfortables Wohnen. Die Haushaltsgeräte und ein Home-Entertainment-System mit hoher Nutzerfreundlichkeit und besonders niedrigem Energieverbrauch auf neuestem Stand der Technik ergänzen die Innenarchitektur. Spül- und Waschmaschine sind mit einem Warmwasseranschluss versehen, der über den solar erwärmten Speicher gespeist wird. Dadurch lassen sich

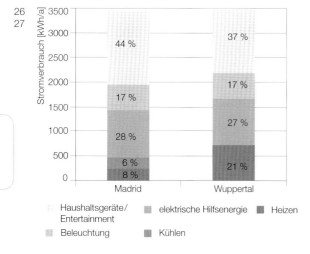

Haushaltsgeräte/ Entertainment
elektrische Hilfsenergie
Heizen
Beleuchtung
Kühlen

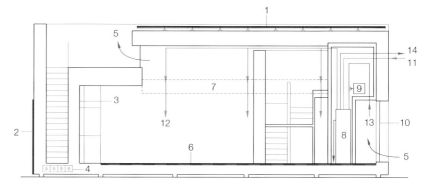

1 Photovoltaik Dach
2 Photovoltaik Fassade
3 hochwärmegedämmte Gebäudehülle
4 Batteriepufferung
5 freie Nachtlüftung/

passive Kühlung
6 Fußbodenheizung/-kühlung (thermische Masse)
7 PCM zur Erhöhung der thermischen Masse
8 Lüftungskompaktgerät

9 adiabate Kühlung
10 Lüftungsklappe
11 Außenluft
12 Zuluft
13 Abluft
14 Fortluft

Lastspitzen im Stromnetz vermeiden und Strom zur Aufheizung des Wassers einsparen. Sowohl für Madrid als auch für Wuppertal liegt der Gesamtstrombedarf des Hauses jährlich bei ca. 3500 kWh. Da die Haushaltsgeräte, die Lüftung und die Beleuchtung den Bedarf standortunabhängig dominieren, fallen die Unterschiede zwischen den Standorten nicht größer aus. In Wuppertal entfällt der Energiebedarf für die Kühlung bei gleichzeitig steigendem Wärmebedarf.
Zur Beleuchtung des Innen- und Außenraums wird ausschließlich LED-Technik eingesetzt. Die Bewegungsverfolgung bei der Lichtdecke erschließt weitere Potenziale zur Energieeinsparung, da Licht nur dort zum Einsatz kommt, wo es benötigt wird.
Um auch die elektrische Hilfsenergie zum Betrieb der Haustechnik zu minimieren, kommen für die Pumpen und Ventilatoren soweit möglich Hocheffizienzgeräte mit geringem Stromverbrauch zum Einsatz.
Mit diesen Maßnahmen lässt sich der Stromverbrauch für den Haushalt ohne Komfortverzicht im Vergleich zum bundesdeutschen Durchschnitt in etwa halbieren.

MULTIFUNKTIONAL UND KOMPAKT – LÜFTEN, HEIZEN, KÜHLEN

Die Grundlagen für das gesamte Gebäudeversorgungskonzept sind ein hoher technischer Standard sowie eine einfache Inbetriebnahme und anschließende Bedienung der installierten Systeme. Das Lüftungskompaktgerät als technisches Herzstück des Gebäudes ist mit minimalem Platzbedarf vollständig in die SmartBox integriert und schalltechnisch entkoppelt. Das Kompaktgerät übernimmt neben der aktiven Lüftung alle notwendigen Funktionen wie Heizen, Kühlen und Warmwasserbereitung und deren Steuerung. Die kompakte Systemintegration innerhalb einer einzigen technischen Einheit gewährleistet die schnelle Inbetriebnahme als Prämisse der Gebäudefertigstellung binnen kurzer Zeit. Das hat sich während des Wettbewerbs bewährt.
Eine kleine Luft/Wasser-Wärmepumpe zwischen der Fortluft und der Zuluft stellt mit solarthermi-

REVERSIBLE WÄRMEPUMPE Eine Wärmepumpe überträgt Wärme von einem Medium niedriger Temperatur (z. B. Umgebung) auf ein Medium höherer Temperatur (z. B. Heizkreis), indem sie unter Aufwendung elektrischer Energie die Temperatur durch Kompression auf das erforderliche Maß anhebt (Kühlschrank-Prinzip). Eine reversible Wärmepumpe ist durch Umschaltung der Hydraulik in der Lage, die Wärmeauf- und -abnahmeseite zu vertauschen und somit sowohl im Heiz- als auch im Kühlbetrieb zu funktionieren.
Im Heizbetrieb wird der Umgebung Wärmeenergie entzogen und verdichtet auf einen Heizkreislauf übertragen. Durch die hydraulische Umschaltung wird der Verdichtungs- und Verflüssigungskreislauf des Kältemittels umgekehrt, sodass nun der Raumluft Wärme entzogen und diese an die Umwelt abgegeben wird.

26 Energiebedarf für Madrid und Wuppertal im Vergleich
27 schematische Darstellung von Lüftung, Heizung und Kühlung
28 Funktionsprinzip des Lüftungskompaktgeräts beim Kühlbetrieb mit adiabater Kühlung
29 Funktionsprinzip des Lüftungskompaktgeräts während des Heizbetriebs mit solarer Unterstützung

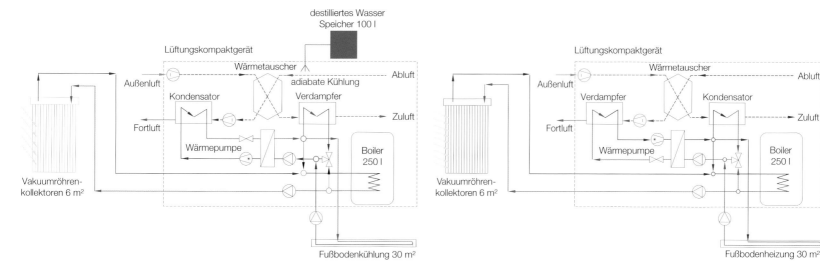

Sommer   Winter

ENERGIEKONZEPT

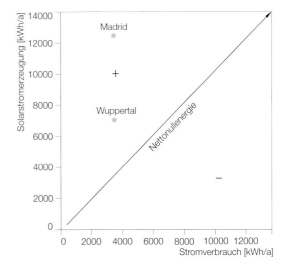

Madrid

Erzeugung Dach
8802 kWh/a

Gebäude
3442 kWh/a

Erzeugung Fassade
3656 kWh/a

Stromeinspeisung
9080 kWh/a

Stromnetz
459 kWh/a

Batterieverluste
405 kWh/a

Wuppertal

Erzeugung Dach
4911 kWh/a

Gebäude
3485 kWh/a

Erzeugung Fassade
2137 kWh/a

Stromeinspeisung
4722 kWh/a

Stromnetz
1444 kWh/a

Batterieverluste
285 kWh/a

scher Unterstützung die benötigte Energie zum Heizen und Kühlen des Innenraums sowie zur Warmwasserbereitung bereit. Über hydraulische Umschaltung kann sie vom Heiz- auf Kühlbetrieb wechseln. Die Umsetzung der Idee des europäischen Hauses ist so auch auf technischer Ebene ohne eine Ergänzung durch zusätzliche Systemkomponenten möglich.

Ein Plattenwärmetauscher innerhalb des Lüftungskompaktgeräts sorgt im Winter für eine Wärmerückgewinnung (siehe S. 121) von über 80 %. Im Sommer wird er zur Kühlung der Zuluft durch indirekte Verdunstungskühlung (adiabate Kühlung, siehe S. 69) eingesetzt. Das System wurde für das Haus entwickelt, um die relativ geringe Kühlleistung des Lüftungskompaktgeräts (1 KW) zu ergänzen. Damit lassen sich beispielsweise Temperaturspitzen in wärmeren Klimazonen abfangen. Dazu wird Wasser über im Abluftkanal integrierte Düsen versprüht. Der Wärmetauscher überträgt die dadurch verursachte Temperaturabsenkung der Abluft an die Zuluft, ohne Feuchte in den Innenraum zu transportieren. Der Wärmetauscher ist mit einer Nanobeschichtung versehen, die für eine erhöhte Verdunstungsleistung auf seiner Oberfläche sorgt. Die Zuluftkanäle sind im Wandaufbau oberhalb der Phasenwechselmaterialien (PCM) angeordnet. Um höhere Wärmeübergänge zu erreichen, werden die PCM-Paneele durch nach unten gerichtete Luftauslässe direkt von der Zuluft überströmt. Die Regenerierung der PCM erfolgt über freie Nachtlüftung.

Während an heißen Tagen tagsüber Kompressions- und Verdunstungskühlung gemeinsam für ein angenehmes Raumklima sorgen, wird in der Nacht zumeist auf passive Kühlung über Nachtlüftung gesetzt. Das spart zusätzlich Strom. Die Fenster zum Patio sowie zwei öffenbare Elemente zur Gebäudenordseite dienen als Lüftungsklappen. Das Öffnen und Schließen der Lüftungsklappen ist über die Gebäudesteuerung automatisiert, kann aber bei Bedarf auch manuell erfolgen. Durch ihre unterschiedliche Anordnung

innerhalb des Gebäudes ermöglichen die Klappen eine besonders wirksame Auftriebslüftung. Ein in den Fußboden integriertes hydraulisches System unterstützt die aktive Luftheizung bzw. -kühlung. Eine Kühlung und Heizung nur über die Zuluft würde im Sommer zu niedrige Temperaturen in den Lüftungskanälen (Taupunktunterschreitung) und im Winter zu hohe Zulufttemperaturen (Geruchsbelastung durch Staubverschwelung in der Zuluft bei über 50 °C) erfordern. Der Betrieb des Fußbodensystems verringert bei ausreichender Heiz- und Kühlleistung die zu fördernde Luftmenge in der Lüftungsanlage und damit auch den Energieverbrauch zur Ventilation. Die Heizung und Kühlung über die Luft bleibt aber das vorrangige System, da es schnell reagiert und sich damit Vorheizung und -kühlung vermeiden lassen. Die Fußbodenheizung ist als Trockenbausystem mit einer Abdeckung aus Faserzementplatten zur Wärmeübertragung in den vorgefertigten Bodenaufbau integriert. Über eine flexible Verbindung sind die Heizkreise direkt an das zentrale Lüftungskompaktgerät angeschlossen.

MEHR ALS WARMES WASSER VON DER SONNE Das zentrale Lüftungskompaktgerät steuert auch die Warmwasserbereitung. Die Wärmepumpe und die solarthermische Anlage beheizen den integrierten Warmwasserspeicher mit einem Fassungsvermögen von 250 l. Die Vakuumröhren des 6 m² großen, wandintegrierten Solarkollektorfelds funktionieren nach dem Heat-Pipe-Prinzip. Ihre vertikale Anordnung resultiert aus dem gestalterischen Bezug zu den Vorhängen sowie aus der bewussten Verringerung des solaren Ertrags im Sommer. So lassen sich hohe Stillstandstemperaturen im Kollektor bei vollgeladenem Speicher vermeiden. Gleichzeitig werden in der kalten Jahreszeit bei flach stehender Wintersonne höhere Solarerträge erzielt. Diese werden über die reine Warmwassergewinnung hinaus zur Unterstützung der Fußbodenheizung eingesetzt. Im Unterschied zu einem rein PVbasierten solaren System eignet sich die Kombination mit Solarthermie dazu, elektrische Spitzenlasten zu vermeiden und damit die Übereinstimmung zwischen Stromverbrauch und -erzeugung zu verbessern. In Madrid werden 76 % des Wärmebedarfs über die solare Wärmeerzeugung gedeckt, in Wuppertal sind es 32 %. Die Differenz entsteht einerseits durch das niedrigere Solarstrahlungsangebot, andererseits durch den deutlich höheren Heizwärmebedarf.

DAS PLUS IN DER BILANZ Über die Deckung des eigenen Stromverbrauchs hinaus produziert das Wuppertaler Solarhaus standortabhängig einen mehr oder weniger großen Überschuss an Solarstrom, der in das öffentliche Stromnetz eingespeist wird, das dabei vor allem als saisonaler Speicher fungiert.
Die Stromerzeugung am Gebäude erfolgt durch die Photovoltaikflächen auf dem Dach und in der Südfassade. Beide Flächen zusammen erzeugen eine Gesamtleistung von ca. 10,2 kWp. Der Anteil der Südwand mit 115 Photovoltaikmodulen in einer Größe von 50 × 50 cm und je neun Standardzellen liegt bei 3,8 kWp. Hauptstromlieferant mit ca. 70 % des Gesamtertrags ist allerdings das auf dem Flachdach installierte PV-Feld mit 6,3 kWp.
An südlichen Standorten mit hoher solarer Einstrahlung wie z. B. Madrid liegt der jährliche Stromertrag des Gesamtsystems bei etwa 12 500 kWh/a (1230 kWh pro kWp). In Wuppertal wird ein Ertrag von ca. 7500 kWh/a (700 kWh pro kWp) erreicht.
Somit kann bei einem ähnlichen Gesamtstrombedarf von rund 3500 kWh/a an beiden Standorten in der Jahressumme ein deutliches Plus in der Bilanz erzielt werden. Je nach Standort innerhalb Europas ist der Überschuss mehr oder weniger deutlich.

INTELLIGENTE NETZINTERAKTION Da es sich nicht um ein autarkes Gebäude handelt, muss die eigene Stromversorgung nicht zu jeder

SOLARSTROMANLAGE
· installierte Gesamtleistung: 10,18 kWp
· Dach:
Leistung: 6,35 kWp
27 PV-Module mit je 235 Wp
polykristalline Zellen
1 Wechselrichter für PV-Feld mit 18 Modulen
1 Wechselrichter für PV-Feld mit 9 Modulen
· Fassade:
115 Sondermodule
Leistung: 3,83 Wp
75 PV-Module mit je 34 Wp; monokristalline Zellen
40 PV-Module mit je 32 Wp; polykristalline Zellen
1 Wechselrichter für gesamtes PV-Feld
Anschluss über zwei Strings
· Batterie
Gesamtkapazität: 7,2 kWh bei 48 V Systemspannung
vier verschlossene Bleigelbatterien mit je 12 V Spannung und 150 Ah Nennkapazität

30 Energieflussdiagramme für Madrid und Wuppertal
31 Jahresbilanz für Madrid und Wuppertal. An beiden Standorten wird ein deutliches Plus erreicht.
32 Gestaltung der Südfassade mit PV-Modulen unterschiedlicher Zelltypen
33 Die im Flachdach integrierte Photovoltaik erzeugt ca. 70 % des jährlichen Solarstromertrags.

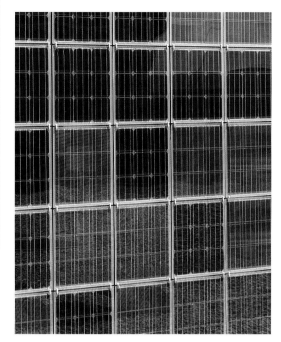

	Madrid		Wuppertal	
	Gebäude	Wohnfläche	Gebäude	Wohnfläche
thermische Energie				
thermischer Energiebedarf				
Heizen	1073 kWh/a	22 kWh/m²a	1629 kWh/a	34 kWh/m²a
Kühlen	893 kWh/a	18 kWh/m²a	0 kWh/a	0 kWh/m²a
Warmwasser	1854 kWh/a	38 kWh/m²a	1266 kWh/a	26 kWh/m²a
Spitzenlasten				
Heizen	1,2 kW	25 W/m²	1,5 kW	31 W/m²
Kühlen	1,6 kW	33 W/m²	0 kW	0 W/m²
thermische Speicherverluste	302 kWh/a	6 kWh/m²a	296 kWh/a	6 kWh/m²a
Wärme-/Kälteversorgung				
solarthermischer Kollektor	2535 kWh/a	392 kWh/m²a Kollektorfläche	1216 kWh/a	188 kWh/m²a Kollektorfläche
Wärmepumpe Winter (Heizen)	660 kWh/a	14 kWh/m²a	1972 kWh/a	41 kWh/m²a
Wärmepumpe Sommer (Kühlen)	806 kWh/a	17 kWh/m²a	0 kWh/a	0 kWh/m²a
solare Deckungsrate	76%		32%	
Wasserbedarf adiabate Kühlung	125 l/a		0 l/a	
elektrische Energie				
elektrischer Energiebedarf				
Wärmepumpe (Heizbetrieb)	242 kWh/a	5 kWh/m²a	722 kWh/a	15 kWh/m²a
Wärmepumpe (Kühlbetrieb)	224 kWh/a	5 kWh/m²a	0 kWh/a	0 kWh/m²a
Pumpen und Steuerung	367 kWh/a	8 kWh/m²a	352 kWh/a	7 kWh/m²a
Lüfter	591 kWh/a	12 kWh/m²a	591 kWh/a	12 kWh/m²a
Beleuchtung	520 kWh/a	11 kWh/m²a	520 kWh/a	11 kWh/m²a
Haushaltsgeräte und Entertainment	1500 kWh/a	31 kWh/m²a	1300 kWh/a	27 kWh/m²a
Gesamtbedarf	3444 kWh/a	71 kWh/m²a	3485 kWh/a	72 kWh/m²a
Batterieverluste	405 kWh/a	8 kWh/m²a	244 kWh/a	5 kWh/m²a
elektrische Energieerzeugung				
Photovoltaik Dach Ost	5888 kWh/a	1392 kWh/kWp	3301 kWh/a	780 kWh/kWp
Photovoltaik Dach West	2913 kWh/a	1377 kWh/kWp	1610 kWh/a	761 kWh/kWp
Photovoltaik Dach gesamt	8801 kWh/a	1387 kWh/kWp	4911 kWh/a	774 kWh/kWp
Photovoltaik Fassade	3656 kWh/a	955 kWh/kWp	2137 kWh/a	558 kWh/kWp
Erzeugung gesamt	12457 kWh/a		7048 kWh/a	
Netzbezug	469 kWh/a		1444 kWh/a	
Netzeinspeisung	9080 kWh/a		4722 kWh/a	
Anteil des eingespeisten Stroms an der Gesamtstromerzeugung	73%		67%	

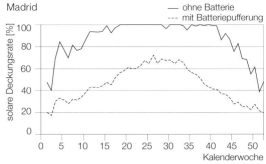

Madrid

jährliche Gesamtdeckungsrate ohne Batterie: 45%
jährliche Gesamtdeckungsrate mit Batteriepufferung: 89%

Wuppertal

jährliche Gesamtdeckungsrate ohne Batterie: 36%
jährliche Gesamtdeckungsrate mit Batteriepufferung: 70%

34 detaillierte Aufstellung von Bedarf und Erzeugung für die Standorte Madrid und Wuppertal
35 solare Deckungsrate für den Eigenstromverbrauch mit und ohne Batteriepufferung für beide Standorte
36 schematische Darstellung des Energiemanagements mit Netzanbindung und Batteriepufferung
37 Die gesamte zur Verfügung stehende Dachfläche wird zur Solarstromerzeugung genutzt.

Zeit sichergestellt sein. Die Anbindung an das öffentliche Stromnetz ist die Voraussetzung für das Energie- und Versorgungskonzept der Solar-Decathlon-Häuser. Das Energiemanagement des Wuppertaler Gebäudes zielt darauf ab, einen möglichst hohen Anteil des Strombedarfs direkt durch eigenen Solarstrom zu decken. Dazu verfügt das Haus über einen kleinen Batteriesatz, der in etwa den elektrischen Tagesbedarf puffern kann. Wird mehr Strom erzeugt als verbraucht, werden die Batterien geladen; ist der Bedarf höher als der direkt zur Verfügung stehende Solarstrom, erfolgt die solare Versorgung indirekt aus der Batterie. Nicht benötigte Überschüsse werden ins öffentliche Netz eingespeist. In Zeiten ohne ausreichende Solarstromerzeugung wird Netzstrom bezogen. Für einen kurzen Zeitraum ist es auch möglich, das Haus netzautark zu betreiben.

Der Batteriesatz (48 V) aus vier verschlossenen Blei-Gel-Batterien mit 7,2 kWh Speicherkapazität ist über einen separaten Wechselrichter in das Energiemanagementsystem eingebunden und befindet sich in einer belüfteten Kunststoffwanne im Bodenbereich unter der Außentreppe. Ohne Batteriepufferung kann rechnerisch nur knapp die Hälfte des Stromverbrauchs aus eigenem Solarstrom gedeckt werden. Der Batteriesatz steigert die jährliche Gesamtdeckungsrate in Madrid auf rund 90 %, was vor allem der nächtlichen Stromversorgung aus der Batterie zu verdanken ist; in Wuppertal kann sie von 36 % auf 70 % erhöht werden. Dieses Energiemanagementsystem kam für den Wettbewerb noch nicht voll zum Einsatz, da bedingt durch kurzfristige Änderungen im Reglement kein Vorteil zu erwarten war. Die Umsetzung und Optimierung bleibt Forschungsaufgabe am endgültigen Standort des Hauses in Wuppertal. Dort werden Strategien untersucht, die die konsequente Eigenverbrauchsdeckung in den Vordergrund stellen oder in optimaler Weise auf die künftigen tageszeitvariablen Strombezugs- und Einspeisepreise abgestimmt sind.

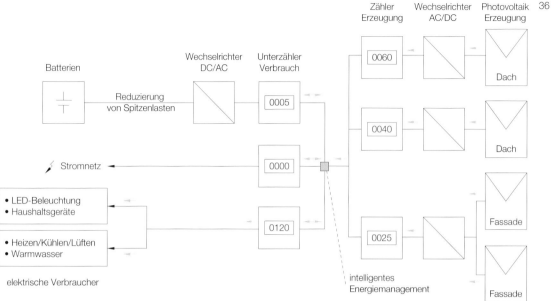

36

37

ENERGIEKONZEPT

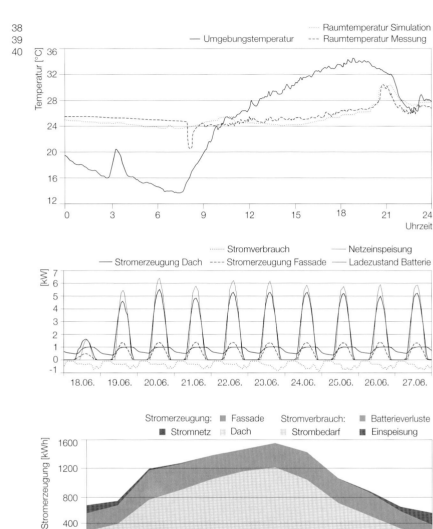

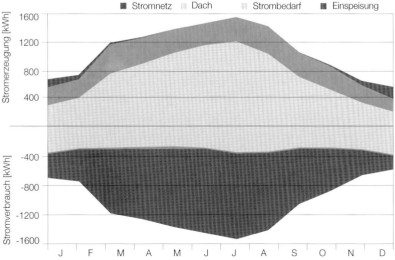

38 Vergleich von Simulation und Messung der Raumtemperatur
39 Darstellung des zeitlichen Verlaufs der Stromerzeugung auf dem Dach und an der Fassade verglichen
   mit dem Lastverlauf, dem Batteriezustand und der
   Netzeinspeisung für zehn Sommertage in Madrid
40 jahreszeitlicher Verlauf von Strombedarf bzw. -einspei-
   sung (-) und Stromerzeugung (+) in Madrid auf der
   Basis monatlicher Daten
41 Nutzeroberfläche der Gebäudesteuerung
42 Darstellung der gesamtenergetischen Analyse für den
   Standort Madrid. Neben der Betriebsenergie werden
   jeweils die Summe des Energiebedarfs für Herstellung
   und Instandhaltung sowie des Gesamtenergiebedarfs
   dargestellt. Die Amortisationszeit beträgt zwölf Jahre.

GEBÄUDE- UND SYSTEMSIMULATION

Neben bewährten Planungswerkzeugen wie dem PassivHausProjektierungsPaket (PHPP) und speziellen Programmen für die Dimensionierung der Solarsysteme wurden frühzeitig dynamische Simulationen für die Detailplanung eingesetzt. Die Herausforderung besteht bei derartigen Projekten insbesondere darin, die Simulation des Nutzenergiebedarfs (Gebäudesimulation) dynamisch mit der gesamten Versorgungstechnik zu koppeln (Anlagensimulation). Für die Dimensionierung der Wärme- und Kälteversorgung sind komplexe Modelle für die Systemtechnik des Lüftungskompaktgeräts erforderlich und darüber hinaus die Verknüpfung mit der Simulation der Solarstromanlage. Eine besondere Herausforderung stellt das innovative Energiemanagement einschließlich der Batteriepufferung dar.

GEBÄUDEAUTOMATION UND MONITORING

Zur Hausautomation (siehe S. 47) und Datenaufzeichnung besitzt das Gebäude einen sogenannten Home Server, der mit jedem webfähigen Gerät kommunizieren kann, also beispielsweise einem PDA oder Smart Phone. Der in seinem Stromverbrauch optimierte Home Server bekommt die Informationen mittels Sensoren und Energiezählern über einen EIB. In Verbindung mit den programmierten Algorithmen oder über ein zentrales Touchpanel im Haus lassen sich beispielsweise die Beleuchtung oder die Vorhänge bedienen. Eine Visualisierungsoberfläche zeigt Momentanwerte zu Stromverbrauch und -erzeugung sowie Energiebilanzen und Trends. In Verbindung mit dem Webinterface nutzt das System Wetterprognosen und Tarifinformationen zum energie- und kostenoptimierten Betrieb des Hauses.

LEBENSZYKLUSANALYSE

Neben der Prognose des Energiebedarfs zum Betrieb des Gebäudes wurde eine vollständige Lebenszyklusbilanz in Bezug auf den Gesamtenergiebedarf erstellt. Beim Betrieb des Gebäudes in Madrid sorgen die hohen Jahresüberschüsse dafür, dass sich die gesamte Herstellungsenergie nach zwölf Jahren amortisiert und das Gebäude danach energetisch im Plus bleibt. Der Energieaufwand für die Instandhaltung wird mehr als ausgeglichen. Auch in der Lebenszyklusbetrachtung bleibt das Gebäude ein Plusenergiehaus. An weniger sonnigen Standorten reichen die jährlichen Überschüsse fast aus, um Herstellungs- und Instandhaltungsaufwendungen auszugleichen. Das Gebäude ist dann auf den Lebenszyklus bezogen in etwa ein Nullenergiehaus.

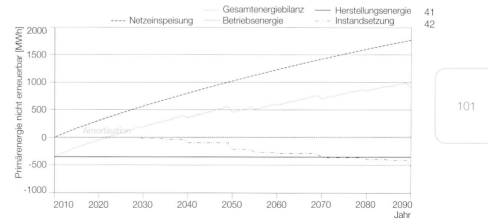

41
42

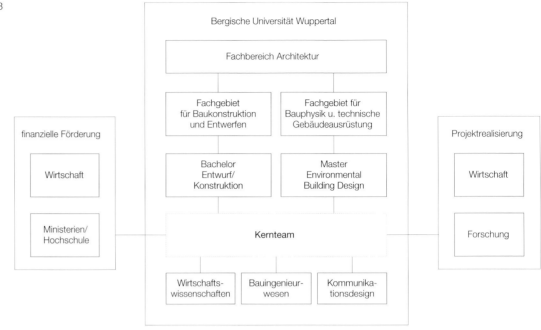

43

Bergische Universität Wuppertal

Fachbereich Architektur

Fachgebiet für Baukonstruktion und Entwerfen

Fachgebiet für Bauphysik u. technische Gebäudeausrüstung

finanzielle Förderung

Wirtschaft

Ministerien/ Hochschule

Bachelor Entwurf/ Konstruktion

Master Environmental Building Design

Projektrealisierung

Wirtschaft

Forschung

Kernteam

Wirtschafts-wissenschaften

Bauingenieur-wesen

Kommunika-tionsdesign

Von Anfang an bearbeitete ein interdisziplinär zusammengesetztes Studierendenteam das Projekt der Bergischen Universität. Das Kernteam besteht aus einer Gruppe von Studierenden aus dem Masterstudiengang Architektur sowie dem Bachelorstudiengang, die über die gesamte Projektlaufzeit beteiligt war. In das Masterprofil »Environmental Building Design« konnte das Projekt als Schwerpunkt eingebracht werden. Dadurch war parallel zum Studium die Teilnahme am Wettbewerb möglich. Studierende der Fachrichtungen Bauingenieurwesen, Wirtschaftswissenschaften, Design und Maschinenbau ergänzten das Architektenteam.

Die Hochschulleitung und -verwaltung unterstützte die Wettbewerbsteilnahme von Beginn an. Neben der Schirmherrschaft durch den Rektor Prof. Dr. Lambert Koch hat die Universität auch finanziell durch Eigenmittel zur Finanzierung beigetragen. Projektpartner im Bereich der Gebäude- und Anlagensimulation war das Fraunhofer ISE in Freiburg.

Das Kernteam koordinierte während der gesamten Projektdauer die intensive Zusammenarbeit mit den zahlreichen Partnern und Fachplanern aus Wirtschaft und Industrie. Durch diese enge Kooperation sowie durch die Unterstützung aus der Region, unter anderem durch die Stadtsparkasse Wuppertal, konnte der Wettbewerb mit großem Erfolg abgeschlossen werden. Symbolisch für die gute Zusammenarbeit steht die Visualisierung aller Beteiligten auf der Fotoseite der nördlichen Solarwand.

102

TEAM

103

43 Organisation des Teams Wuppertal
44 Team Wuppertal vor seinem Solarhaus
45 Die Nordwand ist mit Fotos des Teams und der
    Partner gestaltet.

TEAM

STECKBRIEF

Hochschule	Hochschule für Technik und Wirtschaft Berlin (HTW), Universität der Künste Berlin (UdK), Beuth Hochschule für Technik Berlin
Abteilung	Projektleitung durch Fachbereich 1 der HTW, Studiengang Umwelttechnik/Regenerative Energiesysteme
Teammitglieder	40 Teilnehmer in Madrid, 150 Projektbeteiligte insgesamt
Standort	HTW Berlin, Campus Wilhelminenhof
Wohnfläche	48 m²
Gebäudehöhe	5,45 m
lichte Raumhöhe	2,40–4,30 m
Bruttorauminhalt	220 m³
Planung	September 2008 bis Mai 2010
Bauzeit	Februar bis Mai 2010
Konstruktion	Holz-Tafelbausystem
Leitidee	traditionelle Formensprache; Materialität im Konsens mit Moderne, Fortschritt und Umwelt; Mehrfachnutzung jeder Fläche
Besonderheiten	heller Innenraum im Kontrast zur schwarzen Fassade; Lichtachsen definieren den Wohnraum und die Gebäudehülle; Eigenentwicklung für Sonnenschutz und Anlagentechnik sowie deren Steuerung
Webseite	www.living-equia.com

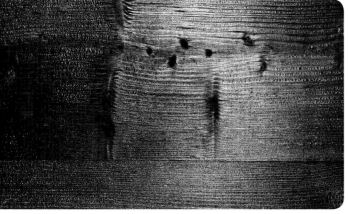

TEAM

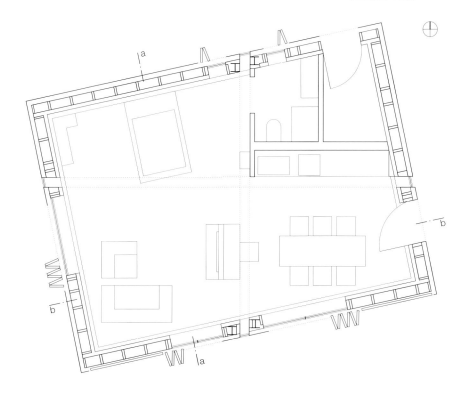

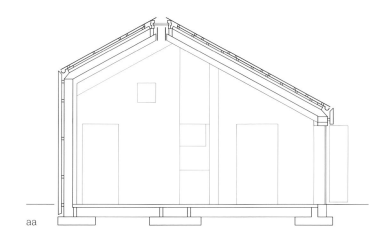

aa

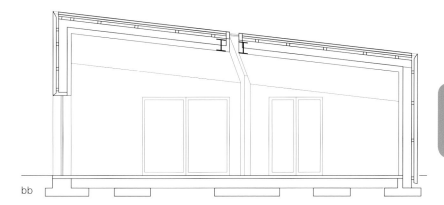

bb

BERLIN

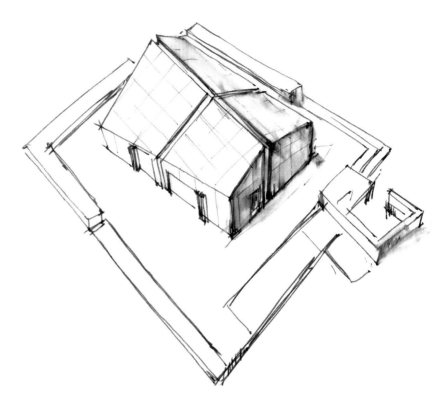

ARCHITEKTUR

TRADITION UND ZUKUNFT   Beim Entwerfen eines Gebäudes bedarf es der Betrachtung unendlich vieler Faktoren. Der Entwurf soll zeitgemäß und funktional, zugleich zukunftsweisend und nachhaltig sein. Ein weiterer wichtiger Aspekt ist die Integration in die Umgebung. Das Haus der Zukunft lässt sich jedoch nur durch Einbeziehung der Vergangenheit realisieren. Die Gebäude berühmter Baumeister wie Karl Friedrich Schinkel, Le Corbusier, Mies van der Rohe, Peter Behrens und Oswald Mathias Ungers, um nur wenige zu nennen, dienen als architektonische Vorbilder des 20. und 21. Jahrhunderts. Gleichzeitig bedient sich die Architektur der Neuzeit einer Vielzahl altbewährter Stilelemente, wie z. B. der Dreiteilung, unterschiedlicher Sockelausbildungen, regional bezogener Formsprachen und Materialien sowie Maßstäblichkeiten der Natur.

Auch die Architekturstudenten des Berliner Teams living EQUIA nehmen im Entwurfsprozess Bezug auf die europäische Baukultur und greifen traditionelle Elemente auf – jedoch stets im Konsens mit Moderne und Fortschritt. Auch der Name des Berliner Teams und der damit verbundene Leitgedanke »living EQUIA – living Ecological Quality and Integration of Ambience« steht für nachhaltiges Wohnen ohne Kompromisse bei Komfort und Ausstattung. Die Vision und die Herausforderung ist es eine Symbiose

zwischen innovativer Technologie und ausge-
reifter Architektur hervorzubringen.

Als Antwort auf die Aufgabenstellung des Solar
Decathlon Europe 2010, ein prototypisches
Solarhaus zu bauen, hält sich das living-EQUIA-
Team an die bewährten Prinzipien des solaren Bauens. Das Team hat es sich jedoch
zum Ziel gesetzt, grundlegende Bedingungen
und Materialien weiterzuentwickeln und dadurch neue Denkansätze aufzuzeigen. Es soll
eine neue solare Architektur etabliert werden,
mit der die wesentlichen Einflussfaktoren
Sonne und damit Zeit im Alltag wieder neu
erfahrbar sind.

Dem Wettbewerbskriterium der Nachhaltigkeit
wurde dabei ganz besondere Aufmerksamkeit
gewidmet. Dies beinhaltet beispielsweise die
Anfertigung einer Ökobilanz für den gesamten
Bauteilkatalog. In dieser Bilanz werden nicht nur
die Umweltverträglichkeit der Materialien, sondern auch ihre Herkunft und der Energieeinsatz
bei der Herstellung berücksichtigt.

Die Vision des Teams ist es, dem ökologischen
Bauen nicht nur im standardisierten Maß nachzu-
kommen, sondern es um die kreative Integration
innovativer Techniken zu erweitern.

FORMSPRACHE Das Haus orientiert sich
bezüglich der Gestaltung, Funktionalität und
Ästhetik an dem Typus des traditionellen mitteleuropäischen Einfamilienhauses. Es wird jedoch
durch innovative technische Lösungen optimiert
und erweitert. Die Studenten wählten daher als
Dachform bewusst das Satteldach, da es im
mitteleuropäischen Raum in den unterschied-
lichsten Formen vorkommt. Es variiert je nach
Region in Konstruktion, Traufhöhe und Dachneigung, jedoch nutzen alle Dächer ähnliche
konstruktive Eigenschaften wie beispielsweise
eine gute Entwässerung oder statische Vorteile in Bezug auf Windlasten. Ein weiterer Nutzen des Satteldachs ist die problemlose Ausrichtung von Solarzellen zur Stromgewinnung.
Das living-EQUIA-Haus interpretiert die traditio-

01 Entwurfsskizze
02 Westansicht

nelle Dachform neu. Durch die Verdrehung des Firsts um 12° zum Grundriss und die Optimierung der Dachneigung auf 29° erhält das Haus nicht nur seine auffallende dynamische Form, es entsteht zudem eine für die integrierte Photovoltaikanlage bestmögliche Ausrichtung der südlichen Dachfläche zur Sonne.

NUTZUNG Im Erdgeschoss befindet sich der 48 m² große Wohnraum mit Arbeits-, Schlaf- und Essbereich, der sich zweigeschossig bis in den Giebel erstreckt. In der nordöstlichen Gebäudeecke liegt der sogenannte Funktionskubus, der das Bad, die Küche und einen Technikraum aufnimmt. Der Technikraum ist nur von außen zugänglich und umfasst ca. 12 m². Der Vorteil einer Abteilung der Sanitär- und Technikräume besteht hier in der bestmöglichen Ausnutzung der Wohnfläche im Innenraum und der problemlosen Wartung der technischen Anlage, auch in Abwesenheit der Bewohner. Durch die gebündelte Anordnung können notwendige Rohrleitungen und Verkabelungen minimiert werden. Durch die Zusammenlegung der Funktionen in einem einzigen Körper ergibt sich ein großzügiger Wohnraum, der eine individuelle und flexible Gestaltung erlaubt.
Als zweite Ebene befindet sich über dem Funktionskubus ein ca. 10 m² großer Stauraum, der auch als zusätzliche Schlafgelegenheit genutzt werden kann. Die Integration von Regalfächern im Funktionskubus bietet dem Nutzer zusätzlichen Platz.

TEAM BERLIN

03 Südansicht mit geschlossener Verschattung
04 Südansicht mit geöffneter Verschattung
05–08 Ansichten Maßstab 1:200

05
06
07
08

LICHTACHSEN UND ÖFFNUNGEN

Zwei Lichtachsen, die in Nord-Süd- und Ost-West-Richtung verlaufen, sind das elementare architektonische Gestaltungselement. Sie definieren einerseits die verschiedenen Nutzungsbereiche im Innenraum (Wohnen, Schlafen, Essen) und öffnen andererseits das Haus in alle vier Himmelsrichtungen. Dadurch entsteht eine direkte Kommunikation zwischen Innen- und Außenraum.

Zugleich dienen die Achsen als Fixpunkte für eine optimale Ausrichtung des Baukörpers nach den vier Himmelsrichtungen. Durch den permanenten Sichtbezug zur Sonne bleibt die Tageszeit im Inneren kontinuierlich spür- und sichtbar.

Zusätzliche großzügige Öffnungen an der Süd- und Westseite sorgen für ausreichend Tageslicht im Innenraum. Sie sind individuell in Position und Größe, wodurch der Bezug zur Landschaft fokussiert und kontrolliert wird.

INNENRAUM

Beim Betreten des Gebäudes präsentiert sich dem Betrachter ein puristischer, offener Raum, der durch die dominanten, sich kreuzenden Lichtachsen eine nahezu sakrale Anmutung erhält.

Der Wohnraum folgt der typischen Einteilung in Sanitär-, Schlaf-, Arbeits- und Wohnbereich. Das Verhältnis der Funktionen des Hauses wird, wie auch der allgemeine Charakter, durch die Achsen geprägt und eingeteilt.

Der freie, offene Raum ermöglicht dem Bewohner eine flexible Nutzung und ist nicht an vorgegebene Raumkonzepte gebunden, was für das living-EQUIA-Team ein wichtiger Aspekt zum Thema Nachhaltigkeit ist.

Die weiße Farbe des Innenraums, im Vergleich zur schwarzen Außenhaut, verdeutlicht den bewussten Kontrast zwischen innen und außen, und lässt den Innenraum größer wirken. Glatte, helle Oberflächen, farbliche Akzente, hochwertige Materialien und die flexible Möblierung fügen sich harmonisch ineinander und erzeugen eine angenehme Atmosphäre.

WOHNRAUMKONZEPT

Das Wohnraumkonzept des living-EQUIA-Hauses folgt keiner festgelegten Konvention, es richtet sich vielmehr nach den Bedürfnissen seiner Bewohner und eventuellen Nutzungswechseln. Der offene Wohnraum kann durch verschiebbare Raumteiler wie beispielsweise Möbel oder Flächenvorhänge individuell und nach Bedarf in seiner Größe verändert und aufgeteilt werden.

Innerhalb des Wohnraums fungieren die Möbel als temporäre Elemente und sind jederzeit nach Belieben flexibel gestalt- und austauschbar.

Der Wohnraum der Zukunft muss die Möglichkeit des Wechsels zwischen Funktionsmischung und -trennung gewährleisten und gleichzeitig ein repräsentatives Statement seiner Bewohner darstellen.

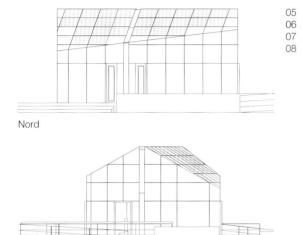

Nord

Ost

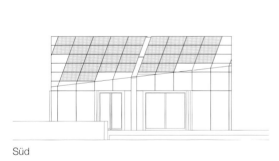

Süd

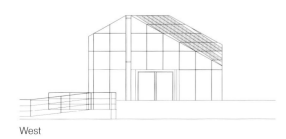

West

109

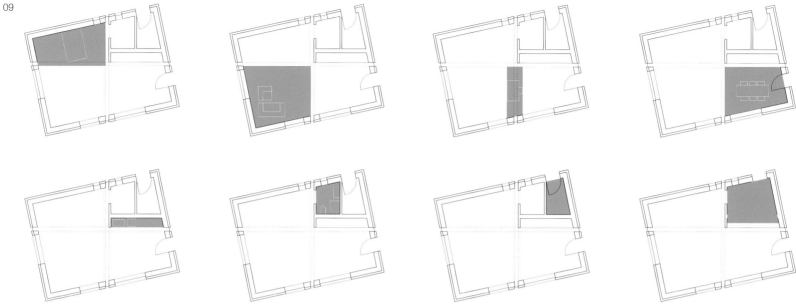

MÖBLIERUNG   Die Möblierung harmoniert mit der Architektursprache des Hauses, während die Bedürfnisse der Bewohner im Vordergrund stehen. Die individuelle Gestaltung der Möbel vereint modernen Purismus mit Design und Funktionalität. Unter dem Aspekt der Nachhaltigkeit sind alle Möbel größtenteils aus Holz gefertigt und in umweltschonenden Verfahren hergestellt. Ein Raumteiler trennt den Wohn- vom Essbereich und dient gleichzeitig als Schreibtisch, TV- und Audiostation. Die zweite Ebene des Funktionskubus wird über eine Bibliotheksleiter erschlossen, die dank eines umlaufenden Schienensystems flexibel positionierbar ist. Mithilfe dieses Schienensystems besteht die Möglichkeit, die Wandflächen der oberen Ebene als Regalflächen zu nutzen.

Die positiven Merkmale der Möblierung zeigen sich nicht ausschließlich in der Flexibilität und der Nutzung, auch die repräsentativen Eigenschaften unterstützen die Architektur des Hauses.

AUSDRUCK   Das Gebäude besticht durch seine schlichte und schmucklose Gestalt. Die drei gewählten Farben Schwarz, Weiß und Grün in Verbindung mit den Materialien Holz und Lehm haben ihren Ursprung in der Natur. Demnach integriert sich der Baukörper nicht nur durch die Verwendung von ökologischen Materialien in die Umgebung, sondern auch durch sein Gesamterscheinungsbild.

Das Satteldach wurde in seiner Ausrichtung für die hochwertige Photovoltaik- und Solarthermieanlage optimiert. Die schwarze Hülle des Baukörpers aus abgeflammten Lärchenholz integriert die Module der Anlagen optisch in die Gebäudehülle.

Wie bei der Photovoltaikanlage auf dem Dach wurde auch bei den Verschattungselementen in der Fassade großer Wert auf Integration und optimale Ausnutzung gelegt.

Die verschiebbaren Faltläden vor den bodentiefen Fenstern der Süd- und Westfassade bestehen aus zwei in einen Aluminiumrahmen gefassten, eingefärbten Plexiglasscheiben mit integrierten PV-Zellen. Der Vorteil dieser Verschattungselemente liegt klar in der polyfunktionalen Nutzung. So dienen die Läden im geschlossenen Zustand nicht nur dem Sichtschutz und der Verschattung, die integrierten PV-Zellen leisten auch einen Beitrag zur Energiegewinnung und ermöglichen so die Symbiose von Ästhetik und Technik. Die Vernetzung der Verschattungselemente mit dem Home Automatic System befähigt den Bewohner, auch bei Abwesenheit die Elemente zu steuern und den Wärmeeintrag zu reduzieren.

Die Integration der Technik in die Fassade nicht nur als nutzbringendes Element, sondern ebenso als Gestaltungsmittel ist einer der wichtigsten Grundsätze der living-EQUIA-Architektur. Das Gebäude soll das Umfeld durch seine Kubatur und Anmutung nicht dominieren, sondern es soll sich integrieren und Stärke durch Zurückhaltung demonstrieren.

09 Raumkonzept
10 Blick nach Westen in den Wohnraum mit Loftcharakter,
   im Vordergrund der Koch- und Essbereich
11 Blick vom Sofa auf den Funktionskubus mit Bad,
   Küche und Technikraum
12 Blick in das Bad durch die rahmenlos eingelassene
   Tür, daneben das Touchpanel der Haussteuerung.
   Weiter rechts befindet sich das Multimediamöbel mit
   Arbeitsplatz, Fernseher und Soundanlage.

ARCHITEKTUR

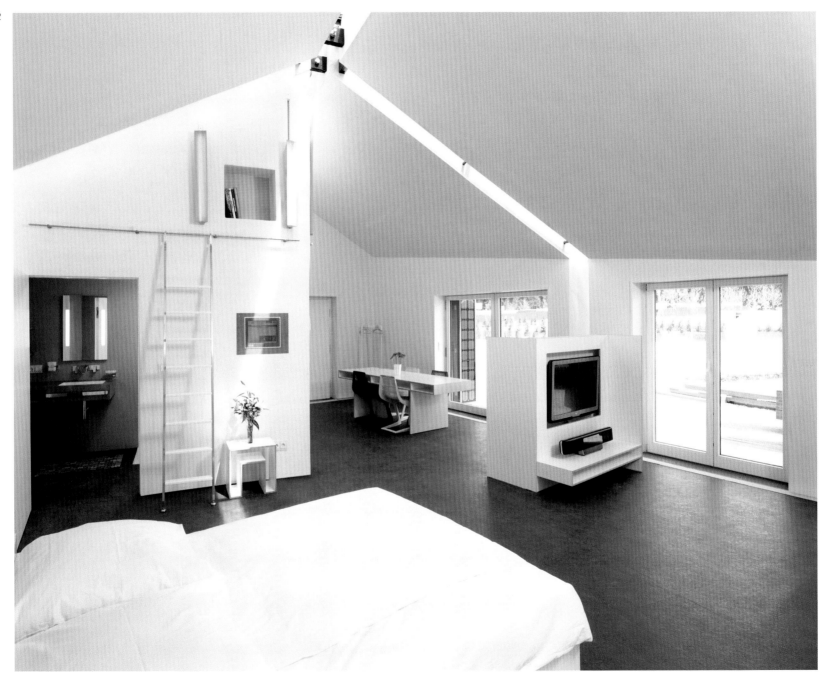

TEAM BERLIN

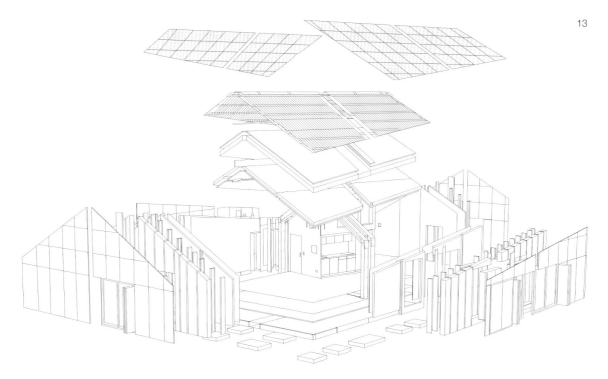

13

Das Haus wurde zunächst in Berlin aufgebaut und im Frühjahr 2010 nach Madrid transportiert. Da für die Errichtung beim Wettbewerb in Madrid nur zehn Tage Zeit war, musste ein schneller Auf- und Abbau gewährleistet sein. Diese Vorgabe stellte das Team Statik und Konstruktion vor eine ganz besondere Herausforderung und führte dazu, dass das 74 m² große living-EQUIA-Haus in einer Elementbauweise konstruiert wurde. Aufgrund der außergewöhnlichen Geometrie des Hauses ist es schwierig, einzelne Module anzufertigen, daher entschied sich das Team für die Zerlegung in Tafeln. Das gewählte Holztafelbausystem ermöglicht einen sehr platzsparenden und kostengünstigen Transport. Die Wände, der Boden und das Dach sind in 31 Module aufgeteilt, die sich hochkant aufgestellt auf mehreren Lkws transportieren lassen.

BODENAUFBAU Das Haus ist auf insgesamt 16 bewehrten Punktfundamenten gegründet. Die acht daraufliegenden Bodenmodule bestehen aus wasserabweisenden Weichfaserplatten und Holzfaserdämmung, die zwischen den Massivholzträgern liegt. Eine OSB-Platte bildet den oberen Abschluss der Rahmenkonstruktion. Auf der OSB-Platte wurden trittfeste Holzfaserdämmplatten verlegt. Den inneren Abschluss

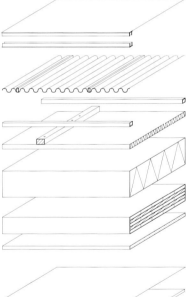

Wandaufbau:
Lehmbauplatten inkl. Lehmputz 25 mm
Dreischichtplatte 81 mm
Holzprofil I 240 mm, dazwischen Dämmung Holzwolle
Weichfaserplatte wasserabweisend 18 mm
Lattung/Konterlattung 50/60 mm
Schalung Schichtholzplatte Lärche abgeflammt 27 mm

Dachaufbau:
Photovoltaikmodule inkl. Aufständerung 56 mm
Aluminium-Wellblech 18/76 mm
Lattung/Konterlattung 40/30 mm
Unterdeckplatte Holzwolle wasserabweisend 35 mm
Dämmung Holzwolle trittfest 200 mm
Fünfschichtplatte 125 mm
Lehmbauplatten inkl. Lehmputz 25 mm

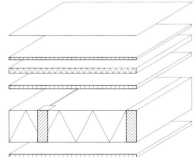

Bodenaufbau:
Fliesen Kautschuk 3,5 mm
OSB-Platte 18 mm
trittfeste Dämmung Holzwolle 40 mm
OSB-Platte 18 mm
Modulrahmen Massivholzträger 240 mm, dazwischen
Holzprofil I 240 mm, dazwischen Dämmung Holzwolle
Weichfaserplatte wasserabweisend 18 mm

bildet eine weitere Schicht aus OSB-Platten als Rohfußboden und Basis für die verwendeten Kautschukfliesen.

WANDAUFBAU Die insgesamt 15 Wandmodule setzen sich aus Lehmbauplatten zusammen, die mit Dreischichtplatten verschraubt sind. Die dahinterliegenden Holz-I-Profile sind in den Zwischenräumen mit einer Holzwolledämmung versehen. Sie tragen eine Beplankung aus wasserabweisenden Weichfaserplatten, auf der die Unterkonstruktion der hinterlüfteten Fassade angebracht ist.
Die Dreischichtplatten bilden die statische Struktur, die mit den Weichfaserplatten einen konstruktiven und bauphysikalischen äußeren Wandabschluss herstellt. Die Beplankung aus Weichfaserplatten dient nicht nur als konstruktiver Abschluss, sie übernimmt zudem die Funktion der wasserführenden Ebene hinter der Vorhangfassade aus abgeflammten Lärchenholzplatten. Des Weiteren übernimmt der diffusionsoffene Wandaufbau die Funktion einer Dampfbremse, wodurch auf umweltbelastende Folien verzichtet werden konnte.
Die Schalung der Fassade besteht aus 1 m breiten Schichtholzplatten aus Lärche, die durch kontrolliertes Abflammen gegen Wettereinflüsse und Insekten geschützt werden und zusätzlich

13 Explosionszeichnung der Gebäudehülle
14 Schichtaufbau Wand, Dach und Boden
15 Punktfundamente und Stahlrahmen mit Abspannung
   während der Montage
16 parallele Arbeit an Terrasse, Fassade und Dach
17 Verspachtelung der Stoßfugen zwischen den einzelnen Bauteilen

über die nötigen positiven Brandschutzeigen-
schaften verfügen.

Um die benötigte Stabilität trotz der durchgehen-
den Einschnitte im Baukörper zu gewährleisten,
wird das Dach zwischen zwei Dreigelenkrahmen
aus Stahl-I-Profilen gespannt, die das Nord-Süd-
Glasband fassen und in den jeweiligen Giebel-
wänden fest verankert sind.

Das Entwässerungssystem wird in der Ebene der
Unterkonstruktion geführt und ist von außen nicht
sichtbar. Punkthalter tragen die Unterkonstruktion
der Fassade und die technischen Dachaufbau-
ten.

DACHAUFBAU Die acht Dachmodule bestehen aus vorgefertigten Fünfschichtplatten und
sind mit einer Volldämmung versehen. Die
aufgebrachte trittfeste, ökologische Holzwolledämmung wird mit wasserabweisenden Weichfaserplatten geschützt und von einer bis in die
Fünfschichtplatte verschraubten Konterlattung
gehalten. Der Großteil des Süddachs ist mit Photovoltaikmodulen auf einer hinterlüfteten Unterkonstruktion versehen. Auf der nördlichen Dachfläche ist eine eigens entworfene Solarthermieanlage installiert. Durch diese Konstruktion bilden
die abgeflammte Fassade und die Anlagen auf
dem Dach eine einheitlich schwarze Hülle um
den gesamten Baukörper.

RAUMHÜLLE Der Einsatz von Massivholz-
tafeln und Holzwolle sorgt für sehr gute akusti-
sche Eigenschaften der Wände. Durch die ver-
bauten 22 mm starken Lehmbauplatten, die über
schallabsorbierende Eigenschaften verfügen,
wird dieser Effekt zusätzlich verstärkt und eine
ideale Raumakustik erzeugt. Das Schalldämmmaß der Wände liegt bei 40 dB. Trotz des hohen
und offenen Innenraums liegt die Nachklangzeit
beim Hören von Musik oder bei normaler Unter-
haltungslautstärke im idealen Bereich.

Durch die Beimischung von Phase Change Materials (PCM, siehe S. 44), auch Latentwärmespeicher genannt, sorgen die Lehmplatten auf passive
Weise für eine optimale Feuchte- und Tempera-
turregelung im Innenraum und erzeugen so ein
wohliges Raumklima. Das PCM stellt eine zusätzliche Speichermasse dar, was gerade in Regionen
mit erhöhtem Kühlbedarf eine große Rolle spielt.

MATERIAL Im living-EQUIA-Haus wurde
bewusst auf »Hightech-Materialien« verzichtet.
Diese haben oftmals viele Vorteile in Verarbeitung und Dimensionierung, jedoch wirft der
Einsatz von schlecht recycelbaren Materialien
im Nachhinein meist Probleme auf. Das vom
Team intensiv berücksichtigte Thema der Nachhaltigkeit beinhaltet somit nicht nur den Zeitraum der Nutzung der Baustoffe, sondern auch

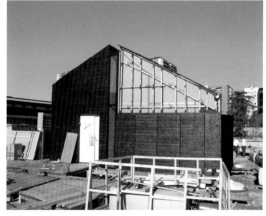

15
16
17

115

den der Rückführung in den Stoffkreislauf. Beispielsweise ist bei der verwendeten Holzfaserdämmung die benötigte Stärke viel größer als bei Hochleistungsdämmstoffen wie z. B. einer Vakuumdämmung (siehe S. 90). Jedoch ist die Holzfaserdämmung komplett abbaubar und kann beim Abriss des Gebäudes vollständig recycelt werden. Eine Vakuumdämmung hingegen reduziert zwar die Dimensionen, wodurch geringere Wandaufbauten erreicht werden, hat aber zur Folge, dass eine Rückführung in den Produktionskreislauf nach dem Lebenszyklus eines Gebäudes erhöhte Prozessenergie mit sich bringt.

Für den Rohbau des living-EQUIA-Hauses wurde lediglich Fichtenholz aus nachhaltiger einheimischer Forstwirtschaft mit PEFC-Zertifizierung verwendet. Die Vorteile von Holz als Baumaterial liegen klar in seinen guten Gewichts- und Verarbeitungseigenschaften. Zudem ist es nachhaltig und sorgt für eine positive Energiebilanz. Die Nachhaltigkeit erklärt sich u. a. durch die regionale Verfügbarkeit und die damit verbundenen kurzen Lieferwege. Holz ist ein nachwachsender Rohstoff und kann vollständig in den Kreislauf der Natur zurückgeführt werden.

Für die Terrassenkonstruktion ist sogenanntes Stauseeholz aus dem Blommestein-Stausee in Suriname, einem kleinen Land im Nordosten Südamerikas, verwendet worden. Dort wurde zwischen 1960 und 1974 ein Damm errichtet, um den Fluss Suriname zu einem See aufzustauen wurde. Vor der Flutung des Stausees wurde der vorhandene Urwald nicht gerodet, weshalb der See eine gewaltige Menge qualitativ hochwertigen Holzes birgt. Das hierdurch entstandene wertvolle Rohstoffreservoir würde im Lauf der Jahrhunderte ungenutzt verrotten und klimaschädliches Methan freisetzen. Durch die Nutzung und Verarbeitung können die wertvollen Hölzer einer sinnvollen und langfristigen Verwendung zugeführt werden, ohne den Regenwald anzugreifen.

Zukunftsweisendes Bauen bedeutet für das Berliner Team jedoch nicht ausschließlich, nachhaltige Baumaterialien zu verwenden. Der Einsatz

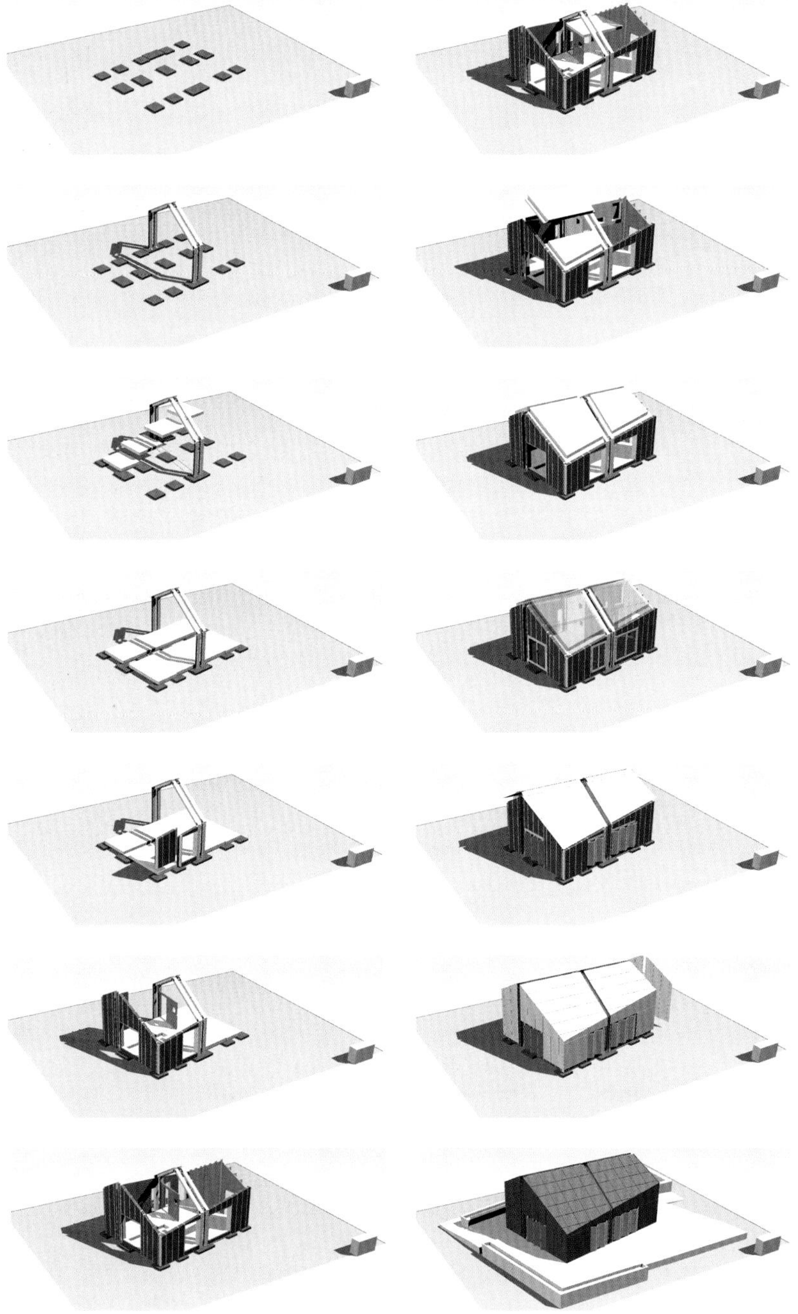

18 Aufbausequenz des
living-EQUIA-Hauses
19 Vertikalschnitt Fassade
Maßstab 1:20

TEAM BERLIN

1 Schalung Schichtholzplatte
   Lärche abgeflammt 27 mm
   Lattung /Konterlattung 50/60 mm
   Weichfaserplatte wasserabweisend 18 mm
   Holzprofil I 240 mm, dazwischen
   Wärmedämmung
   Dreischichtplatte 81 mm
   Lehmbauplatten mit PCM und
   Lehmputz 25 mm
2 Schalung Schichtholzplatte
   Lärche abgeflammt 27 mm
   Unterkonstruktion Kantholz 30 mm
   Aluminium-Wellblech 18/76 mm
   Lattung /Konterlattung 40/30 mm
   Unterdeckplatte Holzwolle wasserab-
   weisend 35 mm
   Dämmung Holzwolle trittfest 200 mm
   Fünfschichtplatte 125 mm
   Lehmbauplatten mit integrierten Kapillar-
   rohren als Kühl-/Heizfläche und
   Lehmputz 25 mm
3 Wärmeabstrahlfläche selbstgefertigt
   100/100/4 mm
   speziell lackiertes Metallblech mit
   wasserführender Kapillarmatte, Metallblech genietet, Halteprofile aufgeklebt
4 Dreifach-Überkopfverglasung mit
   Sonnenschutzbeschichtung
   U-Wert 0,75 W/m²K
5 elektrischer Faltladen zur Verschattung
   selbst entworfen 500/2000 mm
   Aluminiumprofile halten zweilagiges
   Acrylglas, zwischen dem zweireihig
   monokristalline Zellen zur Stromerzeugung liegen.
6 Dreifach-Verglasung U-Wert 0,75 W/m²K

und die Integration von technischen Innovationen, im Einklang mit Design, jedoch immer im
Konsens mit Nachhaltigkeit und Ökologie, zeichnen den living-EQUIA-Entwurf aus.
Die Reduzierung der Wärme- bzw. Kühllast durch
die konsequente Ausrichtung der Dachfläche in
Kombination mit regenerativen Systemen sowie
die innovative Gebäudeform und die verwendeten Materialien zeigen eine Möglichkeit auf, wie
das Wohnen in der Zukunft aussehen kann.
Nachhaltiges, umweltfreundliches Wohnen ohne
Kompromisse bei Komfort und Ausstattung entsteht durch eine Symbiose von Innovation, Technik und attraktiver Architektur.

DIE VERKOHLUNG Die Umwandlung eines
Holzstücks in Holzkohle ist generell ein einfacher
Prozess. Hierfür stehen unterschiedliche Verfah-
ren zur Verfügung:
· Pyrolyse
· Kontaktverkohlung
· Flammverkohlung
· Direktbeflammung

Bei Einwirkung von Hitze werden ca. 80 % der
Holzmasse in Holzgas umgewandelt. Führt
man die Pyrolyse unter Sauerstoffausschluss
durch, erhält man Holzkohle. Angewandt auf
ein Fassadenbrett mit der Maßgabe der gleich-

mäßigen Verkohlung der Oberflächenschicht
gestaltet sich die Aufgabe jedoch komplizier-
ter, weshalb die Pyrolyse kein geeignetes Verfahren ist. Die Verkohlung muss gesteuert
ausgeführt und nach Erreichen der gewünschten Tiefe abgebrochen werden. Zugleich ist
die Weißverkohlung, nämlich die Verbrennung
der oberflächlich erzeugten Holzkohle, zu
unterbinden.
Als mögliche Verfahren wurden die Kontaktverkohlung mit beheizten Walzen sowie die
Flammverkohlung durch Brenngel und Gas-
brenner untersucht. Entzündet man auf das Holz
aufgebrachtes Brenngel, so wird die Holzober-

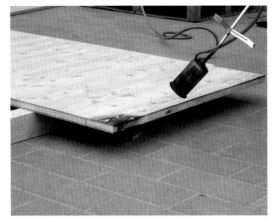

fläche nicht ausreichend erwärmt. Um Holz zu verkohlen, sind hohe Temperaturen über einen längeren Zeitraum nötig. Gute Ergebnisse konnten mit beheizten Kontaktrollen bzw. mit der direkten Beflammung erzielt werden. Die Kontaktverkohlung hat den Vorteil, dass die Schmalflächen der Bretter nur geringfügig verkohlt werden, sie erfordert allerdings einen gewissen technologischen Aufwand mit federnd gelagerten Rollen und Abweisblech zum Freihalten der Holzoberfläche gegen die Heizflamme der Rolle. Die Direktbeflammung bietet technologisch die einfachste Lösung und erzielt die besten Ergebnisse.

Im ersten Durchgang wird oberflächlich angekohlt. Im zweiten Durchlauf kann dann mit der thermischen Schutzwirkung der Holzkohle an der Oberfläche die gewünschte Eindringtiefe erzeugt werden. Entstehende Flammen lassen sich leicht mit einem feuchten Tuch löschen. Im einstufigen Verfahren ist dagegen mit Weißverkohlungen oder unvollständig verkohlten Zonen zu rechnen.

Mit der Kenntnis aus den durchgeführten Versuchen und der Anfertigung von Modellen war es möglich, eine gleichmäßige und ausreichend feste Oberflächenverkohlung mit der Direktbeflammung im Durchlaufverfahren zu realisieren.

INNENAUSBAU Der Innenraum steht durch seinen weißen Anstrich in direktem Kontrast zur schwarzen abgeflammten Fassade des Baukörpers. Er ist mit Lehm verkleidet – einem der ältesten mineralischen Baustoffe der Welt. Der Baustoff Lehm besitzt von Natur aus luftfeuchteregulierende, schallabsorbierende und wärmespeichernde Eigenschaften und ist zu 100 % ökologisch abbaubar und recycelbar. Im Bausektor stellt Lehm eine sehr gute und umweltfreundliche Alternative für den Innenausbau dar.

Die 22 mm dicken, auf die Massivholzplatten montierten Lehmbauplatten sind mit Latentwärmespeichermaterialien (Phase Change Materials) kombiniert. In die an der Decke montierten Platten sind Wasserleitungen zur Bauteilaktivierung eingelassen. Die Verbindung von Bauteilaktivierung und PCM ermöglicht eine passive und zugleich aktive technische Nutzung der gesamten Innenraumflächen. Die Oberflächen im Innenraum sind mit natürlichen Materialien wie Lehmputz und Lehmfarben beschichtet.

Der Bodenbelag besteht aus umweltverträglichen und EMAS-zertifizierten Kautschukfliesen. Die Fliesen weisen gute Materialeigenschaften auf wie z. B. eine hohe Strapazierfähigkeit und eine lange Nutzungsdauer. Sie lassen sich durch eine einfache Handhabung modular, schnell und fugenlos verarbeiten.

20 Schichtholzplatte aus Lärche, zugeschnitten und unbehandelt
21 Abflammung im Freien mit einem Gasflammgerät. Gas und Temperatur sind auf die Abflammung abgestimmt.
22 Mehrstufige Beflammung bringt das gewünschte Ergebnis.
23 Luftaufnahme des Hauses während der Ausstellung in Madrid

23

ENERGIE SPAREN – ENERGIE GEWINNEN

Grundlage bei der Auslegung des Energie- und Versorgungskonzepts für das living-EQUIA-Haus ist einerseits eine weitgehende Standortunabhängigkeit des Gebäudes. Gleichgültig, ob das Haus in Skandinavien oder in Australien steht, der hohe Wohnkomfort und die positive Energiebilanz bleiben stets gewährleistet.

Andererseits muss die Anlagentechnik äußerst energieeffizient sein, denn bedingt durch das Satteldach steht im Wesentlichen nur das Süddach als Fläche für die Stromerzeugung zur Verfügung. Die Grundlast soll durch passive Maßnahmen wie z. B. den Einsatz von Phase Change Material (PCM, siehe S. 44), Strahlungskühlung (siehe S. 125) und Solarthermie gedeckt werden. Aktive Komponenten wie die reversible Wärmepumpe sollen nur zur Deckung der Spitzenlasten in Betrieb gehen. Die Beschränkung auf ein absolutes Minimum an Stromverbrauch erfordert durchdachte Konzepte bei der Gebäudetechnik, um trotz der verhältnismäßig geringen Fläche für die Aufdachanlage eine positive Energiebilanz zu erzielen. Somit ist es unumgänglich, alle Stromverbraucher genau unter die Lupe zu nehmen und gegebenenfalls eine eigene Zusammenstellung der Anlagentechnik sowie neue Konzepte für bewährte Techniken zu entwickeln. Im Zuge

ENERGIEKONZEPT

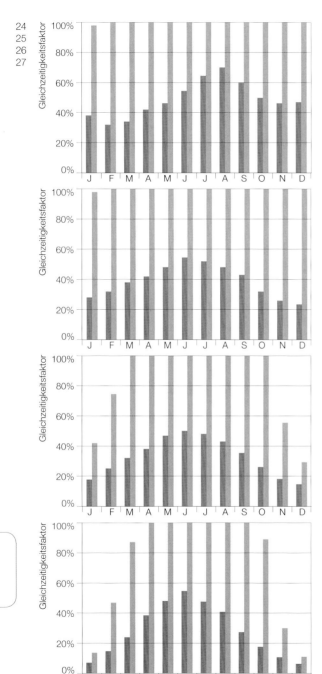

ohne Batterie
mit Batterie

24–27 Darstellung des Gleichzeitigkeitsfaktors vom Strombedarf für zwei Bewohner und dem Anteil, der dabei aus eigener Produktion stammt für die vier Standorte Perth, Madrid, Berlin und Stockholm (von oben nach unten). Der Vergleich macht deutlich, dass durch den Einsatz von Batterien selbst in nördlichen Regionen eine Netzautarkie über ein halbes Jahr lang möglich ist. In südlichen Regionen wie z. B. in Madrid oder Perth kommt das Haus gänzlich ohne Stromlieferung aus.

28 Schematische Darstellung der Netzanbindung. Die Aufdachanlage, die einzelnen Faltläden, aber auch das Batteriesystem sind über eigene Wechselrichter ans Netz angeschlossen.

dessen entstand ein integrales Versorgungskonzept, das erst durch das Zusammenspiel aus konstruktiven Elementen wie mit PCM oder wasserführenden Rohrleitungen versehenen Lehmbauplatten und einer möglichst passiven Wohnraumkonditionierung seine Wirkung entfaltet.
Ein weiterer wesentlicher Aspekt des Energiekonzepts ist die gezielt eingesetzte Solartechnik. Herkömmlich auf dem Hausdach aufgeständerte Photovoltaikanlagen (PV-Anlagen) werden von vielen Menschen als störend oder zumindest nicht als Verschönerung von Gebäuden empfunden. Dies führt zu einer teilweise grundsätzlichen Ablehnung von PV-Anlagen – wer tagtäglich auf die lieblos auf das Dach geschraubte Anlage seines Nachbarn blicken muss, überträgt diese Emotion leicht auf die PV-Technik im Allgemeinen. Um diesem Ressentiment entgegenzuwirken und einer breiten Öffentlichkeit auch die gestalterischen Möglichkeiten der Photovoltaik nahezubringen, wurde schon beim Entwurf des Energiekonzepts auf eine ausnahmslos gebäudeintegrierte Photovoltaik (GIPV) gesetzt. Das Resultat ist eine in die Dacheindeckung integrierte Aufdachanlage, die zu einem funktionalen und visuell unaufdringlichen Teil des Dachs wird. Dagegen wird bei den Verschattungselementen ganz bewusst auf die gestalterische Freiheit bei Photovoltaik gesetzt, um mit deren vielfältigen Umsetzungsmöglichkeiten zu überzeugen.
Eine Gebäudehülle im Passivhausstandard, die durch die Reduzierung der anfallenden Lasten auf ein Minimum passive Maßnahmen überhaupt erst ermöglicht, rundet das energetische Konzept ab.

ENERGETISCHE ASPEKTE DER KONSTRUKTION
Viele Besucher des Hauses wunderten sich über die abgeflammte Fassade, die nach Meinung vieler eine ungewollte Erwärmung des Innenraums im Sommer verursachte. Jedoch sind die Auswirkungen auf die thermische Gebäudehülle und die daraus resultierenden solaren Erträge aufgrund der hinterlüfteten Fassade zu vernachlässigen. Ein Luftzwischen-

WÄRME- UND FEUCHTERÜCKGEWINNUNG

Bei einer effizienten Wärmerückgewinnung wird mittels eines herkömmlichen Wärmetauschers die in der Abluft enthaltene Wärme an die Zuluft übertragen. Wird stattdessen zwischen Zu- und Abluftkanal ein drehzahlreguliertes Metallrad mit vielen kleinen axial angeordneten Kanälen verwendet, lässt sich die zu übertragende Wärmemenge regeln.

Ein sogenanntes Sorptionsrad ist zusätzlich mit einem wasseraufnehmenden Stoff beschichtet. Hiermit lässt sich ebenso die Feuchte von der Ab- auf die Zuluft übertragen. Da in der Feuchte ein nicht unwesentlicher Teil der Wärmeenergie der Luft gespeichert ist, ermöglicht dies eine zusätzliche Energieersparnis beim Heizen wie auch beim Kühlen.

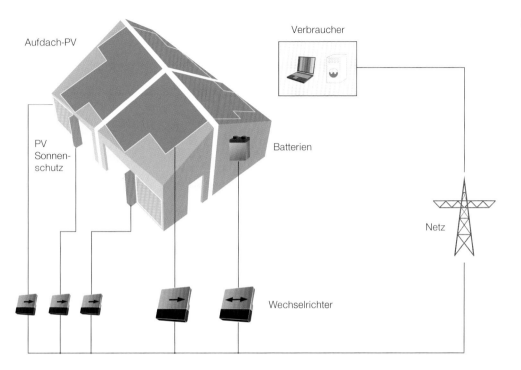

raum von rund 7 cm über die gesamte Gebäudehöhe ist ausreichend, um einen Kamineffekt zu erzeugen, der die erhitzte Luft abführt.
Die geringe Wärmemenge, die trotzdem die hochwärmegedämmte Gebäudehülle erreicht, wird durch die bis zu 240 mm dicke Dämmschicht aus Holzfaserdämmplatten kompensiert. Mit einem U-Wert von 0,14 W/m²K für die opaken Bauteile und einem U-Wert von 0,75 W/m²K für die Dreifach-Verglasung genügt die Gebäudehülle damit dem EnEV-Standard für Passivhäuser.
Wie bei allen hochwärmegedämmten und äußerst luftdichten Gebäuden hat die Vermeidung einer übermäßigen Erwärmung des Wohnraums im Sommer einen großen Stellenwert. So bieten die selektiv beschichtete Verglasung der Fenster und Lichtachsen sowie der Sonnenschutz vor den großen Fensterflächen Schutz vor unerwünschten solaren Einträgen.

Um das Fehlen einer thermischen Masse des in Leichtbauweise gefertigten Hauses zu kompensieren, ist den Lehmbauplatten auf den Innenwänden des Wohnraums PCM beigemischt, das eine ausreichende thermische Trägheit erzeugt. Auch ohne aktive Maßnahmen bleibt es somit im Sommer angenehm kühl und im Winter wird die Wärme lange gehalten. Zudem reguliert der Lehm auf natürliche Weise das Feuchteniveau des Hauses.

GEBÄUDEINTEGRIERTE PHOTOVOLTAIK

Rahmenlose und ganzheitlich schwarze PV-Module sind in die südliche Dachfläche integriert. Durch eine schwarze Rückseitenfolie und rückseitig aufgeklebte Montageschienen erhalten die PV-Module ein ansprechendes Design. Sie nehmen das einheitlich dunkle Erscheinungsbild der Fassade auf und führen es durch die bündigen Übergänge zur abgeflammten Dachverkleidung

harmonisch fort. Die einzelnen Module werden optisch in das Gebäude integriert und gewährleisten dank ihrer dunklen Farbgebung das homogene Erscheinungsbild der gesamten Hülle. Die technischen Elemente werden so zum integralen Bestandteil des architektonischen Konzepts.
Grundlage für die Auslegung der Aufdachanlage ist deren ausreichende Leistungsfähigkeit auch in einstrahlungsarmen Regionen. Aus einer zu starken Fokussierung auf den Standort Madrid würde ein Ertragsmangel für Standorte mit geringerer Sonnenscheindauer folgen. Die Südausrichtung und der Neigungswinkel von 29° garantieren dagegen eine größtmögliche Ertragsausbeute für unterschiedlichste Standorte.
Die Anlage besteht aus insgesamt 34 quadratischen PV-Modulen (1 × 1 m) und hat eine Nennleistung von 4,6 kWp. Die monokristallinen Silizium-Solarzellen erreichen dabei einen Modulwirkungsgrad von 13,8 %.

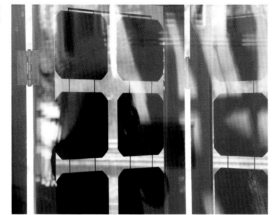

FALTLÄDEN Die Faltläden vor den Fenstern der Süd- und Westfassade sind ein weiteres Beispiel für die GIPV des Hauses. Speziell für den Prototypen entwickelt und von Studentenhand gefertigt, sind sie ein Paradebeispiel für die mannigfaltigen Möglichkeiten der modernen Solartechnologie. Sie entstanden aus dem Gedanken heraus, dass die Kombination von Sonnenschutz und Solarstromgewinnung gerade im Sommer unter energetischen Gesichtspunkten eine sehr sinnvolle Lösung darstellt. Bei hoher Einstrahlung verhindern sie übermäßige solare Einträge und nutzen dabei die einfallende Sonnenstrahlung zur Stromproduktion – ein doppelter Nutzen durch die Stromproduktion bei gleichzeitiger Reduktion des Kühlaufwands. Außerdem bietet die Verschattungseinrichtung einen Blendschutz insbesondere im Winter bei tiefstehender Sonne sowie generell einen Sichtschutz vor unliebsamen Blicken von außen.

Die Faltläden bestehen aus einzelnen Faltmodulen, die aus in Leichtbauweise gefertigten Aluminiumrahmen und neuartigen, maßgeschneiderten Solarmodulen aus Plexiglas zusammengebaut sind. Die Faltmodule können elektrisch geöffnet und geschlossen werden. Während das Plexiglas für Robustheit und Biegsamkeit der Module sorgt, garantieren die hocheffizienten monokristallinen Siliziumzellen durch ihren hohen Wirkungsgrad einen großen Ertrag. Im Vergleich zu konventionellen Glasmodulen und den noch kaum am Markt verfügbaren flexiblen Dünnschichtmodulen sind sie damit ein idealer Kompromiss zwischen Gewicht, Flexibilität und Biegefähigkeit sowie Wirkungsgrad.

Die einzelnen Module der Faltläden haben ein Sondermaß von 0,5 × 2,0 m. Bedingt durch die jeweils unterschiedlichen Fenstergrößen besteht jeder Faltladen dabei aus einer anderen Anzahl an Faltmodulen. Die insgesamt 16 vertikalen Module vor den Fenstern der Süd- und der Westfassade erreichen eine Gesamtleistung von bis zu 1,1 kWp. Der zu erwartende Ertrag dieser zusätzlichen PV-Anlage ist jedoch stark vom Nutzerverhalten abhängig, denn nur bei vollständig geschlossenen Läden entfalten die Module ihre maximale Leistung. Je nach Wunsch steuert dabei das hauseigene Bussystem den Sonnenschutz automatisch oder der Bewohner stellt die Läden manuell durch Knopfdruck ein. Die individuelle Steuerung des Sonnenschutzes und die gleichzeitige Sicherung eines größtmöglichen Ertrags erfordern einen relativ aufwendigen Anschluss an das Stromnetz. Denn eine unterschiedliche Stellung der Läden bedeutet durch deren veränderte Ausrichtung zur Sonne auch einen unterschiedlichen Wirkungsgrad der einzelnen Solarmodule. Dies hat wiederum zur Folge, dass das Modul mit der geringsten Einstrahlung die Leistung der übrigen Module auf das Niveau des Schwächsten reduziert. Um diesen Ertragsausfall zu umgehen, sind die Läden nicht untereinander zusammengeschaltet, sondern in drei Teilsystemen mit je einem eigenen Wechselrichter ans Netz angeschlossen.

ENERGIE SPEICHERN UND NETZAUTARK LEBEN Prinzipiell funktioniert das Haus als netzgekoppeltes System und eine Speicherung des solar erzeugten Stroms ist nicht zwingend erforderlich. Dennoch ist die Verwendung von Batterien eine durchaus sinnvolle Ergänzung des Energiekonzepts. Die tagsüber aufgeladenen Batterien stellen auch in sonnenlosen Zeiten Strom aus eigener Produktion bereit. Die Blei-Gel-Akkus sind für einen energieautarken Betrieb in sonnenreichen Regionen zwischen Südeuropa und Australien dimensioniert. Für einen Standort wie Berlin entfällt im Sommer der Strombezug aus dem Netz weitgehend. Dies entlastet das öffentliche Stromnetz und stellt einen ersten Schritt hin zur Netzautarkie dar. Finanzielle Anreize für ein solches System bestehen in Deutschland durch die Eigenverbrauchsregelung im Erneuerbare-Energien-Gesetz (EEG), die eine erhöhte Vergütung für den Eigenverbrauch von selbst produziertem Strom regelt.

ENERGIEEFFIZIENTE KLIMATISIERUNG

Um das Ziel der maximalen Energieeffizienz zu erreichen, integriert das living-EQUIA-Haus die jeweils effizientesten Einzelkomponenten in ein gesamtes System und reduziert die Lasten soweit wie möglich. Dies gewährleistet für jeden Betriebsfall ein in energetischer Hinsicht optimales Verhältnis von Nutzen zu Aufwand.

Zur passiven Wärme- und Kältegewinnung kommen beim living-EQUIA-Haus zwei Systeme zum Einsatz: einerseits zwei handgefertigte Flachkollektoren zur Gewinnung von Hochtemperaturwärme, andererseits auf der nördlichen Dachfläche installierte Abstrahlflächen, die der nächtlichen Kältegewinnung dienen. Die Flachkollektoren sind mit jeweils rund 4 m² Fläche an der um 11° nach Osten ausgerichteten Südfassade installiert, die bestens für die Wärmeversorgung in den winterlichen Morgenstunden geeignet ist. Aufgrund der Maße und des Holzrahmens fügen sie sich problemlos in das Raster der Fassade ein.

An die Flachkollektoren der Südfassade ist ein Kombispeicher mit Schichtenladesystem und 450 l Fassungsvermögen angeschlossen. Ein weiterer Wasserspeicher befindet sich unter der Ostterrasse. Mit seinen 1,4 m³ ist er Kältespeicher für die Abstrahlfläche und gleichzeitig quellenseitiger Pufferspeicher für die Wärmepumpe. Er ersetzt somit bei dem nicht ortsfesten Haus die sonst üblichen Erdsonden einer Wärmepumpe. Damit der Speicher unter der Terrasse Platz findet, besteht er aus vier hintereinander geschalteten Metallröhren. Die einzelnen Röhren ermöglichen eine gewisse Temperaturschichtung. Dieser Unterflurtank ist so konstruiert, dass er zum Eisspeicher nachgerüstet werden kann. Da in dem Phasenübergang von Wasser zu Eis sehr viel Energie gebunden ist, werden extrem tiefe Speichertemperaturen vermieden, was wiederum einen effizienteren Betrieb der Wärmepumpe ermöglicht.

Die Abstrahlfläche auf dem Norddach hat zwei Funktionen. Einerseits dient sie der nächtlichen Kältegewinnung durch Strahlungskühlung. Andererseits stellt sie bei mehreren aufeinander folgenden Wintertagen ohne Sonnenschein Niedertemperaturwärme für die Wärmepumpe bereit. Die gesamte Abstrahlfläche besteht aus 26 quadratischen Metallplatten mit je 1 m² Fläche. Zur Optimierung der Strahlungsleistung besitzen die Platten auf ihrer Oberseite eine spezielle schwarze Beschichtung. Als Wärmeträgermedium dient Wasser, das durch rückseitig angebrachte Kapillarrohrmatten fließt. Thermische Kollektoren und Abstrahlfläche sind so dimensioniert, dass sie den Wohnraum nahezu das ganze Jahr ohne Zuhilfenahme der Wärmepumpe in einer Temperaturspanne von 23 bis 25 °C halten können.

Die Wärme- bzw. Kälteverteilung erfolgt primär über die Lehmbauplatten in der Decke, in denen wasserführende Rohrleitungen verlegt sind. Um die Reaktionszeit dieser Heiz- und Kühlflächen kurz zu halten, ist ihnen im Gegensatz zu den Lehmbauplatten an den Wänden kein PCM beigemischt. Dank der großen Fläche genügen zur Raumtemperierung geringe Temperaturdifferenzen zwischen dem durchströmenden Wasser und der Raumluft, was sich wiederum im Energieverbrauch positiv bemerkbar macht. Für eine zügige Wohnraumkonditionierung sorgt zusätzlich ein Lüftungsgerät mit Sorptionsrad zur kombinierten Wärme- und Feuchterückgewinnung (siehe S. 121). Reicht die Strahlungskühlung im Sommer oder die solare Heizung im Winter nicht aus, aktiviert sich die Wärmepumpe. Sie kann automatisch zwischen Kühl- und Heizbetrieb umschalten und ihre Leistung der geforderten Wärme- bzw. Kältemenge anpassen (siehe S. 95).

KOMPLEXE SYSTEME

Im Sommer halten die PCM-Lehmbauplatten das Haus angenehm kühl. Doch gerade das Klima in südlichen Ländern erfordert weitere Kühlmöglichkeiten. Deshalb wird nachts das Wasser des Unterflurtanks durch die Kapillarrohrmatten der Abstrahlflächen auf dem Norddach gepumpt, wo es die Wärme

29 Sonnenschutz der Westfassade. Jedes Modul besteht aus 20 Solarzellen, die zwischen eine äußere transparente und eine rückseitige dunkle, aber ebenfalls transparente Plexiglasscheibe gebettet sind.

30 Blick von der Südterrasse auf das Westfenster. Das Verschattungssystem wurde für das living-EQUIA-Haus erstmals realisiert und erprobt. Die einfache Konstruktion hat sich als variabler, gestaltbildender und zudem stromgewinnender Sonnenschutz bewährt.

31 Südostecke mit Solarkollektor und der elektronisch verschließbaren Haustür mit Fingerabdruckerkennung und Kamera. Es ist möglich, über das Internet die Tür zu verriegeln oder mit einem Smartphone App zu sehen, wer gerade vor der Tür steht.

31

Abstrahlfläche (Norddach)
Flachkollektoren (Südfassade)

Solarspeicher
thermischer Speicher unter
der Terrasse

Heiz-/Kühlflächen an
der Wohnraumdecke
Heizkörper Bad

Wärmepumpe
Lüftungsgerät mit
Sorptionsrad

durch Strahlungskühlung abgibt. Am darauffolgenden Tag kann dieses Wasser den Innenraum kühlen, indem es durch die wasserführenden Lehmbauplatten in der Decke bzw. durch den Wärmetauscher in der Zuluft gepumpt wird. An extrem heißen Tagen ist das Wasser im Tank aber nach einigen Stunden so weit aufgewärmt, dass es den Raum nicht mehr direkt kühlen kann. In diesem Fall beginnt die Wärmepumpe, kaltes Wasser für Zuluft und Kühldecke bereitzustellen. Die Effizienz einer Wärmepumpe steigt, je geringer ihr Temperaturhub ist. Deshalb wird bei diesem System die dem Raum entzogene Wärme nicht direkt an die Außenluft, sondern an das Wasser des Unterflurtanks abgegeben. Dadurch kann die heiße Seite der Wärmepumpe entscheidend kühler gehalten werden als bei klassischen Systemen – ihr Stromverbrauch ist also deutlich geringer.

Um die relative Luftfeuchtigkeit im Raum bei der Kühlung konstant zu halten, ist die Entfeuchtung der Zuluft unabdingbar. Das Anlagenkonzept beinhaltet aus diesem Grund eine solare Entfeuchtung. Dabei wird die Abluft über einen Wärmetauscher mit Wärme aus dem Solartank beheizt, da warme Luft wesentlich mehr Feuchtigkeit aufnehmen kann. Diese heiße Luft trocknet das Sorptionsrad auf der Abluftseite. Das so regenerierte Rad kann folglich bei seiner Drehung hin zum Zuluftkanal die Zuluft entfeuchten.

Das Brauchwarmwasser wird ganzjährig durch die Frischwasserstation des Solarspeichers erzeugt, ebenso stammt auch das Heizwasser aus dem Solartank. Folgen allerdings mehrere wolkenverhangene Tage aufeinander, würde auch eine deutlich größere Solarthermieanlage nicht ausreichen, um das Haus durchgehend mit Wärme zu versorgen. Deshalb schaltet sich in solchen Fällen die Wärmepumpe ein und heizt den Solarspeicher nach. Die Wärme hierfür wird dem Unterflurtank entzogen, der sich dadurch abkühlt. Ist sein Wasser kälter als die Umgebungstemperatur, wird es tagsüber wieder auf-

gewärmt, indem es durch die Abstrahlflächen gepumpt wird.

Das Besondere beim Heizungs-, Klima- und Lüftungssystem (HKL-System) ist die Verschaltung der Einzelkomponenten in einer Weise, dass sich in jedem Betriebsfall die optimale Effizienz erreichen lässt. Bis auf den Abluft-Wärmetauscher werden zudem alle Komponenten sowohl im Sommer- wie auch im Winterbetrieb genutzt.

DAS ZUSAMMENSPIEL DER ANLAGEN-TECHNIK Da das HKL-System aus mehreren miteinander verschalteten Einzelgeräten besteht, liegt die Herausforderung in der Kombination der unterschiedlichen Regelungen und Steuerungen. Die Geräte verfügen zwar serienmäßig über eigene Regelungen, doch aufgrund verschiedener Standards und mangelnder Datenaustauschmöglichkeiten ist eine Vernetzung aller Einzelregelungen zu einem Gesamtsystem mit einer zentralen Bedieneinheit nicht ohne Weiteres realisierbar.

Erst der Einsatz eines flexiblen Systems eines Drittherstellers ermöglicht den Zugriff auf alle Messpunkte und somit die Steuerung des Komplettsystems. Eine zentrale, übergeordnete Einheit steuert verschiedene Untereinheiten, die über ein Bussystem miteinander verbunden sind. Die Regelungen des Lüftungsgeräts und des Solarsystems wurden durch Untereinheiten ersetzt, die nun die Sensoren auslesen, die Motoren ansteuern und die Daten an die zentrale Steuerung zur Verarbeitung senden. Zwei weitere Untereinheiten kommunizieren mit Ventilen und Heizungspumpen. Sie sammeln die Daten der Sensoren im Wohnbereich und die des aktuellen Stromverbrauchs. Sie bieten auch die Möglichkeit der Kommunikation mit den anderen Bussystemen des Hauses.

Die Gebäudeautomation (siehe S. 47) ist für eine sinnvolle und funktionsfähige Kombination der einzelnen Systemkomponenten von entscheidender Bedeutung. Die übergeordnete Gebäudeleittechnik überwacht den kontinuierlich

STRAHLUNGSKÜHLUNG Tagsüber aufgewärmte Oberflächen geben ihre Wärme durch Wärmestrahlung an den unbewölkten Nachthimmel ab und erreichen dadurch eine Temperatur, die unter der Umgebungslufttemperatur liegt. Lässt man nun Wasser entweder durch Rohre, verbunden mit außen liegenden Platten, strömen (geschlossenes System) oder aber direkt über das Dach fließen (offenes System), kann dieser Effekt in Kombination mit einem Wasserspeicher zur passiven Gebäudekühlung genutzt werden.

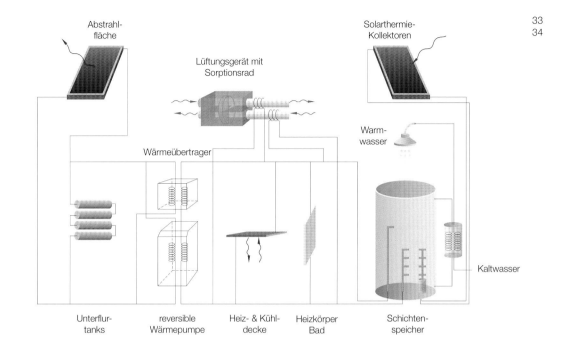

Abstrahl-fläche

Lüftungsgerät mit Sorptionsrad

Solarthermie-Kollektoren

Warm-wasser

Wärmeübertrager

Kaltwasser

Unterflur-tanks

reversible Wärmepumpe

Heiz- & Kühl-decke

Heizkörper Bad

Schichten-speicher

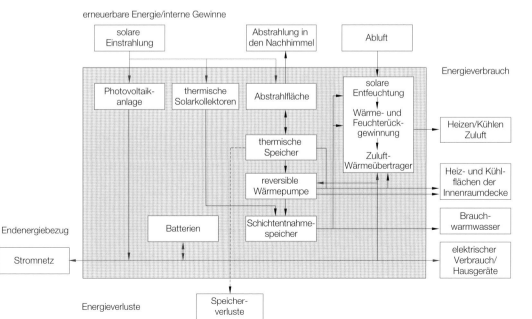

erneuerbare Energie/interne Gewinne

solare Einstrahlung

Abstrahlung in den Nachhimmel

Abluft

Energieverbrauch

Photovoltaik-anlage

thermische Solarkollektoren

Abstrahlfläche

solare Entfeuchtung

Wärme- und Feuchterück-gewinnung

Heizen/Kühlen Zuluft

thermische Speicher

Zuluft-Wärmeübertrager

reversible Wärmepumpe

Heiz- und Kühl-flächen der Innenraumdecke

Endenergiebezug

Batterien

Schichtentnahme-speicher

Brauch-warmwasser

Stromnetz

elektrischer Verbrauch/ Hausgeräte

Energieverluste

Speicher-verluste

32 schematische Darstellung der einzelnen Komponenten der HKL-Anlage. Eine der großen Herausforderungen ist die Verschaltung der einzelnen Anlagenkomponenten. So verfügen die meisten Komponenten über unterschiedliche Steuerungen, was die Entwicklung einer eigenen Anlagensteuerung erforderte, um alle Komponenten zentral steuern zu können.
33 vereinfachte Darstellung der Gebäudetechnik
34 schematische Darstellung des Energieversorgungskonzepts

ENERGIEKONZEPT

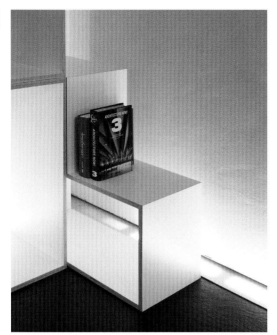

energieeffizienten Betrieb. Als Rückgrat fungiert dabei ein sehr sparsames und in der Fertigungsindustrie eingesetztes Steuersystem mit Touchdisplay. Alle weiteren Schnittstellen wie Lichtschalter oder Türklingel sind Teil eines herkömmlichen Systems aus der Home-Automation-Branche. Doch nicht nur die Gebäudetechnik beeinflusst den Energieverbrauch eines Gebäudes. Selbst ein gutes Energiekonzept kann durch falsches Nutzerverhalten unwirksam werden und so zu einem fehlerhaften Betrieb des Gebäudes führen. Mehrere Bedienelemente wie ein Touchscreen, Smartphone und eine universelle Multimedia-Fernbedienung ermöglichen es dem Bewohner, sich jederzeit, ob zu Hause oder unterwegs, über den aktuellen Zustand des Gebäudes zu informieren und aktiv einzelne Komponenten wie Beleuchtung oder Sonnenschutz zu steuern. Energiespartipps und Erfolgskontrolle anhand einer Energieampel helfen dem Nutzer, die optimalen Betriebsparameter einzuhalten. Von unterwegs können aktive Verbraucher über ein eigens entwickeltes Smartphone Applet ausgeschaltet oder die gewünschte Raumtemperatur für den Feierabend eingestellt werden.

Auf dem Touchscreen oder einem anderen Multimediagerät werden nicht nur das aktuelle Wetter, sondern auch der durch die Photovoltaikanlage erzeugte Strom, der Ladezustand der Batterien und der gesamte Stromverbrauch angezeigt. Die Stromkreise im Haus sind nach verschiedenen Verbrauchergruppen separiert, sodass der Stromverbrauch detailliert aufgeschlüsselt wird und sich bei Bedarf einzelne Strompfade abschalten lassen. So ist es möglich, »ver-

steckte« Verbraucher zu detektieren und abzuschalten.

Die Multimedia-Ausstattung des Hauses besteht aus handelsüblichen Geräten mit neuester energiesparender Technologie. Dabei wird auf die ganzheitliche Einbindung der gesamten Multimedia geachtet, die selbst die Integration der Gebäudesensorik und der Überwachungskameras beinhaltet. Zentrales Steuerelement bildet hier die Multimedia-Fernbedienung.

Steck- und Datendosen sind in einem Bodenkanal entlang der Außenwände eingelassen und ermöglichen es, Multimedia-Elemente beliebig zu verschieben oder problemlos um weitere Komponenten zu ergänzen. So kann der Innenraum individuell gestaltet werden.

Ebenso ist ein Teil der Beleuchtung in dem Bodenkanal untergebracht. Sie lässt sich auf unterschiedliche Beleuchtungsszenen vorprogrammieren oder manuell auf die aktuelle Wohnsituation einstellen.

Auf der Bedienebene ist das Haus mit einem EIB-/KNX-Datenbus vernetzt. Das System ist extrem energiesparend ausgelegt, sodass die dezentralen, über Mikrocontroller gesteuerten Einheiten jederzeit in den energiesparendsten Betriebszustand schalten. Die Gebäudeleittechnik ermöglicht zudem eine schnelle Fernwartung durch Fachkräfte über das Internet. Zusätzlich verfügt die Gebäudeautomation über umfangreiche Sicherheitsfunktionen. Tür- und Fensterkontakte schützen gegen Einbruch und Rauchmeldesensoren gegen Feuer. Im Ernstfall wird ein Alarm ausgelöst und der Bewohner kann sich über eine Textnachricht oder per Mail informieren lassen.

35–36 Mit den dimmbaren Leuchtstoffröhren lassen sich unterschiedliche Beleuchtungsszenarien programmieren.
37 Teambild beim Tag der offenen Tür des Berliner Solarhauses living EQUIA

LIVING EQUIA – LIVING ECOLOGICAL QUALITY AND INTEGRATION OF AMBIENCE

Wie möchten wir in Zukunft leben? Der Name »living EQUIA« steht für nachhaltiges Wohnen in der Zukunft ohne Kompromisse bei Komfort und Ausstattung in Symbiose mit innovativer Technik und ausgeklügelter Architektur.

living	Wohnen
Ecologic	Ökologie
Quality	Qualität
Integration	Integration
Ambience	Umwelt

DIE LACHENDE SONNE – MEHR ALS NUR EIN MARKENZEICHEN

Die lachende Sonne in Form des Buchstabens »e« repräsentiert den ideologischen Gedanken des Teams. Das »e« steht für den Teamtitel EQUIA und verkörpert unter anderem die Schlagworte Ecology, Education, Entrepreneurship, Empowerment, Equity

und vor allem Energy. Die Farbe Gelb steht für das Licht und die Energie der Sonne, Grün für die Natur und das Leben. Gemeinsam symbolisieren sie die Hoffnung auf Veränderung und die Verantwortung der heutigen Generationen für das Leben der künftigen Generationen.

MITEINANDER ARBEITEN UND VONEINANDER LERNEN – DIE HISTORIE

Ein junges Team engagierter angehender Umwelttechniker suchte im Sommer 2008 nach einem Anreiz, Wissen und Können noch während des Studiums in der Praxis anzuwenden, und fand in dem Wettbewerb Solar Decathlon Europe eine anspornende und interessante Aufgabe.

Mit den Worten »Wir machen das jetzt einfach!« gründete diese kreative Runde an nur einem Abend das Team living EQUIA und ebnete damit den Weg für über 100 Studierende, sich einem Projekt anzuschließen, das für jeden Einzelnen nicht nur eine fachliche Bereicherung,

»Ich bin stolz auf das, was das Team geschafft hat und die Leistung unserer Studierenden. Die Ausbildung im Bereich der regenerativen Energien zeigt, dass die HTW Berlin auch im internationalen Vergleich eine Spitzenposition einnimmt.«

Prof. Dr. Volker Quaschning, Hochschullehrer an der HTW und Sprecher des Studiengangs Umwelttechnik / Regenerative Energien

»Es ist schon erstaunlich, was man im Team so alles erreichen kann. Ich bin stolz auf die gute Zusammenarbeit zwischen den Hochschulen und auf das Engagement aller Studierenden, die ein solch umfangreiches und nachhaltiges Projekt erst ermöglicht und dann auch noch so erfolgreich gestemmt haben.«

Prof. Dr.-Ing. Reinhard Thümer, Präsident der Beuth Hochschule für Technik Berlin

»Projekte im Maßstab 1:1 haben als Teil der Architekturausbildung der UdK eine lange Tradition. Mit living EQUIA haben wir in Bezug auf die Komplexität der Aufgabenstellung, der erforderlichen fachlichen Vertiefung, der notwendigen transdisziplinären Zusammenarbeit und der Ausdauer aller Mitwirkenden eine neue Dimension erreicht. Die erfolgreiche hochschulübergreifende Zusammenarbeit, geprägt von Ideenreichtum, Kreativität und fachlicher Kompetenz, ist ein schönes Beispiel für die Entwicklung zukunftweisender nachhaltiger Wohn- und Stadtkonzepte.«

Prof. Dr.-Ing. Christoph Gengnagel, Erster Vizepräsident der UdK

TEAM

127

sondern vielmehr eine nachhaltige persönliche Erfahrung darstellen sollte. Der Eigeninitiative, dem Engagement und dem Durchsetzungsvermögen der Gruppe ist es zu verdanken, dass living EQUIA im Lauf weniger Monate zu einem interdisziplinären und hochschulübergreifenden Projekt heranwuchs und sich selbst die anfängliche Skepsis mancher in Begeisterung und Stolz wandelte.

Die gesamte Projektorganisation und die maßgebliche Entscheidungsgewalt lagen von Beginn an in Studentenhand – angefangen von den groben Entwürfen über Detailzeichnungen, die Entwicklung des Technikkonzepts, die Akquise von Sponsoren, die Implementierung des eigenständig geschaffenen CI, die Durchführung von Veranstaltungen und die Rekrutierung von neuen Teammitgliedern bis hin zum Bau des Hauses und zur gesamten Logistik. Koordiniert von einer 20-köpfigen Kernmannschaft, waren insgesamt fünf Teams aus unterschiedlichen Fachrichtungen gemeinschaftlich an dem Projekt beteiligt:

• Umwelttechniker
• Architekten
• Gebäudetechniker
• Wirtschaftswissenschaftler
• Medienfachleute
• Informatiker

Jedes Teammitglied sammelte somit nicht nur eigene Erfahrungen, sondern erhielt auch einen detaillierten Einblick in fachbereichsfremde Arbeits- und Aufgabengebiete. Die Studierenden lernten, miteinander zu arbeiten, sich gegenseitig zu unterstützen, zu motivieren und kollektiv und professionell zu agieren – jederzeit tatkräftig unterstützt durch die beteiligten Fakultäten und Lehrkörper.

WENN ZUSAMMENKOMMT, WAS ZUSAMMENGEHÖRT   Worte wie Freizeit, Urlaub oder Langeweile gab es für die meisten im Team bald nicht mehr. Sie wurden ersetzt durch Wettbewerbsabgaben, Zeichnungen erstellen, Simulationen durchführen, das Haus bauen, Vorträge halten, Fachartikel schreiben, Unterstützer akquirieren und die Organisation leiten. Jeder Einzelne investierte viel Arbeit, Schweiß und Nerven in das Projekt und so waren rauchende Köpfe hinter Bildschirmen oder müde Augen bei nächtlichen Baueinsätzen keine Seltenheit. Das Gemeinschaftsbüro und das Baugelände wurden in den letzten Monaten vor dem Wettbewerb in Madrid fast zu einer zweiten Heimat und so traf man sich mehr auf dem Campus als im Biergarten. Diese Zeit hat das Team zusammengeschweißt, auch über den Wettbewerb hinaus.

LIVING EQUIA – EINE CHARAKTERSTARKE PERSÖNLICHKEIT   Vom ersten Entwurf des Hauses bis zur Ausführung lagen wochenlange Planungsphasen und Detailabstimmungen. Lösungsansätze wurden entwickelt, verfeinert, angepasst oder komplett wieder verworfen. Die Teams Architektur und Energie & Technik suchten gemeinsam nach Möglichkeiten, innovative Technologien und ästhetische Architektur harmonisch zu vereinen – eine nicht immer ganz einfache Aufgabe, wie sich herausstellte. Die Studierenden mussten eine gemeinsame Basis finden, um ihre Wünsche und Vorstellungen mit den Ideen und Konstrukten aller Beteiligten zusammenzubringen und dabei den Grundprinzipien Ökologie und Nachhaltigkeit stets treu zu bleiben.

Dieser Ansatz zog sich kontinuierlich durch alle fünf Teams, und obwohl sie inhaltlich verschiedener nicht sein konnten, waren die Grenzen zwischen ihnen fließend. Und auch den Aufbau des Hauses schafften die Teams aus eigener Kraft. Kaum jemand konnte eine handwerkliche Ausbildung vorweisen, doch das sollte sich nicht als Nachteil erweisen. Denn die Berliner suchten sich starke Partner aus der Industrie und Wirtschaft, die ihnen nicht nur mit Materialien halfen, sondern auch mit Wissen und Manpower zur Seite standen. Die hohe Verantwortung, die das

Team durch die eigenständige Projektorganisation und -durchführung übernahm, verhalf vielen Mitgliedern zu neuem Selbstbewusstsein. Es entwickelte sich ein insgesamt hohes Niveau, mit dem living EQUIA Überzeugungsarbeit auf allen Ebenen leistete. Motivation, Teamzusammenhalt und Loyalität ließen es zu, dass selbst unüberwindbar erscheinende Probleme gemeinsam gelöst werden konnten, und dabei ging die persönliche Euphorie nie verloren.

EIN BUNTES POTPOURRI FACHLICHEN WISSENS Was als Selbstläufer begann, entpuppte sich im Lauf der Zeit als außergewöhnliches Beispiel interdisziplinärer und hochschulübergreifender Zusammenarbeit im Berliner Hochschulsektor. Das Know-how von 15 unterschiedlichen Fakultäten der drei größten Hochschulen Berlins liefen im Team living EQUIA zusammen und ermöglichten eine qualitativ hochwertige und breitgefächerte Vernetzung von Information und Wissen.
Ehrenamtlich und mit viel Herzblut widmeten sich Studierende der Hochschule für Technik und Wirtschaft Berlin (HTW), der Beuth Hochschule für Technik Berlin (Beuth HS) und der Universität der Künste Berlin (UdK) dem Solarhausprojekt und schufen damit eine ungewöhnliche und beispielhafte universitäre Kooperation.
Fleiß, Engagement, Mut und Leidenschaft haben sich bezahlt gemacht und living EQUIA wurde über den Wettbewerb hinaus zu einem Aushängeschild für Charakterstärke, Teamwork und partnerschaftliche Zusammenarbeit.

38 living-EQUIA-Smily on tour in Berlin (PR-Aktion)
39 Workshop und Aufgabenvorbereitung für den Solar Decathlon
40 erster Platz in der Disziplin Solare Systeme und dritter Platz in der Kategorie Kommunikation und gesellschaftliche Wahrnehmung
41 Logo des Teams living EQUIA
42 Organisationsstruktur des Berliner Teams living EQUIA

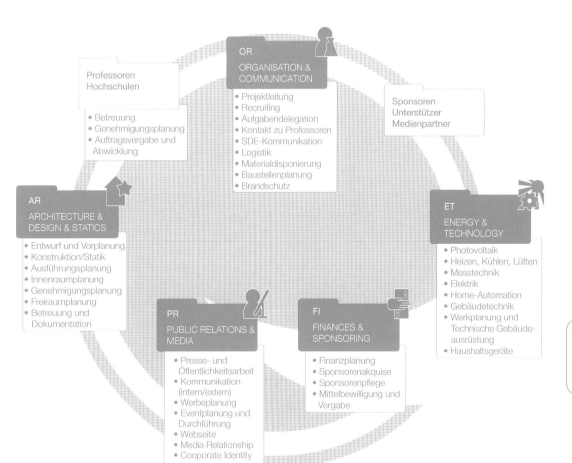

OR
ORGANISATION & COMMUNICATION
• Projektleitung
• Recruiting
• Aufgabendelegation
• Kontakt zu Professoren
• SDE-Kommunikation
• Logistik
• Materialdisponierung
• Baustellenplanung
• Brandschutz

Professoren Hochschulen
• Betreuung
• Genehmigungsplanung
• Auftragsvergabe und Abwicklung

Sponsoren Unterstützer Medienpartner

AR
ARCHITECTURE & DESIGN & STATICS
• Entwurf und Vorplanung
• Konstruktion/Statik
• Ausführungsplanung
• Innenraumplanung
• Genehmigungsplanung
• Freiraumplanung
• Betreuung und Dokumentation

ET
ENERGY & TECHNOLOGY
• Photovoltaik
• Heizen, Kühlen, Lüften
• Messtechnik
• Elektrik
• Home-Automation
• Gebäudetechnik
• Werkplanung und Technische Gebäudeausrüstung
• Haushaltsgeräte

PR
PUBLIC RELATIONS & MEDIA
• Presse- und Öffentlichkeitsarbeit
• Kommunikation (intern/extern)
• Werbeplanung
• Eventplanung und Durchführung
• Webseite
• Media Relationship
• Cooporate Identity

FI
FINANCES & SPONSORING
• Finanzplanung
• Sponsorenakquise
• Sponsorenpflege
• Mittelbewilligung und Vergabe

129

WETTBEWERB

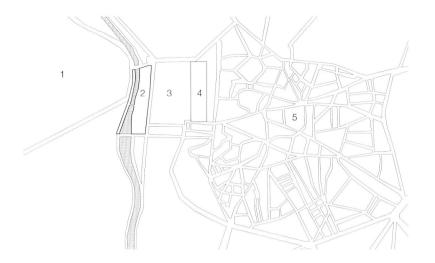

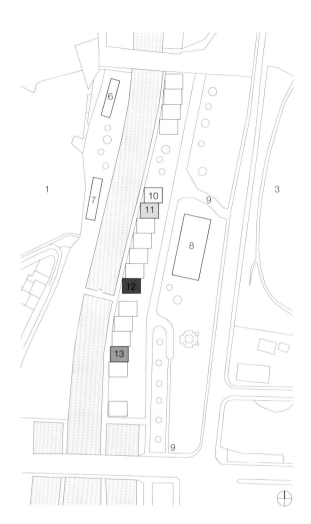

Lageplan Madrid
Maßstab 1:40 000
Lageplan Villa Solar
Maßstab 1:5000

1 Casa de Campo
2 Villa Solar
3 Campo del Moro
4 Palacio Real

5 Altstadt
6 Wettbewerbsorganisation
7 Ausstellungsfläche Sponsoren
8 Wettbewerbszelt
9 Lkw-Zufahrt
10 Team Rosenheim
11 Team Wuppertal
12 Team Stuttgart
13 Team Berlin

IN MADRID

01

● am Wettbewerb teilnehmende Teams
● vor dem Wettbewerb ausgeschiedene Teams

INTERNATIONALE MITBEWERBER

INTERNATIONALES TEILNEHMERFELD

Der Solar Decathlon Europe 2010 in Madrid setzt sich aus einem internationalen Teilnehmerfeld zusammen. In der Bewerbungs- und Qualifikationsphase haben sich im Herbst 2008 aus über 100 Bewerbern 21 Hochschulteams aus zehn verschiedenen Ländern qualifiziert, um zukunftsfähige Konzepte zu entwickeln. Nachdem vier Teams aus verschiedenen Gründen das Teilnehmerfeld verlassen mussten, sind zum Finale der solaren »Olympischen Spiele« im Juni 2010 noch 17 Teams mit ihren Häusern am Start.

Im Folgenden werden die Beiträge der internationalen Mitbewerber der deutschen Teams kurz vorgestellt.

CHINA

TIANJIN UNIVERSITY   Das Konzept des Hauses Sunflower basiert auf der chinesischen Philosophie des Bauens, die Einklang zwischen Mensch, Haus und Natur schaffen will. Die traditionelle chinesische Baukultur prägt das Erscheinungsbild stark. Das Projekt legt großes Gewicht auf die Nutzung und Integration der Solarsysteme, die effektiv, kostengünstig und einfach zu bedienen sind. Die neuesten Solartechnologien werden nur dann eingesetzt, wenn sie einen bedeutenden Unterschied in der energetischen Bilanz des Hauses bewirken.

TONGJI UNIVERSITY SHANGHAI   Das Bamboo House kombiniert asiatische Architektur mit neuen Technologien. Hauptmerkmal ist die sichtbare Tragstruktur aus Bambus, die sowohl als oberer Abschluss im gebogenen Dach als auch als Wände eingesetzt wird und das Gebäude optisch prägt. Diese aus nachwachsenden Rohstoffen gefertigte Hülle wird mit hochleistungsfähigen Photovoltaikmodulen und Kollektoren ausgestattet. Das Haus öffnet sich zum Außenraum, dessen Gestaltung ebenfalls deutlich den asiatischen Einfluss zeigt.

FINNLAND

AALTO UNIVERSITY HELSINKI   Das Haus Luukku ist nach dem traditionellen Vorbild finnischer Sommerhäuser konzipiert. Dabei stehen Themen wie der Einsatz von Licht, eine aufgeständerte Bauweise und die Verwendung von natürlichen und nachhaltigen Materialien im Vordergrund. Holz als das grundlegende Baumaterial bietet vielfältige Möglichkeiten für innovative Lösungen. Das eingesetzte Phasenwechselmaterial (PCM) vergrößert die thermische Speichermasse und minimiert Energieverluste.

FRANKREICH

ARTS ET MÉTIERS PARIS TECH (ENSAM)
Die Grundidee von napevomo besteht darin, ein Haus ökologisch zu gestalten und dem Nutzer gleichzeitig hohen Komfort zu bieten. Die Struktur des Gebäudes lässt im Winter Licht ins Hausinnere, während die solare Einstrahlung im Sommer durch bauliche Maßnahmen reduziert wird. Das Gebäude arbeitet mit dem Prinzip der natürlichen Wasseraufbereitung, begrünte Wandflächen tragen zur Kühlung des Hausinneren bei. Ein wichtiges Element ist der zylindrische Parabolspiegel auf dem Dach, der die Sonneneinstrahlung konzentriert auf die Photovoltaikzellen leitet.

ÉCOLE NATIONALE SUPÉRIEURE D'ARCHITECTURE DE GRENOBLE (ENSAG)   Ein zentraler Kern ist das prägende Element der Armadillo Box. Er ist tagsüber vollständig geschlossen, nachts wird er teilweise geöffnet. Der Kern gliedert den Raum und ermöglicht eine flexible Aufteilung. Der Luftraum im Dach schützt das Haus vor Überhitzung gemäß dem Konzept, das Gebäude mit einfachen Methoden zu betreiben.

GROSSBRITANNIEN

UNIVERSITY OF NOTTINGHAM   Das zweigeschossige Nottingham H.O.U.S.E ist als Einfamilienhaus konzipiert, bietet jedoch die Möglichkeit der Erweiterung zum Mehrfamilienhaus sowie zur Nachverdichtung. Gemeinschaftliche Aufent-

haltsbereiche ergänzen die Erschließungszonen. Die Trennwände dienen gleichzeitig als Stauraum. Durch die Zweigeschossigkeit reduziert sich die benötigte Grundfläche und es entsteht Platz für einen Außenhof, der von Pflanzen verschattet ist.

SPANIEN

UNIVERSIDAD POLITÉCNICA DE CATALUÑA
Die Zielsetzung des Solarhauses LOW3 geht über einen energieunabhängigen Betrieb hinaus. Das Konzept basiert auf einer kompletten Lebenszyklusanalyse der Materialien und aller Bestandteile. Es beinhaltet die Optimierung

des Herstellungsprozesses, die Reduktion des energetischen Verbrauchs sowie die Verwendung von kostengünstigen Konstruktionssystemen aus dem industriellen Gewächshausbau.

UNIVERSIDAD CEU CARDENAL HERRERA, VALENCIA   Das SML House ist hauptsächlich von seiner Modularität, seinem hohen Vorfertigungsgrad und seiner energetische Leistungsfähigkeit geprägt. Es ist in hohem Maß flexibel bezüglich der Zusammenstellung der Module und der Gebäudegröße (Small, Medium, Large). Die Patios im Inneren gliedern die Räume,

ermöglichen Zugänge und regeln den Lichteinfall sowie die Luftzufuhr.

UNIVERSIDAD DE SEVILLA   Das Haus solarkit basiert auf einem gerasterten Grundriss und ermöglicht vielfältige flexible Raumgestaltungsvarianten durch unterschiedliche Kombinationen eines vorgefertigten Grundmoduls. Der labyrinthartige Aufbau und die introvertierte Haltung des Gebäudes nach traditionellen Vorbildern charakterisieren das Solarhaus und reduzieren die natürliche Aufheizung. Die Tageslichtversorgung ist durch den Einsatz von Lichtkuben gewährleistet, zwei turmartige Schächte sorgen für die Belüftung.

UNIVERSIDAD DE VALLADOLID   Das Urcomante House integriert alle notwendigen Komponenten in einem geschichteten System. Die erste Schicht der Struktur ist der Innenraum, der durch eingestellte Möbel gegliedert wird und sich den individuellen Ansprüchen des Nutzers anpasst. Die nächsten Schichten bilden die thermische Hülle und eine darübergestülpte solare Außenhaut.

INSTITUTO DE ARQUITECTURA AVANZADA DE CATALUÑA   Die außergewöhnliche Form des Fab Lab wurde aus der digital gestützten Simulation des auf den Standort bezogenen Sonnenverlaufs und der damit verbundenen idealen Ausnutzung solarer Erträge entwickelt. So entstand eine komplexe Form, deren Konstruktion industriell vorgefertigt wurde. Alle Module basieren auf dem gleichen Konstruktionsprinzip.

USA

UNIVERSITY OF FLORIDA   Das Haus RE:FOCUS übernimmt hinsichtlich der natürlichen Energieeinsparung Elemente historischer Häuser in Florida. Die Entwurfsstrategie kombiniert traditionelle Merkmale mit neuesten Technologien. Unter dem tragenden Stahlrahmen befinden sich zwei Wohnmodule, die die Haupträume

05
06

07
08

des Hauses aufnehmen und Zwischenräume entstehen lassen. Die Vielseitigkeit des Hauses ermöglicht die Wiederverwendung der Baumaterialien und Systeme sowie die Anpassung des Prototyps an verschiedene Klimazonen, Kulturen und Kontexte.

VIRGINIA POLYTECHNIC INSTITUTE & STATE UNIVERSITY   Das LumenHAUS ist ein mehrschichtig aufgebautes Gebäude, das eine offene Raumkonfiguration anbietet. Der Nutzer steht dadurch in enger Verbindung mit dem Außenraum. Der Kern ist das zentrale Element im Inneren des Hauses. Das Gebäude ist mit einem aufwendigen Fassadensystem im Norden und Süden ausgestattet. Es besteht aus einer gerasterten Metallschicht, die als Sonnenschutz dient, und einer transluzenten Dämmschicht, die das Licht ins Innere fallen lässt. Auf dem Dach sind nach Süden geneigte Photovoltaikmodule aufgestellt, die das Gebäude mit Strom versorgen. Das LumenHAUS hat schon am Wettbewerb in Washington D.C. im Jahr 2009 teilgenommen.

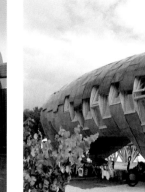

01   Weltkarte mit allen Teilnehmern
02   Sunflower, Tianjin University (CN)
03   Bamboo House, Tongji University Shanghai (CN)
04   napevomo, Arts et Métiers Paris Tech (F)
05   Armadillo Box, École Nationale Supérieure d'Architecture de Grenoble (F)
06   Luukku House, Aalto University Helsinki (FIN)
07   Nottingham H.O.U.S.E, University of Nottingham (GB)
08   LOW3, Universidad Politécnica de Cataluña (E)
09   SML House, Universidad CEU Cardenal Herrera (E)
10   solarkit, Universidad de Sevilla (E)
11   Urcomante House, Universidad de Valladolid (E)
12   Fab Lab, Instituto de Arquitectura Avanzada de Cataluña (E)
13   RE:FOCUS, University of Florida (USA)
14   LumenHAUS, Virginia Polytechnic Institute & State University (USA)

INTERNATIONALE MITBEWERBER

VON DER THEORIE ZUR PRAXIS Genau 18 Monate tüfteln alle Teams an den Konzepten für den Solar Decathlon Europe. Während dieser Zeit werden in einzelnen Etappen die Zwischenstände – die sogenannten Deliverables – dokumentiert. Die Organisation erhält dazu umfangreiches Material in Form eines schriftlichen Teils und von Plänen zu den unterschiedlichen Disziplinen. Dabei wächst der geforderte Umfang kontinuierlich. Das Ziel ist es nachzuweisen, dass alle Konzepte entsprechend ausgearbeitet sind und sich an das vorgeschriebene Regelwerk (»Rules and Regulations«) halten. Des Weiteren werden alle Themen und Disziplinen, von der Architektur bis zur Logistik, im Team erörtert und die Ergebnisse fließen in die abgegebenen Dokumente mit ein. Abgabetermin für das letzte Deliverable, mit dem die endgültige Zulassung zur Teilnahme in Madrid erreicht wird, ist im Mai 2010. Eine ergänzende Dokumentation, die auch die Simulationsergebnisse beinhaltet, schließt im September 2010 den Wettbewerb ab.

Der Solar Decathlon unterscheidet sich von anderen Architekturwettbewerben hauptsächlich durch die Realisierung der Konzepte aller teilnehmenden Teams. Diese gliedert sich in mehrere Etappen: die Vorfertigung der Gebäude, den Transport zum Austragungsort und schließlich den Wettkampf in Madrid mit zehn Tagen Auf-

136

DIE WETTBEWERBSPHASEN

15 Vorfertigung der Gebäudeelemente von Team Berlin in den Laboren der HTW Berlin
16 Abfahrt in Deutschland – die Solarhäuser auf dem Weg nach Madrid
17 Der erste Solar Decathlon Europe prägt das Bild Madrids.
18 Wettbewerbsphasen in Madrid bei unterschiedlichen Wetterbedingungen

bauzeit, elf Tagen Wettbewerb und fünf Tagen für den Abbau.

RAN ANS WERK! Die Gebäude der vier deutschen Teams sind in vorgefertigten Modulen und Elementen geplant und ausgeführt. Dadurch lässt sich der Transport optimieren und die Einhaltung der knappen Aufbauzeit in Madrid ist gewährleistet. Die Studierenden stellen die Bauteile mit der Unterstützung von Facharbeitern im Werk her und fügen sie in Deutschland zum ersten Mal zusammen. Dadurch zeigen sich schon im Vorfeld mögliche Schwierigkeiten beim Aufbau. Die eigenhändige Konstruktion und Fügung der Elemente sorgt dafür, dass jedes Teammitglied das Gebäude bis ins kleinste Detail kennenlernt und wenn nötig selbstständig Reparaturen oder Verbesserungen durchführen kann.

Die Erfahrungen aus dem Aufbau in Deutschland fließen in die Ablaufplanung für Madrid mit ein, auf ihrer Grundlage entstehen Zeitpläne und Arbeitseinteilung der Studierenden. Aber auch Werkzeuge, Maschinen, Ersatzmaterialien und anderes Equipment werden in Stück- und Positionslisten dokumentiert, damit nichts vergessen wird.

Die Vorfertigung und die Optimierung der Baustellenabläufe erweisen sich als essenziell für den finalen Aufbau, für den ein Zeitfenster von zehn Tagen anberaumt ist, also deutlich weniger Zeit als beim Probelauf in Deutschland.

Etwa eine Woche vor dem Aufbaustart in Madrid wird das Material so auf Lkws (fünf bis acht pro Team) verladen, dass es in Madrid in der dem Bauablauf entsprechenden Reihenfolge wieder abgeladen werden kann. Ausgerüstet mit den notwendigen Zulassungen und Lizenzen für Deutschland, Frankreich und Spanien gehen die elementierten Häuser nun auf die Reise.

Die finale und wichtigste Phase der Projektzeit von insgesamt zwei Jahren beginnt nun mit dem endgültigen Aufbau auf dem Wettbewerbsgelände in Madrid. Darauf haben alle Teams mehr als 18 Monate lang hingearbeitet.

VIVA ESPAÑA! Fast vier Wochen lang ist Madrid Mittelpunkt des internationalen Solar-Decathlon-Wettbewerbs und öffnet zahlreichen Besuchern die Tür. Am Rand der historischen Altstadt entsteht die Villa Solar, ein Dorf aus zukunftsweisenden Solargebäuden. Das Wettbewerbsgelände befindet sich in prominenter Lage unterhalb des spanischen Königspalasts und des Campo del Moro, direkt an der Promenade des Flusses Manzanares, an der Schnittstelle zwischen Altstadt und dem zentral gelegenen Park Casa del Campo.

»Die Idee des Solar Decathlon hat mich vom ersten Tag an begeistert. Für mich war es eine großartige Erfahrung, mit so vielen Beteiligten ein Haus zu planen, das tatsächlich gebaut wird und selbstverständlich voll funktionsfähig ist. Die Planung, aber auch die Öffentlichkeitsarbeit und die enge Zusammenarbeit mit den Sponsoren waren für den späteren Arbeitsalltag ein gutes Training. Beim anschließenden Bau des Hauses das in der Realität zu sehen, was über das Planungsjahr auf dem Papier entwickelt wurde, war eine große Erfahrung und hat sehr viel Spaß gemacht.«

Armin Kartal, Studiengang Architektur,
Team Wuppertal

	07.06. Anmeldung		17.06. Eröffnungsfeier		28.06. Start Abbau	
Transport	Aufbau 10 Tage		Wettbewerb 11 Tage		Abbau 5 Tage	Transport
		16.06. Endabnahme		27.06. Siegerehrung + Abschlussfeier		

DIE WETTBEWERBSPHASEN

»Wer denkt, mit Englisch kommt man überall gut durchs Leben, liegt falsch – in Madrid nicht! Weil unser Kranfahrer kein Wort Deutsch oder Englisch verstanden hat, mussten wir auf Hände und Füße zurückgreifen. Trotzdem steuerte er den Kran auf den halben Zentimeter genau. Respekt!«

Andreas Rudolph, Studiengang Holzbau und Ausbau, Team Rosenheim

EINE SOLARSTADT NIMMT FORMEN AN

Nach der Registrierung von über 600 Decathleten fällt am 7. Juni 2010 der Startschuss mit der offiziellen Eröffnung, der Anmeldung und Begrüßung der Teams in der Villa Solar.

Schon vor der Eröffnungsfeier gilt es, die erste Hürde zu nehmen. Beim ersten Erkunden der zugewiesenen Baugrundstücke stellt sich heraus, dass die vom Veranstalter geschätzten Höhenunterschiede von maximal 45 cm innerhalb eines Grundstücks teilweise weit überschritten werden. Dies wird mit entsprechenden Maßnahmen von den Veranstaltern und den Teams behoben. Dann kann endlich die Anlieferung der Bauteile beginnen.

Die Logistik fordert von allen Beteiligten Höchstleistungen. Insgesamt befinden sich mehr als 150 Lkws aus der ganzen Welt auf dem See- und Landweg nach Madrid, die es zu koordinieren gilt. In der sogenannten Waiting Area werden alle Fahrzeuge zwischengeparkt und warten dort auf die Erlaubnis zur Zufahrt aufs Gelände. Die Organisatoren legen die Tageszeiten für die Zufahrt und die zulässige Anzahl der sich auf dem Gelände befindlichen Lkws (ein Lkw pro Team) fest. Während das Team Rosenheim einen Tag und eine Nacht lang auf den ersten Transporter wartet, rollen für die anderen Teams bereits die Fahrzeuge auf das Gelände.

Zum Entladen stehen Kräne inklusive spanischer Kranführer bereit. Kommunikationsschwierigkeiten werden per Zeichensprache gelöst. Um die Fahrzeuge schnell zu entladen und dem nächsten die Zufahrt zu ermöglichen, wird jeder Zentimeter der sehr knappen Fläche des Grundstücks zur Zwischenlagerung von Elementen, Werkzeugen und Maschinen genutzt.

TEAMWORK In der Villa Solar wachsen nun in kürzester Zeit die Gebäude. Der hohe Vorfertigungsgrad und die präzise Ausführung der Bauteilfügungen zahlen sich aus. Aber nicht nur die konstruktive Planung spielt für den reibungslosen Ablauf eine Rolle. Die Arbeit auf einer so großen Baustelle mit mehreren Hundert Studenten erfordert eine Menge Verständnis, Kommunikation und Teamgeist. »Gemeinsam sind wir stark« lautet die Devise.

Da die Aufbauzeit auf zehn Tage begrenzt ist, teilen sich die einzelnen Teams in Tag- und Nachtschichten auf. Dabei erweisen sich die beim ersten Aufbau in Deutschland gewonnenen Erfahrungen als äußerst nützlich. Trotzdem ist ständig jemand auf der Suche nach Werkzeug oder Material. Da bleibt auch nicht aus, dass hier und da mal etwas verschwindet oder vergessen wird und spontan reagiert werden muss.

Alle diese Herausforderungen lassen die Teams noch mehr zusammenwachsen.

Auch untereinander helfen sich die Gruppen häufig aus, Material, Werkzeug und Sicherheitsequipment wechseln kurzzeitig den Besitzer. Die Wettbewerbssituation verbindet die Studenten unterschiedlicher Herkunft und Kultur, schnell werden Kontakte geknüpft und sogar Freundschaften geschlossen. Allein die sprachlichen Unterschiede sorgen manchmal für erheiternde Missverständnisse, doch auch diese Hürde wird gemeistert. Die gemeinsamen Aufgaben, Probleme und Ziele lassen eine solidarische Atmosphäre entstehen und die Teams verbringen über die arbeitsintensive Zeit hinaus auch die Freizeit gemeinsam. So entsteht – auch mithilfe der Organisatoren – ein harmonisches, fast schon familiäres Umfeld, das kaum Konkurrenzdenken aufkommen lässt.

ORGANISATION IST ALLES Auch die Kommunikation und Zusammenarbeit mit der Wettbewerbsorganisation ist ein maßgeblicher und wichtiger Bestandteil der Aufbauzeit. Eine Vielzahl von Organisatoren ist in den unterschiedlichen Bereichen für einen reibungslosen Ablauf des Wettbewerbs verantwortlich. Nicht nur für einen Großteil der Teams ist die Teilnahme an einem solchen Wettbewerb neu, auch die Organisatoren

19 Alle Teams arbeiten rund um die Uhr, um ihre Solarhäuser rechtzeitig fertigzustellen.

20 Team Stuttgart montiert die großen PV-Elemente der Fassade.

21 Das Terrassengeländer ist auf dem Weg – auch beim Team Berlin ist Teamwork angesagt.

22 Team Rosenheim montiert die komplexe Fassade aus vielen Einzelteilen.

23 Arbeiten über Kopf – Team Stuttgart montiert die Kühldecke.

24 Team Wuppertal installiert die Photovoltaikanlage auf dem Dach.

25 Kurze gemeinsame Stärkung, bevor Team Rosenheim in den Endspurt startet.

139

»Es ist nicht leicht, mit so vielen verschiedenen Charakteren über eine lange Zeit nicht nur in der Uni, sondern Tag und Nacht auf engstem Raum zu arbeiten, zu lernen und zu leben. Das war eine große Herausforderung, der wir uns stellen mussten, um effektiv in einem Team zu arbeiten. Uns gegenseitig zu motivieren und uns auch mal Freiraum zu geben, wenn es sein musste, war sehr wichtig. Ich denke, durch dieses Projekt hat jeder stark an Teamfähigkeit gewonnen und ist für seine weitere Laufbahn gewappnet.«

Melina Schulz, Master Architektur, Team Wuppertal

in Madrid richten den Solar Decathlon Europe 2010 zum crstcn Mal aus. In der Aufbauphase gibt es jeden Tag ein »Morning Meeting« mit Vertretern aller Teams, bei dem Informationen und Vorgaben übermittelt werden und wichtige Fragen geklärt werden können. Dieses Treffen stellt einen wichtigen Bestandteil der Organisationsstruktur dar. Darüber hinaus sind die Organisatoren wichtige Ansprechpartner und geben gerne Hilfestellung und Auskunft.

Außerdem kontrolliert die Wettbewerbsleitung die Einhaltung der Sicherheitsvorkehrungen, da eine Baustelle dieser Dimension erhöhte Anforderungen stellt. Für die Teams bedeutet das, dass zur eigenen, aber auch zur allgemeinen Sicherheit das Tragen von entsprechender Arbeitskleidung wie Bauhelm, Sicherheitsweste, Sicherheitsschuhen und -gurten Pflicht ist. Um auch die Sicherheit im späteren Betrieb zu gewährleisten, gibt es während des Aufbaus bauaufsichtliche Abnahmen für einzelne Bereiche wie z. B. die Konstruktion oder die Elektroinstallation. Ein Team der

»›Vom Regen in die Traufe‹ oder besser ›vom Schnee in den Regen‹… Nach Wochen des Frierens während der Vorfertigung auf der schneereichen schwäbischen Alb, gefolgt von Hagel in Stuttgart beim Probeaufbau, gab's statt der erhofften spanischen Sonne in Madrid noch mehr Regen! Aber so hatten wir ganz unverhofft einen Grund zum Shoppen in Madrid. Mülltüten waren zwar da, aber Regenklamotten mussten her.«

Jasmin Janiak, Bachelor Architektur, Team Stuttgart

Organisatoren überprüft die Übereinstimmung von Planung und Realisierung und erteilt formale Abnahmen, von denen die Weiterführung der Baustelle abhängt. Von der Abnahme der Unterkonstruktion bis zur entscheidenden finalen Abnahme sind mehrere Überprüfungen zu absolvieren und Unterschriften zu sammeln.

PLEITEN, PECH UND PANNEN   Die ungewöhnlichen Wetterbedingungen, die alle Teams überraschen, erfordern enormes Improvisationstalent und erschweren die Einhaltung der Termine. Niemand erwartet im Juni in Madrid Regen, Gewitter und Temperaturen von nur ca. 12 °C. Sponsorenplanen werden zum Regenschutz umfunktioniert und Mülltüten dienen als Regenkleidung. Auf einigen Grundstücken werden die riesigen Wassermengen in provisorisch erstellten Gräben gesammelt und abgeleitet. Gerade tiefer liegende Grundstücke werden stark in Mitleidenschaft gezogen. Alle Teams sind froh, als die Häuser endlich so weit aufgebaut sind,

dass sie im wahrsten Sinn des Wortes ein Dach über dem Kopf haben.
Wegen der schlechten Wetterbedingungen kommt der sowieso schon knapp bemessene Zeitplan am Ende der Aufbauphase bei allen Teams stark ins Schwanken. Die Organisation erkennt die Situation und gewährt den Teams daher einen Tag Aufschub für die finale Abnahme und Fertigstellung der Häuser. Die Teams aus Rosenheim, Wuppertal und Stuttgart können den ursprünglich veranschlagten Termin einhalten, wofür sie fünf Zusatzpunkte erhalten, und die am Tag darauf stattfindende Eröffnungsfeier genießen. Das Team Berlin kann erst einen Tag später die Fertigstellung feiern.

30

26   Team Stuttgart erhält die letzte Unterschrift zur finalen Abnahme und ist nun zum Wettbewerb zugelassen.
27   Safety first – Sicherheit ist nicht nur beim Team Wuppertal Voraussetzung bei Arbeiten auf dem Dach.
28   Regen nonstop und das im spanischen Sommer
29   Die Villa Solar steht unter Wasser.
30   Baustelle bei Wind und Wetter

»Die Endabnahme war für alle ein Segen. Der Druck war in den letzten beiden Tagen und Nächten ins Unermessliche gestiegen, das Schichtsystem hatte sich hin zu einem ›Ich arbeite, bis ich umfalle‹ gewandelt, und trotzdem schienen die Arbeiten am und im Haus kein Ende zu nehmen. Aber am Abend des elften Bautags fiel allen eine riesige Last von den Schultern. Lachende Gesichter, Freudentränen und eine unendlich große Erleichterung angesichts der Zulassung zum Wettbewerb ließen für einen Moment vergessen, dass im Haus noch immer ein kleines Chaos herrschte.«

Michael Krapf, Master Umwelttechnik Regenerative Energien, Team Berlin

DER ZEHNKAMPF BEGINNT In der Wettbewerbsphase müssen die Häuser eine Vielzahl von Anforderungen erfüllen. Sie sind zugleich Messestand, Maschine und Zuhause.

MESSESTAND Die Prototypen stehen nun fertig auf dem Gelände der Villa Solar. Trotz Verspätungen und teilweise improvisierten Ausführungen nehmen alle Teams an der Wettbewerbsphase teil, die am 17. Juni 2010 feierlich eröffnet wird. Die Häuser stehen jetzt für eine Woche im Blick einer breiten Öffentlichkeit und werden von den Teams präsentiert. Der Wettbewerb weckt das allgemeine Interesse, große Besuchermassen strömen täglich auf das Gelände – insgesamt ca. 200 000 in elf Tagen –, um sich die internationalen Beiträge anzuschauen. Jeden Tag finden Hausführungen statt, die sogenannten Public Tours. Die Herausforderung besteht darin, den enormen Andrang an Besuchern zu bewältigen, sie durch das Haus zu führen und ihnen alle Entwicklungen fundiert und fachkundig zu erläutern. Die Organisation stellt Übersetzer, um die von den Studenten geführten Haustouren für das Publikum zu begleiten. Zusätzlich präsentieren die Teams sich und ihr Werk mithilfe von Teamuniformen, Flyern und anschaulichen Beispielen zur Funktionsweise von Photovoltaik, um das »Produkt Solarhaus« dem Besucher nahezubrin-

31
32

31 Der Wettbewerb ist eröffnet und die Solarhäuser stehen im Blick einer breiten Öffentlichkeit.
32 Teilnehmer der Public Tour beim Team Berlin
33 In jedem Gebäude erfassen Sensoren Temperatur und Luftqualität über identische Messtechnik.
34 Studierende des Stuttgarter Teams optimieren die Gebäudetechnik im laufenden Betrieb.

gen. Die Organisation zählt 4300 Besucher bei den geführten Touren.

Während der gesamten Zeit stehen die Teams und ihre Projekte im medialen Interesse, ein Kamerateam begleitet speziell die vier deutschen Teams und dokumentiert jeden Schritt. International berichten Medien und Fachzeitschriften vom Solar Decathlon. Es gilt Souveränität zu zeigen und auch mal das eine oder andere Interview zu führen. So lernen die Studierenden, ihr Gebäude professionell den unterschiedlichen Interessenten zu präsentieren, und erfahren als Lohn viel positive Resonanz.

Auch die Teamsponsoren und wichtige Persönlichkeiten aus der Politik nehmen Anteil an dem Geschehen. Vertreter verschiedener Ministerien aus Spanien, den USA und den jeweiligen Teilnehmerländern gehören zu den Besuchern. Dr. Knut Kübler vom Bundesministerium für Wirtschaft und Technologie, einem der Hauptunterstützer der deutschen Teams, besichtigt ebenfalls die Häuser vor Ort. Interesse zeigt auch das spanische Königshaus. Prinz Felipe besucht neben zwei anderen Häusern auch das des Teams IKAROS aus Rosenheim.

MASCHINE   Die Gebäude müssen von Anfang an voll funktionsfähig sein und werden während der Wettbewerbszeit getestet. Bei jedem Ge-

bäude kommen alle Komponenten der Haustechnik zum Einsatz, die Messwerte des Monitoring fließen direkt in die Bewertung ein. Ein Wochenplan legt fest, wann welcher Contest und welche Messung durchgeführt werden. Damit alle Teams unter gleichen Bedingungen agieren und keines sich einen Vorteil verschaffen kann, werden die Contests und die Haustouren von einem Mitarbeiter der Organisation überwacht.

Die zu bestreitenden Contests beinhalten auch Aufgaben wie ganz alltägliche Haushaltsarbeiten. Die Teams waschen und trocknen dabei in einer vorgegebenen Zeitspanne eine bestimmte Menge Handtücher, die ihr ursprüngliches Gewicht nach dem Trocknen wieder erreicht haben sollen, ob mit einem Trockner oder an der frischen Luft ist egal, Kreativität ist gefragt. Auf dem Herd wird Wasser zum Verdunsten gebracht. Der Ofen und der Geschirrspüler laufen, und die Dusche muss eine bestimmte Wassermenge mit einer vorgeschriebenen Temperatur in einer bestimmten Zeit liefern. Auch die Temperatur im Kühl- und Gefrierschrank, der Stromverbrauch der Multimediageräte und die Akustik des Innenraums werden gemessen, außerdem ist die Gebäudebeleuchtung zu festgelegten Zeiten in Betrieb. Dabei geht es nicht direkt um den Stromverbrauch der einzelnen Geräte, sondern darum, eine Alltagssituation zu simulieren.

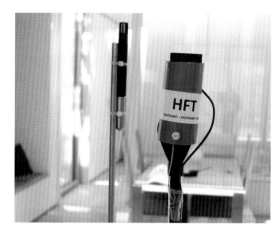

»Wir wollten unsere Besucher auf eine Art Entdeckungstour schicken und haben deshalb ganz bewusst auf vorgegebene Richtungslinien und Warteschlangen verzichtet. Schon beim ersten Schritt auf die Terrasse sollten die Gäste erfahren, wie es sein könnte, in diesem Haus zu wohnen. Durch unseren selbst entwickelten Haustour-Guide konnten wir zusätzlich zu den Infotafeln und den persönlichen Gesprächen weitere Informationen in Form von Texten, Bildern, Grafiken und Videos zur Verfügung stellen. Das Konzept ging auf, und die Besucher waren begeistert.«

Arlett Ruthz, Bachelor Betriebswirtschaftslehre, Team Berlin

35 Team Stuttgart bereitet sich auf die Dinnerparty vor.
36 zu Gast beim Team aus Rosenheim
37 spanische Spezialitäten, serviert beim Dinner des
    Teams aus Sevilla
38 Team Berlin führt die Architekturjury durch ihr
    Solarhaus.

Mehrere von der Organisation gestellte Sensoren messen die Lufttemperatur, die relative Luftfeuchte und die Luftqualität, die sich in einem vorgegebenen Rahmen bewegen sollen. Die Häuser stehen also bezüglich ihrer technisch anspruchsvollen Funktionsfähigkeit auf dem Prüfstand. Um die Einhaltung der Vorgaben gewährleisten zu können, ist nicht nur die technische Ausstattung der Gebäude aktiv, auch die Studenten agieren und reagieren, um die Funktionen zu optimieren und die Gebäudetechnik entsprechend einzustellen.

ZUHAUSE   Die Wettbewerbshäuser werden nicht nur auf innovative, technische und architektonische Qualitäten geprüft, sondern auch wie herkömmliche Wohnhäuser genutzt. Im Rahmen des Contests »Dinner Party« laden die Teams an zwei Abenden Gäste aus anderen Teams in ihr Haus ein. Es wird jeweils ein Drei-Gänge-Menü zubereitet, das am Ende des Abends von allen Beteiligten Punkte erhält, die in die Gesamtwertung einfließen. Dabei spielt nicht nur die Qualität des Essens und der Getränke eine Rolle, auch das Ambiente, der Wohlfühlcharakter und die Gastfreundlichkeit werden bewertet. Durch diese Dinnerpartys haben die Teams die Gelegenheit, traditionelle Gerichte aus ihrer Heimat zu präsentieren und die eigene Kultur zu vermitteln. Bei

»Nach den harten Tagen des Aufbaus waren wir besonders darauf gespannt, wie sich unser Haus im ›Alltag‹ bewähren würde. Also war Saubermachen angesagt. Erst als alle Oberflächen glänzten, begannen wir, den Haushalt einzurichten. Mit Erfolg – die Besucher fühlten sich sichtlich wohl in unserer bequemen Wohnnische und auf der Terrasse. Der Höhepunkt war sicherlich die Dinnerparty, bei der wir die Küche mithilfe von Spanferkel und Knödeln auf ihre Tauglichkeit prüften.«

Gitte Henning, Master Innenarchitektur,
Team Rosenheim

vielen Gastgebern wird beispielsweise die Musik aus der eigenen Gegend gespielt, man erfährt landestypische Sitten und Gebräuche und lernt interessante kulturelle Aspekte kennen.

AUF DER ZIELGERADEN Den Alltag in der Villa Solar bestimmen neben den zahlreichen Public Tours und dem Betrieb des Hauses die »offiziellen« Termine, die sogenannten Jury Tours. Sechs international besetzte Jurys besuchen jedes Haus, um unterschiedliche Aspekte zu bewerten wie Architektur, Potenzial zur seriellen Produktion, Marktfähigkeit, Solarsysteme, Gebäudetechnik, Konstruktion, Öffentlichkeitsarbeit und Nachhaltigkeit. Obwohl jedes Team mit dem eigenen Projekt durch und durch vertraut ist, besteht die Kunst darin, der Jury in 20 Minuten das Konzept der jeweiligen Disziplin überzeugend zu erläutern. Die Juryentscheidungen sind ausschlaggebend für die letztendliche Platzierung. Das bedeutet spannende Minuten und Stunden, da die Ergebnisse nicht direkt im Anschluss bekanntgegeben werden.
Jeden Abend findet eine Preisverleihung zu einer der insgesamt zehn Disziplinen statt. Zusätzliche Sonderpreise werden für das Beleuchtungskonzept und den Publikumsliebling vergeben. Die Teams erleben diese Abende immer als gemeinsamen Höhepunkt und

38

39

Abschluss des Tags. Durch die täglich online veröffentlichten Punktestände kann sich jeder weitgehend die nächste Platzierung ausrechnen. Die Zwischenstände des Rankings werden auch vor Ort an Übersichtstafeln ausgehängt. »Wo müssen wir Punkte holen, was muss optimiert werden, wie erreichen wir unser Ziel?« – auf 17 Grundstücken rattern die Rechner und rauchen die Köpfe, um das weitere Vorgehen zu kalkulieren. All diese vielseitigen Aufgaben und Tätigkeiten finden nahezu jeden Tag von Neuem statt, manchmal auch parallel.

Die intensive Projektzeit endet am letzten Abend des Wettbewerbs mit der Siegerehrung. Um den Endstand nicht schon vorher abschätzen oder gar errechnen zu können, werden die letzten Einzelwertungen bis zu diesem Moment zurückgehalten. Bei allen ist die Anspannung an diesem Tag zu spüren. Der Stress der letzten Wochen, die harte Arbeit, aber auch der Spaß und die

40
41

Freude mischen sich. Die letzten Einzelwertungen werden vergeben und jeder fragt sich, wie sich das noch auf die Gesamtwertung auswirken könnte. So steigt die Spannung kontinuierlich bis zuletzt und als dann endlich der große Moment gekommen ist und das Endergebnis bekanntgegeben wird, hält es keinen mehr auf den Stühlen. Stolz und glücklich holen sich die Preisträger ihren Pokal ab und sonnen sich im Applaus der Menge. Darunter sind auch die deutschen Teams, Stuttgart mit dem dritten und Rosenheim mit dem zweiten Platz in der Gesamtwertung. Aber auch Wuppertal (zweiter Platz in Architektur) und Berlin (erster Platz bei Solare Systeme) sind ganz vorne mit dabei. Ein unglaublicher Moment, der für alle Mühen entschädigt und belohnt. Zwei Jahre Planung und Arbeit an den innovativen Projekten gehen zu Ende und mit einem großen Fest wird gemeinsam der Abschluss dieser aufregenden Zeit gefeiert.

»Die Teams hatten alle unterschiedliche Schwerpunkte in den Awards, einige waren gut im Architekturkonzept, andere in den Innovationen oder im Energiekonzept und wiederum andere haben insgesamt eine gute Performance hingelegt. Alle hatten eins gemeinsam, die Abschlussfeier am Ende. Ein Konkurrenzgefühl gab es schon lange nicht mehr, alle lagen sich in den Armen und waren stolz, sagen zu können: ›Yes, we did it!‹ Wir haben als Studenten an einem großen Wettbewerb teilgenommen, das soll uns erst mal einer nachmachen. Das hat uns für alle Zeit geprägt.«

Nansi Palla, Master Architektur, Team Stuttgart

39 Team Rosenheim feiert ausgelassen seinen zweiten Platz in der Disziplin Industrialisierung & Marktfähigkeit.
40 Große Freude beim Team Berlin, bei der Awardverleihung Solare Systeme sind sie auf dem ersten Platz.
41 Team Wuppertal erhält den zweiten Platz beim Architektur-Award.
42 Finale Siegerehrung – Team Stuttgart liegt auf Platz drei in der Gesamtwertung.
43 Finale Siegerehrung – Platz zwei der Gesamtwertung geht an das Team Rosenheim.

Während der gesamten Wettbewerbszeit von 26 Tagen wohnen insgesamt ca. 600 Studierende in Madrid – 17 Teams mit durchschnittlich 35 Mitgliedern. Anhand ihrer in den letzten eineinhalb Jahren geplanten und gebauten Häuser messen sie sich untereinander.

RULES AND REGULATIONS Die Regularien des Wettbewerbs enthalten klare Anforderungen an die Komfortbedingungen und die Zeiträume, in welchen diese eingehalten werden müssen. Die Teams müssen die Funktionen der Gebäudetechnik sinnvoll einsetzen, um z. B. Sollwertvorgaben für Raumtemperatur, Luftfeuchte und Luftqualität zu erreichen. Für das Ergebnis werden die vom Veranstalter gemessenen Werte über einen Zeitraum von 15 Minuten gemittelt.

TEMPERATUR   Es ist ein Temperaturbereich vorgegeben, der während der Messzeiten einzuhalten ist, eine dazugehörige Verteilungskurve gibt die erreichte Punktzahl an. Bleibt die Raumtemperatur über den gesamten bewerteten Zeitraum hinweg im definierten Bereich von 23 bis 25 °C, werden 100 % der Punkte erreicht. Sinkt die Temperatur zeitweise auf 21–23 °C bzw. steigt auf 25–27 °C, so lassen sich die Punkte aus der Verteilungskurve ermitteln. Unterhalb von 21 °C und oberhalb von 27 °C werden keine Punkte vergeben. Am Ende eines Messzeitraums wird die erreichte Punktzahl zwischen 0 und 100 % durch Interpolation ermittelt.

FEUCHTE   Analog zum Temperaturbereich ist für die Luftfeuchte ein einzuhaltender Bereich vorgegeben und eine dazugehörige Punkteverteilungskurve festgelegt. Bleibt die relative Luftfeuchte im Raum über den gesamten bewerteten Zeitraum hinweg in einem Bereich von 40 bis 55 %, bedeutet das 100 % der Punkte. Sinkt die Luftfeuchte auf 25–40 % oder steigt sie auf 55–60 %, ergeben sich die Punkte aus der Verteilungskurve. Bei einer Luftfeuchte unter 25 und über 60 % werden keine Punkte vergeben. Wie bei der Temperatur wird die erreichte Punktzahl am Ende interpoliert.

LUFTQUALITÄT   Die Bewertung der Luftqualität erfolgt hinsichtlich ihrer CO_2-Konzentration. Ziel ist eine möglichst geringe Kohlendioxidbelastung. Um die volle Punktzahl zu erhalten, muss die CO_2-Konzentration über den gesamten bewerteten Zeitraum hinweg unter einer Grenze von 800 ppm (parts per million) bleiben. Steigt sie über 1200 ppm, werden keine Punkte mehr erreicht. Im Bereich dazwischen wird linear interpoliert.

148

ZAHLEN/DATEN/FAKTEN

WARMWASSERBEREITSTELLUNG   Um den Warmwasserverbrauch zu simulieren, müssen alle Teams bis zu dreimal täglich ein Wasservolumen von 50 l mit einer Temperatur von mindestens 43 °C bereitstellen. Liegt die Wassertemperatur unter 37 °C, werden keine Punkte erreicht.

BELEUCHTUNG ARBEITSPLATZ   Eine ausreichende Beleuchtungsstärke wird durch Messung der Helligkeit in Lux auf der Tischplatte des Arbeitsplatzes überprüft. Liegt der erreichte Wert über den gesamten Bewertungszeitraum hinweg bei mehr als 500 Lux, wird die volle Punktzahl erreicht. Unterschreitet die Helligkeit einen Wert von 300 Lux, gibt es keine Punkte.

EVENTKALENDER   Die Zeiträume, in denen die Teilleistungen zu erbringen sind, geben die Organisatoren jeweils im Tagesplan vor. Zweimal am Tag setzen die Messungen von Temperatur, relativer Luftfeuchte und Luftqualität über einen längeren Zeitraum aus. Während dieser Zeit finden Besuchertouren statt, bei denen das Gebäude für die Öffentlichkeit frei zugänglich ist. Die Besucherzeiten enden eine Stunde bevor die Bewertungszeiträume wieder beginnen. Die Herausforderung besteht darin, innerhalb einer Stunde den gesamten Innenraum wieder auf den vorgegebenen Komfortbereich zu temperieren. Auch die Zeiträume für die Arbeitsplatzbeleuchtung sind vorgegeben und konzentrieren sich auf die Morgen- und Nachtstunden. Die Zeiten für die Warmwasseraufbereitung dagegen kann jedes Team täglich frei wählen.
In den Disziplinen Elektrische Energiebilanz, Komfort & Raumklima sowie Haushaltsgeräte & Funktionalität werden die Punkte aufgrund der ermittelten Messdaten in Verbindung mit dem veröffentlichten Wertungssystem vergeben. Die weiteren Bewertungspunkte erhalten die Teams von fachspezifischen Juroren in den Disziplinen:
• Architektur
• Konstruktion & Gebäudetechnik
• Kommunikation
• Industrialisierung
• Nachhaltigkeit
• Solare Systeme

In der Disziplin Innovation vergeben alle Juroren Punkte, der Innovationsgrad wird also in allen Disziplinen bewertet. Die Jury belohnt dabei neue Denkansätze, selbst entwickelte Produkte und kreative Ideen. Das Team aus Stuttgart kann sich bei dieser Bewertung über den ersten Platz freuen.

Contest	Anzahl im Wettbewerb	Vorgabe	Menge/Aufgabe	Zeitvorgabe
Spülmaschine	5×	49 °C	6 Gedecke	100 Minuten
Warmwasser	16×	43 °C	50 l	10 Minuten
Waschmaschine/Trockner	7×	43,5 °C	6 Handtücher	180 Minuten
Kochen	5×	–	2,3 l verdunsten	90 Minuten
Backofen	6×	220 °C	–	45 Minuten
Entertainment	15×	–	TV, DVD, PC	insg. 40 Stunden
Beleuchtung Haus	3×	–	gesamte Beleuchtung im Innen- und Außenraum	insg. 14 Stunden
Beleuchtung Arbeitsplatz	4×	500 lux		insg. 34 Stunden

44   bewertete Aufgaben
45   Die Handtücher von Team Berlin werden nach dem Trocknen gewogen.
46   Das Stuttgarter Team installiert Feuchte- und Temperatursensoren.
47   Temperaturanzeige im Detail im Wuppertaler Haus

DIE ZEHN DISZIPLINEN Bei der Beurteilung der errichteten Gebäude stehen neue architektonische Ansätze sowie die Einbindung solarer Systeme und ihre Effizienz im Vordergrund. Die Juroren geben die Platzierungen der Teams nach zahlreichen Messungen und Bewertungen am Ende der Wettbewerbswoche bekannt.

ARCHITEKTUR Insbesondere das Wuppertaler Konzept (Platz zwei) überzeugt die Fachjury, sie lobt die klare, geradlinige Form sowie die zwei großzügig angelegten Terrassen: »Neben dem eleganten horizontalen Ausdruck der Architektur ermöglichen diese eine hervorragende Abstufung von Licht, Wind und Privatsphäre.«
Das Gebäude des Rosenheimer Teams (Platz drei) besticht durch die in die Architektur integrierte Technik. Vor allem die Steuerung von Tages- und Kunstlicht, die stets für das gewünschte Ambiente im Innenraum sowie auf der Terrasse sorgt, überzeugt.
Das Team aus Stuttgart (Platz vier) kann mit dem in die Architektur integrierten Energieturm überzeugen und das Berliner Team (Platz fünf) durch die Großzügigkeit und Klarheit der Räume.

GEBÄUDETECHNIK UND KONSTRUKTION
Die Fachjury begutachtet neben der Konstruktion und Technik auch die handwerkliche Ausführung der einzelnen Solarhäuser.
Das Stuttgarter Haus gewinnt diesen Wettbe-

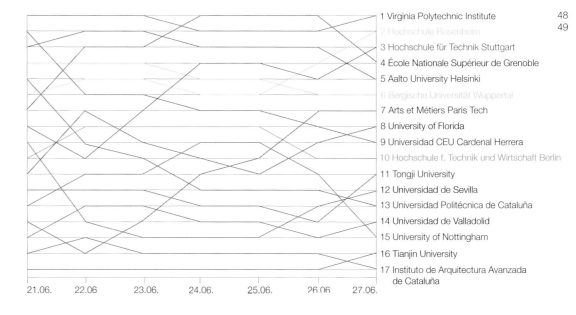

1 Virginia Polytechnic Institute
2 Hochschule Rosenheim
3 Hochschule für Technik Stuttgart
4 École Nationale Supérieur de Grenoble
5 Aalto University Helsinki
6 Bergische Universität Wuppertal
7 Arts et Métiers Paris Tech
8 University of Florida
9 Universidad CEU Cardenal Herrera
10 Hochschule f. Technik und Wirtschaft Berlin
11 Tongji University
12 Universidad de Sevilla
13 Universidad Politécnica de Cataluña
14 Universidad de Valladolid
15 University of Nottingham
16 Tianjin University
17 Instituto de Arquitectura Avanzada de Cataluña

21.06. 22.06. 23.06. 24.06. 25.06. 26.06. 27.06.

Uhrzeit	8	9	10	11	12	13	14	15	16	17	18	19	20	21	22	23
Measurements + Contests																
Jurytour																
Public Tour					spanische Siesta											
Award Ceremony																
Dinner Party																

werb: »Das Haus ist ein Musterbeispiel integraler Bauplanung und genau das, was der Solar Decathlon an Planer und Architekten weitergeben möchte«, so die Jury.

Bezüglich der handwerklichen Ausarbeitung kann vor allem das Rosenheimer Haus (Platz drei) überzeugen, da es »von der Ausführung her vielleicht das beste in diesem Jahr ist und zudem eine Konstruktion und Bauweise vorweist, die bereit für den Markt ist«.

Die Verwendung verschiedener Gebäudeleistungen und Simulationswerkzeuge, um den Gesamtenergieverbrauch zu minimieren, beschert dem Berliner Team Platz fünf.

Beim Wuppertaler Haus (Platz sieben) steht die Verbindung von Passivhausbauelementen mit dem großzügig verglasten Innenraum im Fokus der Jury.

KOMMUNIKATION   Das Berliner Team kann mit seiner Kommunikationsstrategie in dieser Disziplin besonders punkten. Das Logo sowie das dreidimensionale Bild im Innenraum, das sich mit der Blickrichtung ändert, überzeugt die Jury. Berlin erreicht in dieser Disziplin Platz drei, auch dank dem Einsatz audiovisueller Medien (Video, iPhone-App) bei der Hausführung.

Die drei weiteren deutschen Teilnehmer teilen sich in diesem Wettbewerb Platz sechs. Rosenheim kann sich hier vor allem durch die Teamkleidung und Wuppertal durch die Solarwand mit den Bildern der Teammitglieder hervorheben.

INDUSTRIALISIERUNG   Das hohe Niveau der Industrialisierung sowie innovative Details beim Innenraumkonzept kombiniert mit einem durchdachten Transportsystem der modularen Raumzellen bringen dem Rosenheimer Team Platz zwei in der Disziplin Industrialisierung ein.

Die Herangehensweise des Wuppertaler Marketingkonzepts, mit einem B2B-Ansatz (Business to Business) zu arbeiten, der sich im weiteren Verlauf zu B2C (Business to Customer) wandelt, ist für die Jury eine Innovation, die dem Team Platz fünf einbringt. Basis des Konzepts ist vor allem die Idee, die Plusenergiehäuser in Ferienparks einzusetzen.

NACHHALTIGKEIT   In dieser Disziplin fällt die Entscheidung für den dritten Platz sehr eng aus. Am Ende erweisen sich Innovation und Mehrwert als die entscheidenden Aspekte. Das Stuttgarter Konzept zeigt eine Reihe realistischer Möglichkeiten für die Zukunft des nachhaltigen Wohnungsbaus. Die Jury ist nicht nur von den passiven und hybriden Lösungen für erneuerbare Energien beeindruckt, sondern auch von der Fähigkeit des Hauses, sich unterschiedlichen klimatischen Bedingungen anzupassen.

Das Berliner Konzept (Platz vier) überzeugt durch den Einsatz nachhaltiger Materialien sowie durch die Kommunikations- und Sensibilisierungsstrategie für nachhaltige Bauweisen.

SOLARE SYSTEME   In der Disziplin solare Systeme geht der Sieger-Award an das Team

48   Platzierung der einzelnen Teams im kontinuierlichen Verlauf über die ganze Wettbewerbswoche
49   Tagesablaufplan
50   Die Architekturjury prüft das Rosenheimer Haus.
51   Verleihung des Awards in der Disziplin Industrialisierung

ZAHLEN/DATEN/FAKTEN

aus Berlin. Das Haus überzeugt die Fachjury mit seiner ästhetischen Integration von Solarkollektoren in das architektonische Konzept der Fassade. Auch der Einsatz von Plexiglas-Photovoltaikpaneelen in Leichtbauweise, die gleichzeitig der Verschattung dienen, wird positiv bewertet. Die durchdachte Dimensionierung der Solaranlagen hinsichtlich des Energiebedarfs des Gebäudes und die intelligente Kommunikation zwischen den verschiedenen Komponenten beeindrucken die Jury, ebenso der Einsatz eines Plug-and-Play-Systems, das den Stromverbrauch reduziert und gleichzeitig das Angebot an nutzbarer Wärme erhöht.

Das Stuttgarter Haus erhält bei den Messwerten 0,25 Punkte mehr als Berlin, rangiert aber aufgrund der subjektiven Jurywertung auf Platz zwei. Es überzeugt die Jurymitglieder durch die Auswahl der mehrfarbigen PV-Module, die als architektonisches Gestaltungselement in die Fassade integriert sind, sowie die auf dem Dach eingesetzten PV/T-Kollektoren, die zusätzlich zur Wasserkühlung dienen. Lob erhalten der Einsatz

von Solarkaminen und die intelligente Nutzung der Solarthermie über das ganze Jahr hinweg (zur Warmwassererzeugung im Sommer, als Wärmequelle für die Wärmepumpe im Winter). Die Vakuumröhrenkollektoren fungieren zugleich als Sonnenschutz und erfüllen so einen zusätzlichen Nutzen.

Platz vier vergibt die Jury an das Rosenheimer Team. Besonders hervorgehoben wird der ganzheitliche Ansatz der Energiebetrachtung, denn das Rosenheimer Team verzichtet auf die Integration von Solarthermie und nutzt stattdessen die entstehende überschüssige Abwärme der Wärmepumpe zur Warmwasserbereitstellung. Der Doppelnutzen der auf dem Flachdach aufgebrachten Photovoltaikanlage zur Stromerzeugung und Strahlungskühlung wirkt sich ebenso positiv auf die Bewertung aus.

Beim Team Wuppertal (Platz sieben) beeindruckt insbesondere die Batteriepufferung zwischen Hausnetz und öffentlichem Netz sowie das dazugehörige Energiemanagement. Die Kombination von mono- und polykristallinen Solarzellen an

der Südfassade zeigt das Gestaltungspotenzial selbst von heute üblicher Zelltechnologie auf. Insgesamt findet die konsequente architektonische Integration der Solarsysteme Gefallen.

ZEHN DISZIPLINEN FÜGEN SICH ZU EINEM GANZEN

Die Platzierungen jedes Teams über die Wettbewerbswoche hinweg sowie das Endergebnis des Wettkampfs ergeben sich aus der Punktevergabe aufgrund der ermittelten Messdaten und der Vergabe der Awards für die einzelnen Disziplinen.

Die Stärken und Schwächen der vier deutschen Teams veranschaulicht das Profildiagramm (Abb. 54). Der direkte Vergleich mit dem Siegerteam aus Virginia zeigt, dass wichtige Punkte in der Disziplin Kommunikation verloren gehen. Von den Teams aus Deutschland kann hier nur Berlin überzeugen.

Außerhalb der für das Gesamtergebnis relevanten Wertung erreichen im Wettbewerb »Lighting Design« Rosenheim (Platz 1) und Wuppertal (Platz 2) die Spitzenplätze.

52

	Virginia Polytechnic Institute & State University	Hochschule Rosenheim	Hochschule für Technik Stuttgart	École Nationale Supérieure de Grenoble	Aalto University Helsinki	Bergische Universität Wuppertal	Arts et Métiers Paris Tech	University of Florida	Universidad CEU Cardenal Herrera	Hochschule für Technik und Wirtschaft Berlin	Tongji University	Universidad de Sevilla	Universidad Politécnica de Cataluña	Universidad de Valladolid	University of Nottingham	Tianjin University	Instituto de Arquitectura Avanzada de Cataluña
Architektur	1	3	4	2	1	2	6	6	3	5	6	4	1	7	6	7	5
Konstruktion & Gebäudetechnik	11	3	1	3	7	7	2	12	4	5	8	10	13	9	6	14	14
Solare Systeme	5	4	1	10	9	7	3	12	11	2	8	15	6	14	17	13	16
Energiebilanz	4	1	5	3	9	6	11	2	7	17	12	10	14	15	16	8	13
Komfort	3	1	8	4	5	10	2	6	12	15	11	7	9	16	13	14	17
Haushaltsgeräte	4	1	2	13	14	3	5	6	11	9	10	12	15	8	16	7	17
Kommunikation	2	6	6	4	5	6	10	1	8	3	7	9	11	6	6	12	8
Industrialisierung	3	2	6	4	15	5	17	8	1	11	10	14	9	12	7	16	13
Nachhaltigkeit	8	5	3	4	5	5	1	6	6	4	7	7	7	7	2	9	4
Innovation	8	6	1	3	9	5	2	14	4	11	16	7	15	10	13	17	12
Endstand	**1**	**2**	**3**	**4**	**5**	**6**	**7**	**8**	**9**	**10**	**11**	**12**	**13**	**14**	**15**	**16**	**17**

52 Preisverleihung unter freiem Himmel: Der zweite Platz
in der Architekturwertung wird an das Team Wuppertal
vergeben.

53 Platzierungen der Teams in den einzelnen Disziplinen
und Endergebnis. Die Platzierung in der Disziplin
Solare Systeme beinhaltet die Jurybewertung und die
Messergebnisse, deshalb ist Stuttgart hier auf Platz
eins.

54 Profildiagramm der vier deutschen Teams über alle
zehn Disziplinen im Vergleich zu den Wertungser-
gebnissen des Siegerteams aus Virginia. Dargestellt
sind die relativen Ergebnisse. 100 % entsprechen
der vollen Punktzahl in der Disziplin.

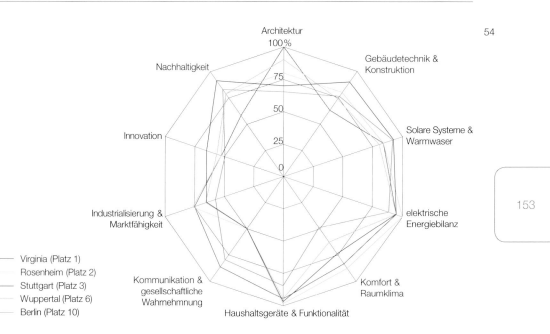

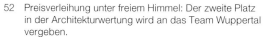

Virginia (Platz 1)
Rosenheim (Platz 2)
Stuttgart (Platz 3)
Wuppertal (Platz 6)
Berlin (Platz 10)

ZAHLEN/DATEN/FAKTEN

	Rosenheim	Stuttgart	Wuppertal	Berlin
Wohnfläche	60 m²	48 m²	48,5 m²	48 m²
Bruttorauminhalt	250 m³	200 m³	290 m³	220 m³
Hüllfläche	260 m²	206 m²	280 m²	296 m²
Anteil Fensterfläche	13 %	23 %	25 %	13,9 %
A/V-Verhältnis	1,04	1,03	0,96	1,34
g-Wert Fenster	0,35	0,50; 0,40 (Nord)	0,55	0,41
τ_{vis}	0,55	0,70; 0,60 (Nord)	0,72	–
U-Wert opake Gebäudehülle	0,095–0,098 W/m²K	0,1–0,13 W/m²K	0,1 W/m²K	0,1–0,14 W/m²K
U-Wert Fenster	0,56 W/m²K	0,5 W/m²K	0,8 W/m²K	0,75 W/m²K
mittlerer U-Wert (H_T')	0,14 W/m²K	0,2 W/m²K	0,2 W/m²K	0,14 W/m²K
Strombedarf unter Wettbewerbsbedingungen	4500 kWh/a	3800 kWh/a	3500 kWh/a	4200 kWh/a
PV-Fläche	69 m²	100,2 m² Dach 50,5 m² Fassade 49,5 m²	73 m² Dach 40 m² Fassade 33 m²	42 m² Dach 34 m² Fassade 8 m²
installierte Leistung	12,6 kWp	12,0 kWp Dach 6,0 kWp Fassade 6,0 kWp	10,2 kWp Dach 6,4 kWp Fassade 3,8 kWp	5,69 kWp Dach 4,59 kWp Sonnenschutz Fassade 1,1 kWp
PV-Ertrag	Madrid 16 000 kWh/a Rosenheim 11 000 kWh/a	Madrid 11 400 kWh/a Stuttgart 7500 kWh/a	Madrid 12 500 kWh/a Wuppertal 7000 kWh/a	Madrid 8300 kWh Berlin 5300 kWh
Batterie	–	–	7,2 kWh	37 kWh
Solarthermie	–	6,6 m² Vakuumröhrenkollektoren	6 m² Vakuumröhrenkollektoren	8 m² Flachkollektoren

VIER HÄUSER IM VERGLEICH

	Rosenheim	Stuttgart	Wuppertal	Berlin
Gebäudetechnik	• passive Kühlsysteme: offene Strahlungskühlung zur Kaltwasserbereitstellung für Kühldeckensystem und zur Rückkühlung der Wärmepumpe; PCM-Kanal zur Gebäudekühlung (Tag) und Rekonditionierung (Nacht) • aktives Kühlsystem: Sole/Wasser-Wärmepumpe zur Deckung von Lastspitzen • Gebäudeautomationssystem zur Regelung der Energieeffizienz	• PV/T-Kollektoren mit Rückkühlspeicher • reversible Wasser/Wasser-Wärmepumpe • Lüftungsgerät mit adiabater Kühlung und Wärmerückgewinnung • Fußbodenheizung/-kühlung • Kühldecke • Vakuumröhrenkollektoren • hygienischer Schichtenspeicher	• Lüftungskompaktgerät • Luft/Wasser-Wärmepumpe mit 250 l Pufferspeicher • Fußbodenheizung/-kühlung	• Abstrahlflächen mit Pufferspeicher (gleichzeitig auch für Wärmepumpe quellenseitig) • 450 l Solarkombispeicher mit 8 m² Flachkollektoren • reversible Wasser/Wasser-Wärmepumpe • Heiz-/Kühldecke aus mit Wasserrohren versehenen Lehmbauplatten • Zuluftwärmetauscher • Badheizkörper
Lüftungssystem	• kontrollierte Wohnraumlüftung mit 85 % Wärmebereitstellungsgrad (passivhauszertifiziert)	passiv: • Energieturm zur Lüftung und adiabaten Kühlung • Abführung durch die Solarkamine in den Fugen • freie Querlüftung und Luftvorerwärmung über Fugen aktiv: • mechanische Lüftung mit Wärmerückgewinnung	• mechanische Lüftung mit 80 % Wärmerückgewinnung • indirekte adiabate Kühlung • freie Nachtlüftung über Lüftungsklappen	• mechanische Lüftung mit Wärme- und Feuchterückgewinnung durch Sorptionsrad • solare Entfeuchtung
Integration von Phasenwechselmaterial (PCM)	• aktiv genutzt durch selbst entwickelten Kanal	• in abgehängter Decke, Regenerierung mit PV/T-Kollektoren	• im Wandaufbau unterhalb der Zuluftauslässe	• in den Lehmbauplatten der Wände
Sonnenschutz	• außen liegender Sonnenschutz durch selbstentwickelte Zick-Zack-Fassade mit einem F_c-Wert = 0,03–0,1 je nach Sonnenstand und Lichteinfallswinkel • Einstellung einer Oberlichtsituation möglich: Sonnenschutz fährt von unten nach oben	• baulicher Sonnenschutz durch Loggia mit außen liegendem Vorhang (Süden) und Rücksprung der vertikalen Isolierverglasung innerhalb der Fugen • innen liegender Vorhang (Norden, Süden) • automatische Rollos (Osten, Westen) • Röhrenkollektoren + Mobile (horizontale Flächen)	• außen liegendes textiles Vorhanghangsystem aus aluminisiertem Gewebe	• selbst entwickelte Faltläden mit integrierten kristallinen Solarzellen und elektrischem Antrieb
Kunstlicht	• dimmbare LED-Leuchten • individuelle Tischbeleuchtung durch selbst entwickelte, umsteckbare Lampen	• LED-Leuchten im Energieturm (RGB) und in den Fugen • Nebenraumspange mit Leuchtstoffröhren • Hauptnutzung mit Energiesparleuchten	• LED-Beleuchtung im Innen- und Außenraum • nutzeraktive Lichtdecke mit Bewegungsverfolgung	• flexibles T5-HE-Leuchtstofflampenkonzept in Wohnraum (Bodenfuge sowie Küchennische) • LED-Außenbeleuchtung, programmier- und dimmbar
Elementierung	• zerlegbar in vier vorgefertigte Raummodule • Terrasse demontierbar	• vier vorgefertigte Wohnmodule • teilweise vorgefertigte Fugenelemente	• Zerlegung in 34 Großelemente, bestehend aus einzelnen Wand-, Decken- und Bodentafeln	• Zerlegung in insgesamt 31 flache Wand-, Decken- und Bodenelemente
Bauzeit	3,5 Monate	3,5 Monate	2 Monate	3 Monate
Montagezeit	4 Tage	5 Tage	10 Tage	10 Tage

VIER HÄUSER IM VERGLEICH

55
56

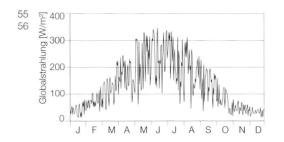
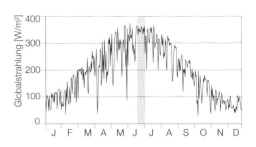

57
58

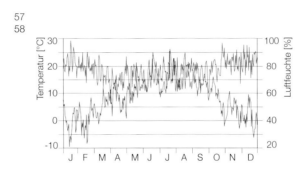
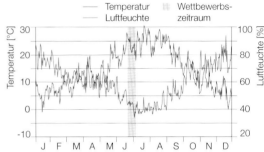

Charakteristisch für das Klima in Deutschland ist die geringe Solarstrahlung im Winter, verbunden mit – je nach Standort – mehr oder weniger kühlen Außentemperaturen. Demgegenüber sind die Winter in Madrid gemäßigt und vor allem sonniger. Die Herausforderung sind dort die

hohen sommerlichen Temperaturen bei gleichzeitig niedriger Luftfeuchtigkeit. Da die Gebäude sowohl im spanischen Wettbewerb als auch danach in Deutschland überzeugen müssen, ist die klimagerechte Planung anspruchsvoller als für nur einen einzigen Standort.

KLIMADATEN

156

55 Globalstrahlung für Würzburg im Jahresverlauf
56 Globalstrahlung für Madrid im Jahresverlauf
57 Temperatur und Luftfeuchtigkeit für Würzburg im Jahresverlauf
58 Temperatur und Luftfeuchtigkeit für Madrid im Jahresverlauf

Von den zehn Wettbewerbsdisziplinen basieren die drei Disziplinen Komfort, Energiebilanz und Haushaltsgeräte allein auf der Auswertung der Messungen. In der Disziplin Solare Systeme werden neben der Jurybewertung auch die Messungen bei der Warmwasserentnahme einbezogen. Die folgende Darstellung dokumentiert und analysiert die Messergebnisse der vier deutschen Teams während der acht Wettbewerbstage.

ES WIRD VON TAG ZU TAG WÄRMER Nach dem Regen in der zehntägigen Aufbauphase zeigt sich Madrid während der acht Wettbewerbstage von der Sonnenseite. Mit mäßig warmen Tagestemperaturen und kühlen Nächten sind die ersten Tage wie gemacht, um die passive Betriebsweise der Häuser zu testen und das Raumklima zumeist ohne aktives Kühlen in der engen Toleranzspanne des Reglements zu halten. Alle Punkte zu bekommen bedeutet, in den Messzeiträumen eine Raumlufttemperatur von 23 bis 25 °C und eine Luftfeuchte zwischen 40 und 55 % einzuhalten. Diese sehr engen Festlegungen orientieren sich an Gebäuden mit aktiver Klimatisierung und dementsprechend hohen Erwartungen der Bewohner an das Raumklima. Während der zweiten Hälfte der Wettbewerbszeit herrschen Außentemperaturen von bis zu 37 °C und damit verbunden ist eine sehr niedrige Luft-

feuchte von 20 bis 30 %. In den Häusern ist jetzt aktives Kühlen unvermeidlich. Um die Luftfeuchte im geforderten Bereich zu halten, kommen vor allem feuchte Tücher zum Einsatz, manche Teams versprühen Wasser in der Raumluft. Das Stuttgarter Team profitiert von der Luftbefeuchtung über den zentralen Energieturm.

DIE REAKTION DES RAUMKLIMAS Die Temperaturen und Luftfeuchten in den Gebäuden werden fortlaufend durch Sensoren gemessen und von der Jury bewertet. Dabei sind die Zeiten mit Besucherverkehr von der Bewertung ausgenommen. Die während der Public Tours dauerhaft geöffneten Türen und Sonnenschutzvorrichtungen sorgen zusammen mit der Wärmeentwicklung der Personen in den Leichtbauten schnell für eine deutliche Zunahme der Temperaturen über die Sollwerte hinaus. Im Anschluss an die Führungen durch die Häuser gilt es, die Temperaturen schnell wieder in den Zielkorridor zu bringen. Projekte mit größerer Kühlleistung (Berlin 11 kW, Rosenheim 3,5 kW, Stuttgart 2,7 kW, Wuppertal 1,2 kW) sind hier im Vorteil, während andere länger benötigen, um die Sollwerte wiederherzustellen, und dabei wichtige Punkte verlieren. Durch Probleme bei der erstmaligen Inbetriebnahme der Anlagensteuerung zu Wettbewerbsbeginn konnte das

VIER HÄUSER IM PRAXISTEST

Team Berlin jedoch nicht von der großen Kühlleitung profitieren.

Zur Unterschreitung der Solltemperaturen kommt es vor allem in Zeiten mit passiver Kühlung durch die Nachtlüftung. Da die Automatisierung der Öffnungsklappen in der knappen Vorbereitungszeit noch nicht perfektioniert werden konnte (Team Wuppertal) oder ein rein manueller Betrieb vorliegt (Team Stuttgart), bleiben die Klappen manchmal zu lange geöffnet. Für alle Teams erweist es sich als schwierig, das Raumklima innerhalb der engen Wettbewerbsvorgaben zu halten. Die Sensoren der Veranstalter besitzen keine Anzeige, und ihre Messwerte weichen in vielen Fällen von denen der Sensoren für die hauseigene Raumklimaregelung ab. Bei einem geforderten Temperaturbereich von 2 °C sind Unterschiede von 1 °C jedoch bereits signifikant. Das Rosenheimer Haus schafft es insgesamt am besten, die Anforderungen zu erfüllen, was dem Team den Sieg in der Komfortwertung einbringt.

Unser Fazit: Es wäre eine Wettbewerbsphase wünschenswert, in der die Gebäude ohne technische Unterstützung ihre Leistungsfähigkeit unter Beweis stellen. Dabei sollten Raumklima, Tageslichtverfügbarkeit und Außenbezug bewertet werden, denn manche Gebäude sind im Wettbewerb während der Messperioden quasi vollständig verdunkelt, um die gewünschten Messwerte einhalten zu können – und erlauben damit keine Aussicht bzw. keinen Bezug zum Außenraum. Für die Raumklimabewertung eignet sich der in Europa neu eingeführte Standard nach DIN EN 15251 »Eingangsparameter für das Raumklima zur Auslegung und Bewertung der Energieeffizienz von Gebäuden«. Er lässt bei Gebäuden, die weitestgehend passiv gekühlt werden, abhängig von der Außentemperatur zeitweise höhere Raumtemperaturen zu. Damit entstehen ohne Verlust an Nutzungsqualität größere Spielräume für die passive Betriebsweise von Gebäuden.

STROMERZEUGUNG UND STROMVERBRAUCH Auch die Stromerzeugung und der Stromverbrauch werden fortlaufend erfasst.

Dabei geht es um niedrige Verbrauchswerte, hohe Stromerzeugung und eine hohe Übereinstimmung der Zeiten für Verbrauch und Erzeugung. Günstig ist es, Waschmaschine, Trockner, Spülmaschine, Backofen und Kochfeld dann zu betreiben, wenn der Solarertrag hoch genug ist, um den Eigenbedarf zu decken; idealerweise sollte auch durch Kollektoren solar erwärmtes Wasser zur Verfügung stehen, damit das Wasser nicht elektrisch aufgeheizt werden muss. Die Zeitfenster, in denen die einzelnen Leistungen zu erbringen sind, legt der Wettbewerb fest. Der Erfolg der gewählten Betriebsstrategie zeigt sich daran, dass der Netzstrombezug tagsüber gegen null tendiert und trotzdem alle Anforderungen erfüllt werden. Rosenheim, Stuttgart und Wuppertal belegen die ersten drei Plätze in der Kategorie Funktionalität und Haushaltsgeräte. Kritisch sind die abendlichen Lichtwettbewerbe und die beiden Dinnerpartys, für die mangels Solarertrag Netzstrom bezogen werden muss. Das Team aus Berlin hat seine geplanten Batteriespeicher in Madrid nicht dabei; Team Wuppertal

59

59 wenig wirksame Verdunstungskühlung auf dem Freigelände der Villa Solar
60 klimatische Situation während des Wettbewerbs
61 Zeitlicher Verlauf der relativen Luftfeuchte außen und in den vier Häusern. Der Zielkorridor für die Feuchte im Innenraum wird oft eingehalten. Die Tendenz zu höheren Feuchtewerten an den heißen Tagen resultiert aus der Befeuchtung zu Kühlzwecken. In der Punktewertung wirkt sich das nur geringfügig aus.
62 Raumtemperaturen während des Wettbewerbs. Wertungsrelevant sind nur die grau markierten Zeitfenster.

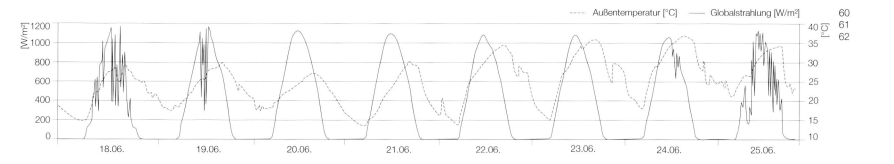

Legend (top chart): ----- Außentemperatur [°C]   —— Globalstrahlung [W/m²]   60 61 62

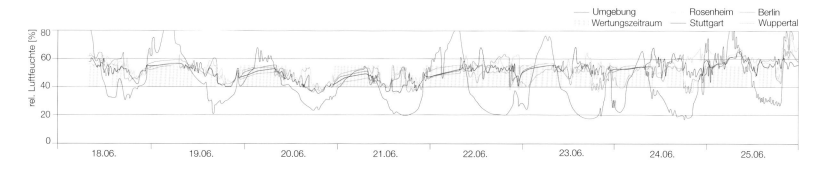

Legend (middle chart): —— Umgebung   —— Rosenheim   —— Berlin   ⋯ Wertungszeitraum   —— Stuttgart   —— Wuppertal

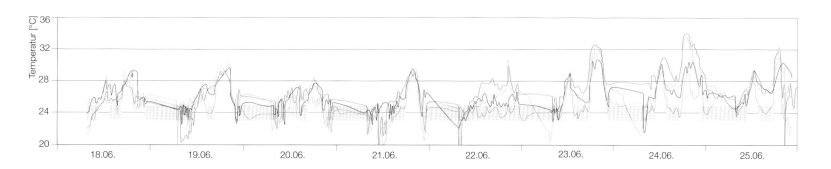

159

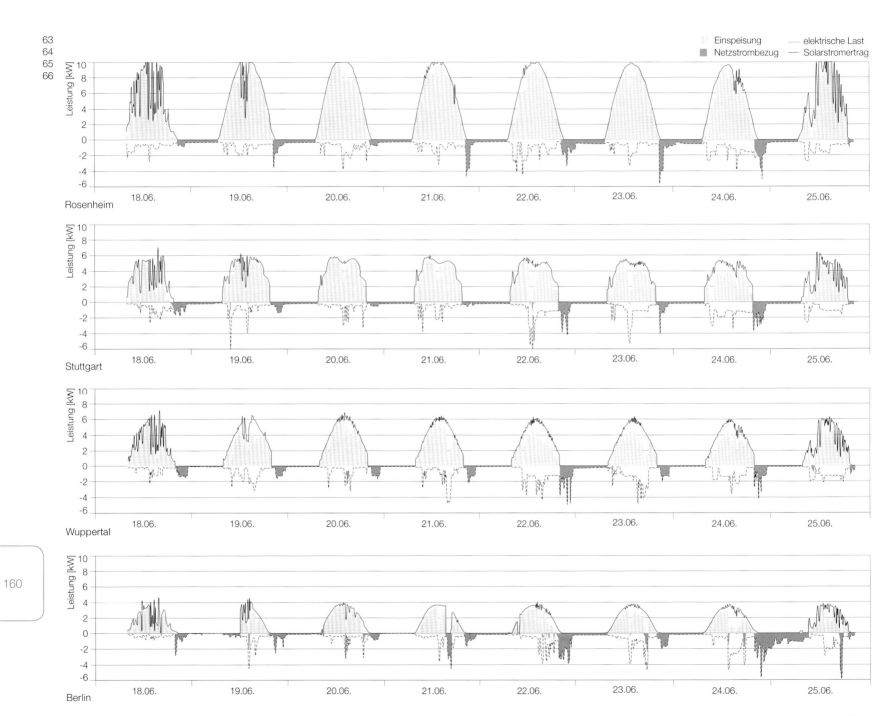

160

hat Batterien installiert, verzichtet aber auf den Hausbetrieb mit Batteriestrom, da die Veranstalter kurzfristig beschließen, dass die zeitliche Übereinstimmung von Verbrauch und Erzeugung nur bis 20 Uhr in die Punktewertung eingeht. Wenn es keine Vorteile bringt, abends den Eigenverbrauch solar zu decken, ist der Umweg über die verlustbehaftete Batteriespeicherung sinnlos. Bei Einsatz der Batterien wäre es möglich gewesen, die Häuser aus Wuppertal und Berlin ohne jeden Netzstrombezug und damit netzautark zu betreiben.

DIE ENERGIEBILANZ NACH ACHT TAGEN

Angesichts des sonnigen Wetters und großer Solarstromanlagen ist es für alle Teams kein Problem, die geforderten 40 kWh Überschusseinspeisung in acht Tagen zu erreichen. Es wäre möglich gewesen, die Latte für die wichtigen 75 Punkte deutlich höher zu legen oder die Solargeneratoren in der Größe stärker zu limitieren. Die installierten Solarstromanlagen sind bezogen auf die Wohnfläche drei- bis viermal größer als die üblicherweise bei Einfamilienhäusern in Deutschland eingesetzten. Mit 550 kWh Überschuss erzielt das Rosenheimer Haus am Ende den höchsten Ertrag und damit fast den fünffachen Wert des Siegergebäudes beim Solar Decathlon in Washington 2009, dem Haus der Universität Darmstadt. Washington im Oktober ist eben nicht vergleichbar mit Madrid im Juni. Am Ende zeigt die Punktewertung, dass sich die Unterschiede in der Energiebilanz und der Übereinstimmung von Verbrauch und Erzeugung kaum auf das Wettbewerbsergebnis auswirken. Mit 120 (Rosenheim), 115 (Stuttgart), 114 (Wuppertal) bzw. 107 (Berlin) von maximal 120 Punkten liegen die deutschen Teams gut im Rennen, können sich aber nicht absetzen. Im Nachhinein zeigt sich, dass es Punkte in der Komfortwertung gebracht hätte, mehr Strom zum Kühlen einzusetzen, aber kaum Abzüge in der Energiewertung. Die teilweise knapp dimensionierten Kühlleistungen erweisen sich somit als Nachteil.

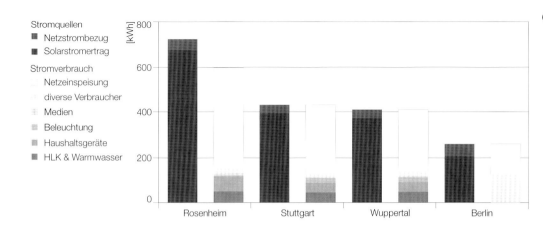

Stromquellen
- Netzstrombezug
- Solarstromertrag

Stromverbrauch
- Netzeinspeisung
- diverse Verbraucher
- Medien
- Beleuchtung
- Haushaltsgeräte
- HLK & Warmwasser

63–66 Zeitlicher Verlauf von solarer Stromerzeugung, Stromverbrauch und Strombilanz. Negative Werte zeigen den Verbrauch bzw. den Strombezug aus dem Netz, wenn der Verbrauch die Erzeugung übersteigt. Die Verbrauchsspitzen resultieren aus dem Einsatz der Haushaltsgeräte für Waschen, Spülen und Kochen. An zwei Abenden erhöhen sich die Verbräuche aufgrund der Dinner (22. und 24. Juni).

63 Rosenheim: Die große Solarstromanlage mit 12 kWp auf dem Dach sorgt für die höchsten Erträge im Vergleich der vier Teams.

64 Stuttgart: Durch die Solarstromerzeugung auf der West- und Ostfassade in Verbindung mit dem großen Solargenerator auf dem Dach ist das Stromerzeu-

gungsprofil glatter als bei den anderen drei Häusern. Im Tagesverlauf gelingt es manchmal nicht ganz, kurzzeitigen Netzstrombezug zu vermeiden.

65 Wuppertal: Das Stromerzeugungsprofil ist vom Generator auf dem Dach geprägt. Verbrauchsseitig fallen die vergleichsweise hohen Werte des Netzstrombezugs in den abendlichen Zeiten der Kunstlichtwertung und der beiden Dinnerpartys auf.

66 Berlin: Der mit 5,6 kWp kleinste Solargenerator im Feld bringt die niedrigsten Erträge. Am 21. und 22. Juni sind kurzzeitig technische Probleme zu bewältigen.

67 Energiebilanz aller vier Gebäude über die achttägige Wettbewerbszeit. Für das Berliner Gebäude liegen verbrauchsseitig keine nach Teilverbräuchen aufgeteilten Messwerte vor.

Der Solar Decathlon Europe ist weit mehr als nur ein herkömmlicher Architektur- oder Technikwettbewerb für Hochschulen. Hinter den zehn Disziplinen stehen eine ganze Reihe weiterer Aspekte eines internationalen Wettbewerbs, die zusätzliche Herausforderungen zur Teilnahme darstellen. So wurde schon mit der Bewerbung im September 2008 jedes der vier Teams vor die Problematik gestellt, mit grundlegenden Entscheidungen und Weichenstellungen das Fundament für einen den meisten Teilnehmern noch unbekannten Prozess zu legen.

Die Herausforderungen waren komplex und vielseitig. Kaum einer der Mitstreiter, ob Student, wissenschaftlicher Mitarbeiter oder Professor, hatte je an einem vergleichbaren Unterfangen mitgearbeitet. Selbst für die Institution Hochschule war die Teilnahme etwas nie Dagewesenes, gleichermaßen eine Chance für ihre Reputation wie auch eine Belastung ihrer Strukturen und Finanzen. Innerhalb weniger Wochen mussten große Teams ins Leben gerufen, Finanzierungspläne mit erheblichen Summen aufgestellt und tragfähige Konzepte für Haus und Technik sowie für Öffentlichkeitsarbeit und Kommunikation formuliert werden.

Allen Beteiligten wurde bewusst, dass Leistungsbereitschaft, Fachkenntnis oder Kreativität allein in der kommenden Zeit nicht genügen würden.

Mut und Idealismus, Teamfähigkeit und Zusammenhalt, ein gesundes Selbstbewusstsein und vor allem lösungsorientiertes Denken waren von Beginn an das Rüstzeug, um den zahlreichen, zum Teil unbekannten Herausforderungen entgegenzutreten. Trotzdem lässt sich rational nur schwer erklären, wie so viele Menschen über solch eine lange Zeit den zahlreichen Unwägbarkeiten getrotzt, persönliche Grenzen wie auch fachliche Probleme überwunden haben, um »nur« ein Haus zu bauen.

Letztendlich war der Solar Decathlon für alle beteiligten Studenten die denkbar beste Vorbereitung auf den kommenden Arbeitsalltag wie auch ein sehr prägendes Erlebnis.

Aber nicht nur die Hochschulteams, auch die Organisatoren des Wettbewerbs haben Außerordentliches geleistet. Die Herausforderungen waren für die Universidad Politécnica de Madrid genauso groß wie für die einzelnen Teams und ebenso unbekannt war das Terrain, auf das sie sich mit der erstmaligen Austragung des Solar Decathlon Europe 2010 begab.

Das Gefühl, an etwas Großartigem teilzunehmen, und der tiefe gegenseitige Respekt verbanden sämtliche Teams untereinander und auch mit den Organisatoren. Vielleicht war es weniger ein solarer Zehnkampf als vielmehr solare »Olympische Spiele«, ein Zusammentreffen vieler unterschied-

68
69

licher Menschen aus aller Herren Länder, geprägt von Freundschaft und Miteinander. Aber vor allem erreichte der Solar Decathlon sein vordringlichstes Ziel – die Sensibilisierung der Bevölkerung und eine umfassende Publicity für solares Bauen. Die vielen Besucher während des Finales in Madrid wie auch die Öffentlichkeitsarbeit durch die Teams trugen die Ideen in die Gesellschaft.

Nicht zuletzt zeugt das große Interesse vieler unterschiedlicher Menschen und Unternehmen an einem Erwerb der gebauten Solarhäuser oder an einer künftigen Zusammenarbeit mit den Hochschulen und den Teammitgliedern von der Attraktivität energieoptimierten Bauens. Vertreter unterschiedlichster Fachrichtungen und Hintergründe – vom Anlagenhersteller über Vertriebsgesellschaften für Ferienhäuser und Projektierer für Plusenergiesiedlungen bis hin zu Berufseinsteigern und Pensionären – zeigen durchweg ein klares Bekenntnis zu umweltverträglichem Bauen und Wohnen. Um diese Anforderungen erfüllen zu können, sind neben den notwendigen politischen Rahmenbedingungen vor allem reale Demonstrationsobjekte wie die vorgestellten Prototypen von großer Bedeutung. Gleichermaßen wird auf diesem Wege einer breiten Bevölkerungsschicht die Möglichkeit geboten, auf eine anschauliche Art und Weise den derzeitigen

Stand von Wissenschaft und Forschung unmittelbar zu erleben. Dennoch stehen die Häuser nur exemplarisch für das, was heutzutage möglich ist. Sie sind vorrangig Prototypen, noch weit von einer Serienreife entfernt. Viele konstruktive wie auch technische Komponenten wurden hier zum ersten Mal realisiert und bedürfen oftmals einer umfassenden Optimierung. Details und Konzepte, die sich als nicht praktikabel herausgestellt haben, müssen überdacht werden.

Für die Hochschulen erweist sich der künftige Betrieb der Häuser als angenehmer Nebeneffekt. Die verschiedenen Nachnutzungen reichen vom Laborgebäude bis hin zur längeren Verpachtung als Wohnhaus. Alle vier Gebäude unterliegen einer dauerhaften wissenschaftlichen Betreuung mit einem mehrjährigen Monitoring. Dabei werden der Zustand der Materialien, die Leistungsfähigkeit der Anlagentechnik sowie das Verhalten der Häuser als Ganzes über mehrere Jahre hinweg erfasst und ausgewertet. Die so erzielten Ergebnisse fließen unmittelbar zurück in die Forschung und Entwicklung wie auch die Lehre und dienen dort wiederum zur Weiterentwicklung, Optimierung und auch als Anschauungsmaterial. Die Teilnahme am Wettbewerb Solar Decathlon Europe 2010 verbindet so Wissenschaft, Wirtschaft und Gesellschaft zu einem unvergleichlichen Forschungsprojekt.

70
71

68 Team Rosenheim
69 Team Stuttgart
70 Team Wuppertal
71 Team Berlin

ANHANG

STUDENTISCHES TEAM

- Sylvie Altner, Innenarchitektur
- Benedikt Auer, Holzbau und Ausbau
- Simon Barth, Innenausbau
- Johannes Bayer, Holztechnik
- Michaela Becker, Wirtschaftsingenieurwesen
- Ferdinand Beljung, Holztechnik
- Thilo Bellinger, Informatik
- Stefanie Berger, Wirtschaftsingenieurwesen
- Stefan Bertagnolli, Holzbau und Ausbau
- Alexandra Biereder, Innenausbau
- Josef Brinkmann, Holzbau und Ausbau
- Johannes Donaubauer, Holzbau und Ausbau
- Constantin Ebel, Holztechnik
- Philipp Eigl, Innenausbau
- Nico Engmann, Wirtschaftsingenieurwesen
- Anja Epp, Innenarchitektur
- Miriam Felkel, Innenarchitektur
- Andreas Fessler, Kunststofftechnik
- Stefan Finkele, Innenausbau
- Sebastian Frass, Kunststofftechnik
- Stefan Fronauer, Innenausbau
- Max Fronhöfer, Wirtschaftsingenieurwesen
- Sebastian Fügener, Holzbau und Ausbau
- Kathrin Gansinger, Informatik
- Benedikt Gassner, Informatik
- Philipp Groß, Holzbau und Ausbau
- Paul Haacke, Innenausbau
- Mona Hain, Innenarchitektur
- Christoph Handwerker, Kunststofftechnik
- Katrin Hartl, Innenarchitektur
- Gitte Henning, Innenarchitektur
- Björn Henseler, Holztechnik
- Daniel Henzold, Holzbau und Ausbau
- Alexandra Herrmann, Wirtschaftsingenieurwesen
- Angelika Hess, Innenarchitektur
- Michael Huber, Elektro- und Informationstechnik
- Leonardo Ibacache, Holztechnik
- Mario Karl, Innenausbau
- Tobias Katzenberger, Innenarchitektur
- Vera Kießling, Innenausbau
- Tarek Kilani, Informatik
- Siad Kilani, Informatik
- Daniel Klaus, Innenausbau
- Michael Kolb, Innenausbau
- Carolin Köppel, Innenarchitektur
- Anton Koslow, Informatik
- Julian Krafft, Innenausbau
- Andrea Kraus, Innenausbau
- Jonas Krol, Holztechnik
- Daniel Kurzius, Holzbau und Ausbau
- Johannes Maderspacher, Innenausbau
- Sara Miethe, Innenarchitektur
- Sebastian Mortimer, Innenarchitektur

- Markus Müller, Innenausbau
- Markus Neuerburg, Informatik
- Christine Palm, Innenarchitektur
- Malte Pannecke, Holztechnik
- Oliver Pausch, Innenausbau
- Sebastian Preißler, Innenausbau
- Dominik Reif, Innenausbau
- Andreas Rudolph, Holzbau und Ausbau
- Jonas Schneider, Innenausbau
- Adrian Schwarz, Innenausbau
- Johanna Seelhorst, Innenausbau
- Robert Spang, Holzbau und Ausbau
- Björn Stankowitz, Holzbau und Ausbau
- Anna Storm, Innenarchitektur
- Christian Syndicus, Holzbau und Ausbau
- Hans-Martin Tröbs, Innenausbau
- Philipp Trojandt, Informatik
- Martina Wagner, Wirtschaftsingenieurwesen
- Sebastian Wassermann, Innenausbau
- Barbara Wehle, Holztechnik
- Sascha Weidlich, Elektro- und Informationstechnik
- Sindy Wember, Innenausbau
- Roxana Wilytsch, Innenarchitektur

PROJEKTLEITUNG, STABSSTELLE FORSCHUNG UND ENTWICKLUNG

- Marcus Wehner, M. Eng. Dipl.-Ing. (FH)
- Jan-Peter Hinrichs, Dipl. Ing. (FH)

PROJEKTMITARBEITER UND UNTERSTÜTZENDE PROFESSOREN

Prof. Dr. Gerd Beneken, Prof. Andreas Betz,
Prof. Werner Braatz, Jürgen Buchner, Regine Falk,
Prof. Dr. Franz Feldmeier, Prof. Ulrike Förschler,
Prof. Dr. Harald Krause, Prof. Dr. Michael Krödel,
Martin Lepschy, Dipl.-Ing. (FH) Rainer Mühlberger,
Prof. Dr. Dirk Muscat, Prof. Dr. Peter Niedermeier,
Prof. Dr. Jochen Pfau, Prof. Franz Robold,
Prof. Dr. Karl-Heinz Stier, Martin Unverdorben,
Prof. Mathias Wambsganß

HOCHSCHULLEITUNG

- Prof. Heinrich Köster, Präsident
- Regierungsdirektor Oliver Heller, Kanzler
- Prof. Mathias Wambsganß, Vizepräsident für Forschung & Entwicklung
- Prof. Dr. Stefanie Winter, Vizepräsidentin für Lehre & Studium

SCHIRMHERRSCHAFT

Der Rosenheimer Beitrag zum Solar Decathlon Europe 2010 steht unter der Schirmherrschaft des bayerischen Staats-

**TEAMPROFIL
ROSENHEIM**

ministers für Wissenschaft, Forschung und Kunst Dr. Wolfgang Heubisch.

PROJEKTSPONSOREN

WISSENSCHAFTLICHE PARTNER
- Fraunhofer Bau, München; www.ibp.fraunhofer.de
- Institut für Fenstertechnik e. V., Rosenheim; www.ift-rosenheim.de
- LEGEP Software GmbH, Karlsfeld; www.legep.de
- ZAE Bayern e. V., Würzburg; www.zae-bayern.de

FÖRDERER
- Manfred Lang und Peter Schließmann, Tour Extrem Training & Event GmbH, Seligenstadt; www.tourextrem.de
- Renate Döbrich, Fachreferentin für Gesundheitstraining, Rosenheim; www.hochschulgemeinde.de
- Karl Heinz Lehner und Michael Schlierbach; katholische und evangelische Hochschulgemeinde, Rosenheim; www.hochschulgemeinde.de
- Holger Zimmermann, Horb a. N.; www.projektmensch.com

SPONSOREN
- Adolf Würth GmbH & Co. KG, Raubling; www.wuerth.de
- Autodesk GmbH, München; www.autodesk.com
- Alpine Space, München; www.alpine-space.eu
- B&O Wohnungswirtschaft GmbH + Co. KG, München; www.bo-wohnungswirtschaft.de
- Bayerischer Blinden- und Sehbehindertenbund e.V., München; www.bbsb.org
- Biesel GmbH, Neubeuern; www.biesel.com
- Bundesministerium für Wirtschaft und Technologie, Bonn; www.bmwi.de
- Bundespolizeiinspektion Rosenheim, Rosenheim; www.bundespolizei.de
- CAT Production, München; www.cat-production.com
- ClimaDomo Heiz- und Kühlsysteme GmbH, Kölleda; www.climadomo.de
- Compacfoam GmbH, A-Wien; www.compacfoam.at
- Dachser GmbH & Co. KG, Hamburg; www.dachser.com
- Designpanel elements for innovative architecture GmbH, Nürnberg; www.designpanel.de
- Egger Holzwerkstoffe Wismar GmbH & Co. KG, Wismar; www.egger.com
- Elektrotechnik Forstner GmbH & Co. KG, Söchtenau; www.elektrotechnik-forstner.de
- Emco Bau- und Klimatechnik GmbH & Co. KG, Lingen; www.emco.de/klima
- Enerbuild, A-Alberschwende; www.enerbuild.eu
- Ernst Schweizer AG – MEKO, Marbach; www.meko.ch
- Ernst Schweizer AG – Metallbau, Marbach/Neckar; www.meko.ch
- Ernst Schweizer AG – Metallbau, CH-Hedingen; www.schweizer-metallbau.ch
- Felix Lechner und Sohn GmbH & Co. KG, Achenmühle; www.holzmarkt-lechner.de
- Finnforest Merk GmbH, Aichach; www.finnforest.de
- Franke Küchentechnik AG, CH-Aarburg; www.eisinger-swiss.com
- FunderMax GmbH, A-St. Veit/Glan; www.fundermax.at
- Gabor Landschafts- und Gartenbau, Rosenheim
- Geberit Vertriebs GmbH, Pfullendorf; www.geberit.de
- Georg Linnhuber GmbH, Rosenheim; www.linnhuber.de
- Glas Trösch GmbH, Nördlingen; www.sanco.de
- Grossmann Bau GmbH & Co. KG, Rosenheim; www.grossmann-bau.de
- GURA Fördertechnik GmbH, Lindlar; www.gura.de
- Häfele GmbH & Co. KG, Nagold; www.haefele.com
- Hager Vertriebsgesellschaft mbH & Co. KG, Blieskastel; www.hager.de
- Hamberger Industriewerke GmbH, Rosenheim; www.hamberger.de
- Hans Schröder Maschinenbau GmbH, Wessobrunn-Forst; www.schroeder-maschinenbau.de
- Hansgrohe AG, Schiltach; www.hansgrohe.de
- Hartmann asytec GmbH & Co. KG, Löhne; www.belitec.de
- HEWI Heinrich Wilke GmbH, Bad Arolsen; www.hewi.de
- Höhne & Mischke GmbH & Co. KG, Spenge; www.fhb.de
- Huber & Sohn GmbH & Co. KG, Eiselfing; ww.huber-sohn.de
- ICONAG-Leittechnik GmbH, Hoppstädten Weiersbach; www.iconag.de
- igus Gleitlagerbüro Bayern Süd-Ost, Rosenheim; www.igus.de
- igus GmbH, Köln; www.igus.de
- Incotec GmbH, Altdorf; www.incotec-gmbh.de
- Inn Glasbau GmbH, Stephanskirchen; www.innglasbau.de
- Isocut GbR, Bremen; www.isocut.de
- Jansen Datentechnik GmbH, Babensham; www.jansen-datentechnik.com
- Karl Günther GmbH & Co. KG, Glatten; www.karlguenther.de
- kmt ingenieure, Rosenheim; www.kmt-ingenieure.de
- KNAPP GmbH, A-Amstetten; www.knapp-verbinder.com
- KNAUF Gips KG, Iphofen; www.knauf.de
- KNX Association cvba, B-Diegem (Brüssel); www.knx.org
- Leuco Gmbh & Co. KG, Horb a. N.; www.leuco.de
- lightweight solutions GmbH, Bad Aibling; www.lightweightsolutions.de
- Lindner Fassaden AG, Arnsdorf; www.lindner-group.com
- Makita Werkzeug GmbH, Duisburg; www.makita.de
- Mediacraft GmbH, Frankfurt-Rödelheim; www.mediacraft.de
- Messe München GmbH, München; www.bau-muenchen.com
- NETxAutomation Software GmbH, A-Wels; www.netxautomation.com
- Nimbus Group, Stuttgart; www.nimbus-design.com
- NZR (Nordwestdt. Zählerrevision Ing. Aug. Knemeyer GmbH & Co. KG), Bad Laer; www.nzr.de
- Oskar Widmer GmbH, Heppenheim; www.oskar-widmer.de
- Pauli & Sohn, Waldbröl; www.pauli.de
- PEWO Energietechnik GmbH, Elsterheide; www.pewo.com
- Pfleiderer AG, Neumarkt; www.pfleiderer.com
- Prof. Dr.-Ing. Leander A. Bathon Ö. b. u. v. Sachverständiger Prüfingenieur für Baustatik, Frankfurt/Main; www.hbv-systeme.de
- Robert Bosch Hausgeräte GmbH, München; www.bosch-home.com
- Rotronic Messgeräte GmbH, Nürnberg; www.rotronic.de
- Saint-Gobain Building Distribution Deutschland GmbH, Raab Karcher Baustoffe, NL Rosenheim, Rosenheim; www.raabkarcher.de
- Saint-Gobain Rigips GmbH, Düsseldorf; www.rigips.de
- Samsung electronics GmbH, Schwalbach; www.samsung.de
- Schattdecor AG, Thansau; www.schattdecor.de
- Segmüller Hans, Polstermöbelfabrik GmbH & Co. KG, Friedberg; www.segmueller.de
- SGL Carbon Group, Meitingen; www.sglgroup.com
- Siemens AG, München; www.sbt.siemens.com
- SMA Solar Technology AG, Niestetal; www.sma.de
- Sparkassenstiftung Zukunft für den Landkreis Rosenheim, Rosenheim; www.sparkassenstiftung-zukunft.de
- Sparkassenstiftung Zukunft für die Stadt Rosenheim, Rosenheim; www.sparkassenstiftung-zukunft.de
- Staatliche Berufsschule Bad Aibling, Bad Aibling; www.bsaib.berufsschulen-landkreis-rosenheim.de
- Stabilus GmbH, Koblenz; www.stabilus.de
- STEICO Aktiengesellschaft, Feldkirchen; www.steico.de
- STORA ENSO TIMBER Bad St. Leonhard GmbH, Bad St. Leonhard; www.storaenso.com/timber
- SunPower GmbH, Frankfurt/Main; www.sunpowercorp.de
- Thermopal GmbH, Leutkirch; www.thermopal.com
- TiComTec GmbH, Haibach; www.hbv-systeme.de
- Tour Extrem Training & Event GmbH, Seligenstadt; www.tourextrem.de
- Valentin Energiesoftware GmbH, Berlin; www.valentin.de
- VARIOTEC GmbH & Co. KG, Neumarkt; www.variotec.de
- Verein zur Förderung der Blindenbildung, Hannover; www.vzfb.de
- Wago Kontakttechnik GmbH & Co. KG, Krailling; www.wago.com
- Walküre Porzellanfabrik, Bayreuth; www.walkuere.de
- WAREMA Renkhoff SE, Marktheidenfeld; www.warema.de
- WE-EF Leuchten GmbH & Co. KG, Bispingen; www.we-ef.com
- Willi Horner Dachdeckerei GmbH, Rosenheim; www.willi-horner.de
- WMF AG, Geislingen; www.wmf.de
- Xella Trockenbau-Systeme GmbH, Olching; www.xella.de
- Zehnder GmbH, Lahr; www.zehnder-systems.de

STUDENTISCHES TEAM

PLANUNG UND REALISIERUNG (GESAMT)
- Michael Bauz, Architektur (Master)
  Tragwerksplanung und Messeorganisation
- Dalet Bodan, Architektur (Master)
  Öffentlichkeitsarbeit
- Simon Büttgenbach, Bauphysik (Bachelor)
  Konstruktion PV/T, Gebäudesteuerung
- Saskia Bulut, Architektur (Master)
  Konstruktion Fassade
- Maximilian Martin, Sustainable Energy Competence
  (Master), Nachhaltigkeitskonzept
- Nalan Okumus, Architektur (Master)
  Kostenplanung
- Nansi Palla, Architektur (Master)
  Energiekonzept, Energietechnik, Konstruktion
- Claudia Röttinger, Architektur (Master)
  Konstruktion, Montage, Logistik, Bauleitung
- Jens Rosenauer, Architektur (Master)
  Konstruktion PCM-Kühldecke
- Sebastian Schmidt, Architektur (Master)
  Tragwerksplanung, Koordination
- Thilo Sprenger, Architektur (Master)
  Energiekonzept, Baustellensicherheit
- Sonya Untch, Architektur (Master)
  Innenraumkonzept, Lichtkonzept, Marktfähigkeit
- Daniel Walter, Architektur (Master)
  Planung und Koordination
- Matthias Wurst, Architektur (Master)

PLANUNG UND REALISIERUNG (EINZELTHEMEN)
- Elena Bagaeva, Architektur (Master)
  Webdesign und -programmierung, PR
- Mark Fandrich, Infrastrukturmanagement (Bachelor)
  Baustellensicherheit
- Christiane Feil, Infrastrukturmanagement (Bachelor)
  Baustellensicherheit
- Simone Idler, Sustainable Energy Competence (Master)
  Lichtkonzept, Lichtsimulation
- Alen Lorenz, Architektur (Bachelor)
  Film/Animation
- Micha Schneider, Bauphysik (Bachelor)
  Energieturmauslegung und -simulation

BAU
- Ante Bosnjak, Architektur (Bachelor)
- Jonas Frammelsberger, Architektur (Bachelor)
- Jasmin Janiak, Architektur (Bachelor)
- Pierre Keller, Architektur (Bachelor)
- Matthias Klempp, Architektur (Bachelor)
- Matthias Kraiss, Architektur (Bachelor)
- Flavius Panican, Architektur (Bachelor)
- Franziska Schall, Architektur (Bachelor)

- Heiko Scheller, Architektur (Bachelor)
- Andreas Schmid, Architektur (Bachelor)
- Tim Schmitt, Architektur (Bachelor)
- Kerstin Sieber, Architektur (Bachelor)
- Winfried Speth, Architektur (Bachelor)
- Christina Steil, Architektur (Bachelor)
- Florian Steinlechner, Architektur (Bachelor)

PROJEKTLEITUNG

- Jan Cremers, Prof. Dr.-Ing. Architekt
  Fachgebiet Gebäudetechnologie und Integrierte
  Architektur, Gesamtprojektleitung
- Sebastian Fiedler, Dipl.-Ing. Architekt
  Projektmanagement

PROJEKTMITARBEIT

- Jürgen Aldinger, Dipl.-Ing. (FH); Möbelbau
- Silvio Barta, Dipl.-Ing.; Übersetzungen, Webdesign
- Siegfried Baumgartner, Dipl.-Ing. (FH);
  Gebäudesteuerung, PV, Electrical Engineer
- Romano Bianchi; Schreinermeister
- Markus Binder, Dipl.-Ing.;
  Bauphysik, Energietechnik
- Antoine Dalibard, Dipl.-Ing.;
  Energieversorgung, -technik und -simulationen
- Andreas Drechsler, Dipl.-Ing. (FH);
  Raumakustik und Schallschutz
- Ole Fach, M. A.; Co-Bauleitung Ulm, Stuttgart, Madrid
- Heiner Gußmann; Schreinermeister
- Dominik Hahne, M. A. Architekt;
  Co-Bauleitung Ulm, Stuttgart
- Ulrich Handfest; Fundraising
- Heiner Hartmann, Prof. Dr.-Ing.;
  Tragwerksplanung
- Christiane Kloss, Dipl.-Ing. (FH); Fundraising
- Annette Kunz-Engesser, M. Eng. Dipl.-Ing. (FH)
  Architektin; Kosten- und Terminplanung
- Dennis Mattner; Co-Bauleitung Stuttgart, Madrid
- Domenico Robertazzi; Werkstattmeister
- Phillip Spoun; Werkstattmeister
- Albert Stöcker, Dipl.-Ing. (FH) Architekt;
  Bauleitung Ulm, Stuttgart, Madrid

AUSSERDEM WAREN UNTERSTÜTZEND UND
BERATEND TÄTIG:
Prof. Dr. Andreas Beck, Prof. Volkmar Bleicher,
Prof. Dr. Ursula Eicker, Prof. Rainer Franke,
Prof. Klaus-Peter Goebel, Prof. Eberhard Holder,
Prof. Christine Kappei, Prof. Andreas Löffler,
Prof. Harald Roser, Prof. Tobias Wulf, Prof. Diane Ziegler,
Prof. Stefan Zimmermann,
Zentrum für Angewandte Forschung an Fachhochschulen –
Nachhaltige Gebäudetechnik (zafh.net)

TEAMPROFIL
STUTTGART

SCHIRMHERRSCHAFT

Der Beitrag der Hochschule für Technik Stuttgart zum Solar Decathlon Europe 2010 steht unter der Schirmherrschaft des Ministerpräsidenten des Landes Baden-Württemberg und des Oberbürgermeisters der Landeshauptstadt Stuttgart.

PROJEKTSPONSOREN

PLATIN
- MBM Konstruktionen GmbH, Möckmühl
  www.mbm-konstruktionen.de
- Müllerblaustein Holzbau GmbH, Blaustein
  www.muellerblaustein.de

GOLD
- EnBW Vertrieb GmbH, Stuttgart;
  www.enbw.com
- Energate – Ludwig Häußler GmbH, Speyer;
  www.energate.com
- Ertex Solartechnik GmbH, A-Amstetten;
  www.ertex-solar.at
- Häussermann GmbH & Co. KG, Sulzbach/Murr;
  www.haeussermann.de
- Sunways AG, Konstanz;
  www.sunways.eu
- Transsolar Energietechnik GmbH, Stuttgart;
  www.transsolar.com
- Va-Q-Tec AG, Würzburg;
  www.va-q-tec.com

SILBER
- Albrecht Jung GmbH & Co. KG, Schalksmühle;
  www.jung.de
- Augusta-Solar GmbH, Augsburg;
  www.augusta-solar.de
- Baumgartner GmbH, Kippenheim;
  www.baumgartner-gmbh.de
- Baur Vliesstoffe GmbH, Dinkelsbühl;
  www.baur-vliesstoffe.de
- Beckhoff Automation GmbH, Verl;
  www.beckhoff.de
- BGT Bischoff Glastechnik AG, Bretten;
  www.bgt-bretten.de
- Evonik Degussa GmbH, Frankfurt/Main;
  www.evonik.com
- Glasbau Hahn GmbH, Frankfurt/Main;
  www.glasbau-hahn.de
- Hübler Sicherheit und Service GmbH, Murrhardt;
  www.huebler-sicherheit.de
- Imtech Deutschland GmbH & Co. KG, Stuttgart;
  www.imtech.de
- Ingenieurbüro Dr. Siebert, München;

www.ing-siebert.de
- Interpane Glas Industrie AG, Lauenförde;
  www.interpane.com
- Laux, Kaiser + Partner Ingenieurgesellschaft mbH, Stuttgart; www.laux-kaiser-partner.de
- Leonhard Weiss GmbH & Co. KG, Göppingen;
  www.leonhard-weiss.de
- Nemetschek Deutschland GmbH, München;
  www.nemetschek.de
- Pauli & Sohn GmbH, Morsbach;
  www.pauli.de
- PE International GmbH, Leinfelden-Echterdingen;
  www.pe-international.com
- Polybloc AG, CH-Winterthur;
  www.polybloc.ch
- Raible + Partner GmbH & Co. KG, Reutlingen;
  www.raible.de
- Richter lighting technologies GmbH, Heubach;
  www.richter-lt.de
- Schwämmle GmbH & Co. KG, Aspach;
  www.schwaemmle-gmbh.de
- Sika Deutschland GmbH, Stuttgart;
  www.sika.com
- Thermokon Sensortechnik GmbH, Mittenaar;
  www.thermokon.de
- Zent-Frenger Gesellschaft für Gebäudetechnik mbH, Heppenheim; www.zent-frenger.de
- Zumtobel Licht GmbH, Stuttgart;
  www.zumtobel.de

BRONZE
- Danfoss GmbH, Offenbach/Main;
  www.danfoss.de
- Dörken MKS-Systeme GmbH & Co. KG, Herdecke/Ruhr;
  www.doerken-mks.com
- Hopf Kunststofftechnik GmbH, Bessigheim-Ottmarsheim; www.hopf-kt.de
- Interglas Technologies GmbH, Erbach;
  www.pd-interglas-technologies-ag.de
- Keramag AG, Ratingen;
  www.keramag.de
- Liebherr-International Deutschland GmbH, Biberach/Riss;
  www.liebherr.com
- Linzmeier Bauelemente GmbH, Riedlingen;
  www.linzmeier.de
- Rotex Heating Systems GmbH, Güglingen;
  www.rotex.de
- Silvertex GmbH, Hoppegarten;
  www.silvertex.de

STIFTUNGEN, SPENDER UND UNTERSTÜTZER

- Margarete Müller-Bull Stiftung, Stuttgart;
  www.mmb-stiftung.de

- Knödler-Decker Stiftung, Stuttgart;
  www.knoedler-decker-stiftung.de
- Freunde der Hochschule für Technik e.V., Stuttgart;
  www.hft-stuttgart.de
- AStA/Allgemeiner Studierendenausschuss, Stuttgart;
  www.hft-stuttgart.de
- Architektenkammer Baden-Württemberg, Stuttgart;
  www.akbw.de
- Bau- und Heimstättenverein, Stuttgart;
  www.bauundheim.de
- Deutsche Bank AG, Mitarbeiterprojekt, Stuttgart;
  www.deutsche-bank.de
- Festool GmbH, Wendlingen am Neckar;
  www.festool.de
- Franz Schneider Brakel GmbH + Co. KG, Brakel;
  www.fsb.de
- Graf Hören und Sehen e. K., Stuttgart;
  www.graf-hifi.de
- Hermann Otto GmbH, Fridolfing;
  www.otto-chemie.de
- Hermann Paule GmbH & Co. KG, Stuttgart;
  www.hermann-paule.de
- HG Berufsbekleidung Lochmann GmbH, Stuttgart;
  www.hg-berufsbekleidung.de
- Messe Essen GmbH, Essen;
  www.messe-essen.de
- Messe Berlin GmbH, Berlin;
  www.messe-berlin.de
- MEWA Textil-Service AG & Co. Management OHG, Wiesbaden; www.mewa.de
- Miele & Cie. KG, Gütersloh;
  www.miele.de
- Palm, Andrea, München;
  www.andrea-palm.com
- Paul Serafini GmbH & Co. KG, Iserlohn;
  www.serafini.de
- Simpson Strong-Tie GmbH, Frankfurt/Main;
  www.strongtie.de
- Speisemeisterei GmbH, Stuttgart;
  www.speisemeisterei.de
- Staatsweingut Weinsberg, Weinsberg;
  www.sw-weinsberg.de
- Steico AG, Feldkirchen;
  www.steico.de
- Steng Licht AG, Stuttgart;
  www.steng.de
- TeamWerk Filmproduktion GmbH, Stuttgart;
  www.team-werk.de
- Wacker Ingenieure, Birkenfeld;
  www.wacker-ingenieure.de
- Warema Renkhoff SE, Marktheidenfeld;
  www.warema.de

STUDENTISCHES TEAM

KERNTEAM: PLANUNG, REALISIERUNG UND
WETTBEWERB
- Cristina Amaral, Architektur (Master): Entwurf, Ausführungsplanung Fassade, Kommunikation, Sponsoring, Bau und Wettbewerb
- Simon Arbach, Maschinenbau (RWTH Aachen): Gebäudesteuerung, Monitoring, Bau und Wettbewerb
- Dominik Bamberger, Bauingenieurwesen: Baumanagement, Logistik, Bau und Wettbewerb
- Sarah Baust, B. Sc. Architektur: Ausführungsplanung, Konstruktion, Bau und Wettbewerb
- Rebecca Bechem, Architektur (Master): Bauklimatik und Energie, Ausführungsplanung Vorhang und Fassade, Bau und Wettbewerb
- Jörn Gertenbach, Architektur (Bachelor): Ausführungsplanung Innenraum, Bau und Wettbewerb
- Dennis Hagen, Architektur (Master): Bauklimatik und Energie, Kommunikation, Bau und Wettbewerb
- Armin Kartal, Architektur (Bachelor): Entwurf, Ausführungsplanung, Bau und Wettbewerb
- Birgit Kasten, Bauingenieurwesen: Baustellensicherheit, Bau und Wettbewerb
- Oliver Kling, Architektur (Bachelor): Ausführungsplanung, Bau und Wettbewerb
- Seyfullah Köse, Mediendesign: Kommunikation, Layout, Film, Wettbewerb
- Miriana Kostova, Architektur (Bachelor): Ausführungsplanung Innenraum, Akquise, Bau und Wettbewerb
- Damian Kwoczala, Architektur (Bachelor): Modellbau, Bau und Wettbewerb
- Jan Liffers, Architektur (Bachelor): Ausführungsplanung Innenraum, Bau und Wettbewerb
- Julius Otto, Architektur (Master): Bauklimatik und Energie, Lichtplanung, Bau und Wettbewerb
- Melina Schulz, Architektur (Master): Bauklimatik und Energie, Lebenszyklusanalyse, Bau und Wettbewerb
- Daniela Steinhaus, Architektur (Master): Bauklimatik und Energie, Bau und Wettbewerb
- Bettina Titz, Architektur (Master): Entwurf, Ausführungsplanung, Bauklimatik und Energie, Küchenplanung, Bau und Wettbewerb
- Bernd Wroblewski, Architektur (Master): Entwurf, Ausführungsplanung, Bau und Wettbewerb

MITARBEIT EINZELBEREICHE
- Anna Bamberger, Theologie: Verpflegung Wettbewerb
- Daniel Bechem, Wirtschaftswissenschaften: Bau
- Ariane Dehghan, M. Sc. Architektur: Ausführungsplanung, Wettbewerb
- Carolin Herrmann, Kommunikationsdesign: Ausstellungskonzept und Wettbewerb
- Robin Höke, Kommunikationsdesign: Ausstellungskonzept und Wettbewerb
- Philipp Kompch, Architektur: Visualisierung
- Daniela Nählen, Kommunikationsdesign: Ausstellungskonzept und Wettbewerb
- Gordan Stanic, Bauingenieurwesen: Vermessung und Bau
- Rebecca Sehy, Wirtschaftswissenschaften: Öffentlichkeitsarbeit
- Sebastian Stenzel, Bauingenieurwesen: Vermessung und Bau
- Florian Siegmund, Wirtschaftswissenschaften: Organisation
- Max Schilling, Bauingenieurwesen: Küchenplanung, Bau und Wettbewerb
- Kathrin Poethke, Wirtschaftswissenschaften: Marktfähigkeitskonzept, Bau und Wettbewerb
- Benedikt Völkel, B. Sc. Architektur: Visualisierung, Film/Animation
- Arno von Weidenfeld, Bauingenieurwesen: Logistik, Bau und Wettbewerb
- Tiana Wiebusch, Wirtschaftswissenschaften: Öffentlichkeitsarbeit
- Anja Wolking, Wirtschaftswissenschaften: Organisation

PROJEKTLEITUNG

Bergische Universität Wuppertal, Fachbereich Architektur
Lehrstuhl für Baukonstruktion, Entwerfen und Baustoffkunde
- Anett-Maud Joppien, Prof. Dipl.-Ing. M. Arch.
- Martin Hochrein, Dipl.-Ing.
Lehrstuhl für Bauphysik und Technische Gebäudeausrüstung
- Karsten Voss, Prof. Dr.-Ing.
- Soara Bernard, M. Sc. Dipl.-Ing.

PROJEKTMITARBEIT

- Ruth Knoth, Dipl.-Ing. (FH) Architektin: Planung und Bauüberwachung
- Manuel Loesaus, M. Sc. Dipl.-Ing. Architekt: Planung und Bauüberwachung
- Cecilia Torres Rodríguez, Dipl.-Ing.: PR und Kommunikation
- Hedwig Wiedemann-Tokarz, Dipl.-Ing. Architektin: Planung und Projektmanagement
- Oliver Hans, M. Sc. Dipl.-Ing.: Unterstützung Bau
- Eike Musall, M. Sc.: Unterstützung Bau

KOOPERATION

- Fachbereich Wirtschaftswissenschaft – Schumpeter School of Business and Economics
Lehrstuhl für Unternehmensgründung und Wirtschaftsentwicklung
Christiane Blank, MBA; Holger Berg, Dipl.-Ök.
- Fraunhofer ISE, Freiburg
Georg Bopp, Dipl.-Ing.; Jens Pfafferott, Dr.-Ing.; Simon Schwunk, Dipl.-Ing.; Tobias Zitzmann, Dr.-Ing.

**TEAMPROFIL
WUPPERTAL**

SCHIRMHERRSCHAFT

Der Wuppertaler Beitrag zum Solar Decathlon Europe 2010 steht unter der Schirmherrschaft des Ministerpräsidenten des Landes Nordrhein-Westfalen, des Oberbürgermeisters der Stadt Wuppertal und des Kanzlers der Bergischen Universität.

PROJEKTSPONSOREN

FÖRDERUNG ÖFFENTLICHE HAND
- Ministerium für Innovation, Wissenschaft und Forschung des Landes Nordrhein-Westfalen
- Bergische Universität Wuppertal

FINANZIERUNG WIRTSCHAFT
- Barmenia Versicherungen, Wuppertal; www.barmenia.de
- bauserve GmbH, Frankfurt/Main; www.bauserve.com
- Bilfinger Berger Hochbau GmbH Building Technology Centre, Frankfurt/Main; www.bilfinger.de
- GDF SUEZ Energie Deutschland AG, Berlin; www.gdfsuez-energie.de
- Stadtsparkasse Wuppertal; www.sparkasse-wuppertal.de
- VHV Allgemeine Versicherung AG, Hannover; www.vhv.de
- WSW Wuppertaler Stadtwerke; www.wsw-online.de
- Viessmann Werke GmbH & Co. KG, Allendorf (Eder); www.viessmann.de

UNTERSTÜTZUNG WIRTSCHAFT
GOLD
- Arnold AG, Frankfurt/Main (Metallbau); www.arnold.de
- bauserve GmbH, Frankfurt/Main (Logistik); www.bauserve.com
- Imtech Deutschland GmbH & Co. KG, Niederlassung Bremen (Gebäudetechnik); www.imtech.de
- Nimbus Group, Stuttgart (Beleuchtung); www.nimbus-group.com
- ÖHS – Ökologischer Holzbau Sellstedt, Sellstedt-Schiffdorf (Holzbau); www.oehs.de
- Engineering Park Wuppertal GmbH, Wuppertal (Grundstück); www.ep-wuppertal.de

SILBER
- AEG, Dormagen (Haushaltsgeräte); www.aeg.de
- Bilfinger Berger Hochbau GmbH, Essen (Logistik); www.bilfinger.de
- Bilfinger Berger Building Technology Center, Frankfurt/Main (Logistik); www.bilfinger.de
- Dachser GmbH & Co. KG, Frankfurt/Main und Hamburg (Logistik und Transport); www.dachser.com
- Dornbracht GmbH & Co. KG, Iserlohn (Armaturen); www.dornbracht.com
- Ewald Dörken AG, Herdecke (PCM, Fassadenbahn); www.doerken.de

- Firstwood GmbH, Premnitz (Thermowood); www.firstwood.de
- GIRA, Radevormwald (Gebäudeautomation, Schalter); www.gira.de
- Hettich Holding GmbH & Co. oHG, Kirchlengern (Küche, Beschläge); www.hettich.com
- Kondor Wessels West GmbH, Wuppertal (Grundstück, Fundamentierung); www.kondorwessels.de
- Konvortec GmbH & Co. KG, Schermbeck (Fassaden-befestigung); www.konvortec.de
- Microtherm GmbH (Vakuumdämmung); www.microthermgroup.com
- Pazen Fenster + Technik GmbH, Zeltingen-Rachtig (Entwicklung Fenster); www.enersign.com
- Revox GmbH, Regensdorf (Musikanlage); www.revox.de
- Rieder Faserbeton-Elemente GmbH, Kolbermoor (Glasfaserbeton); www.rieder.cc
- Sattler GmbH, A-Graz (Textilgewebe); www.sattler-ag.com
- SMA Solar Technology AG, Niestetal (Wechselrichter); www.sma.de
- SolarWorld AG, Bonn (Photovoltaik); www.solarworld.de
- Viessmann Werke GmbH & Co. KG, Allendorf (Eder) (Lüftungskompaktgerät, Solarkollektoren); www.viessmann.de
- Und Krauss GmbH, Berlin (Trockenbau); www.undkrauss.com
- VHV GmbH, Hannover (Bauversicherung); www.vhv.de
- Zibell Willner & Partner, Köln (Planung TGA); www.zwp.de

BRONZE
- ASA Selection, Höhr-Grenzhausen (Dekoration); www.asa-selection.com
- Ingenieurbüro Reinhard Beck GmbH & Co. KG, Wuppertal (Bauantrag); www.ibbeck.de
- Josef Bindrum & Sohn GmbH, Hammelburg (Logistik); www.bindrum.com
- Bodensteckdosen Systemtechnik, Bielefeld (Boden-steckdosen); www.bodensteckdosen.com
- Casla, Madrid (Pflanzen); www.centro-jardineria.es
- Carl Stahl, Süßen (Stahlteile); www.carlstahl.de
- Egger Holzwerkstoffe GmbH, Wismar (Holzwerkstoffe); www.egger.com
- Fissler GmbH, Idar-Oberstein (Kochgeschirr); www.fissler.de
- Gardena GmbH, Ulm (Gartengeräte); www.gardena.com
- GEOPLAN Vermessungsbüro GmbH, Wuppertal (Vermessung); www.geoplan.de
- Hasenkopf Holz + Kunststoff GmbH & Co KG, Mehring (Küche); www.hasenkopf.de
- HOPPECKE Batterien GmbH & Co. KG, Brilon (Batteriepufferung); www.hoppecke.de
- Horatec GmbH, Hövelhof (Plattenzuschnitt); www.horatec.de
- Feuerschutz-Jockel GmbH & Co. KG, Remscheid (Feuerlöscher); www.jockel.de
- Kahla/Thüringen Porzellan GmbH (Dekoration), Kahla;

www.kahlaporzellan.com
- Klingenburg GmbH, Gladbeck (adiabate Kühlung, Wärmetauscher); www.klingenburg.de
- Knapp GmbH, A-Amstetten (Verbinder); www.knapp-verbinder.com
- Kvadrat GmbH (Dekoration), Bad Homburg
- LASTRO Technische Systeme GmbH, Wuppertal (Schienensystem Vorhang); www.lastro.de
- Less'n'more GmbH, Pulheim (Leuchten); www.less-n-more.com
- luna.lichtarchitektur, Karlsruhe (Lichtplanung); www.lunalicht.de
- Mono, Seibel Designpartner GmbH, Mettmann (Dekoration); www.mono.de
- Morhenne & Partner GbR, Büro für umweltverträgliche Energiesysteme, Wuppertal (Bauantrag); www.ib-morhenne.de
- Möve Frottana Textil GmbH & Co. KG, Großschönau (Dekoration); www.moeve.de
- Musculus GmbH & Co., Bergisch Gladbach (Anfertigung Vorhang); www.musculus.de
- Riessbeck Möbel (Beratung Innenausbau); www.riessbeck-moebel.de
- Rödelbronn GmbH, Mönchengladbach (Markise); www.varisol.de
- Saint-Gobain Isover G+H AG, Aachen (Dämmung); www.isover.de
- Dipl.-Ing. Klaus-D. Schönau, Cuxhaven (Statik)
- Sensus Metering Services GmbH (Messtechnik); www.sensus.com
- Gerüstbau Schimmer GmbH, Darmstadt (Gerüst); www.schimmer-gmbh.de
- TECE GmbH, Emsdetten (Spülkasten, Armatur); www.tece.de
- TENTE-ROLLEN GmbH, Wermelskirchen (Rollen); www.tente.de
- Transparent Design Management GmbH, Frankfurt/Main (Beratung Design); www.transparentdesign.de
- TRITEC International AG, CH-Allschwil/Basel (Messtechnik); www.tritec-energy.com
- Tischlerei Stefan Trost, Wildau (Tischlerarbeiten); www.tischlereitrost.de
- TSB Ingenieurgesellschaft mbH, Darmstadt (Statik Fundamentierung); www.tsb-ing.de
- Werner Sobek Frankfurt GmbH & Co. KG, Frankfurt/Main (statisch-konstruktive Beratung); www.wernersobek.de
- Wilo SE, Dortmund (Pumpen); www.wilo.de
- WSW Wuppertaler Stadtwerke (Infrastruktur Grund-stück); www.wsw-online.de
- Wupper-Küchen GmbH, Wuppertal (Haushaltsgräte); www.wupper-kuechen.de
- Zwiesel Kristallglas AG, Zwiesel (Gläser); www.schott-zwiesel.com
- Wirtschaftsförderung Wuppertal und Stadtentwicklung Wuppertal; www.wf-wuppertal.de/www.wuppertal.de

STUDENTISCHES TEAM

ORGANISATION UND KOMMUNIKATION
- Marcus Bui, Regenerative Energien (Master)
- Sebastian Dietz, Regenerative Energien (Master)
- Nora Exner, Regenerative Energien (Master)
- Christoph Hey, Architektur (Diplom)
- Martin Hofmann, Regenerative Energien (Master)
- Michael Krapf, Regenerative Energien (Master)
- Robert Quednau, Technisches Gebäudemanagement (Diplom)
- Michael Richter, Regenerative Energien (Diplom)
- Arlett Ruhtz, Betriebswirtschaftslehre (Bachelor)
- Matthias Schwärzle, Umwelttechnik / Regenerative Energien (Diplom)
- Simon Winiger, Regenerative Energien (Master)
- Linda Wortmann, Architektur (Master)

ARCHITEKTUR, GESTALTUNG UND STATIK
- Florentine Dreier, Architektur (Master)
- Christoph Hey, Architektur (Diplom)
- Anja Neupert, Architektur (Master)
- Stefan Panier, Architektur (Diplom)
- Rico Schubert, Architektur (Master)
- Linda Wortmann, Architektur (Master)

PUBLIC RELATIONS UND MEDIA
- Ulrike Amsel, Museumskunde (Bachelor)
- Martin Becker, Internationale Medieninformatik (Bachelor)
- Simon Durkard, Internationale Medieninformatik (Bachelor)
- Gisela Gross, Angewandte Literaturwissenschaft (Master)
- Anne Janssen, Psychologie (Diplom)
- Mirko Pretzer, Wirtschaftskommunikation (Bachelor)
- Christian Rohr, Wirtschaftskommunikation (Bachelor)
- Arlett Ruhtz, Betriebswirtschaftslehre (Bachelor)
- Matthias Schwärzle, Umwelttechnik / Regenerative Energien (Diplom)

FINANZEN UND SPONSORING
- Nora Exner, Regenerative Energien (Master)
- Michael Krapf, Regenerative Energien (Master)
- Mirko Pretzer, Wirtschaftskommunikation (Bachelor)
- Christian Rohr, Wirtschaftskommunikation (Bachelor)

ENERGIE UND TECHNIK
- Marcus Bui, Regenerative Energien (Master)
- Alex Carstens, Gebäudeenergie- und Informationstechnik (Bachelor)
- Manuel B. Dhom, Umwelttechnik (Diplom)
- Sebastian Dietz, Regenerative Energien (Master)
- Thomas Dittmann, Umwelttechnik/Regenerative Energien (Diplom)
- David Düver, Regenerative Energien (Master)
- Matthieu Ebert, Regenerative Energien (Master)

- Nora Exner, Regenerative Energien (Master)
- Maximilian Friese, Regenerative Energien (Master)
- Tim Großmann, Regenerative Energien (Master)
- Hagen Hartmann, Gebäudeenergie- und Informationstechnik (Bachelor)
- Martin Hofmann, Regenerative Energien (Master)
- Achim Kraft, Regenerative Energien (Master)
- Felix Laug, Regenerative Energien (Bachelor)
- Felix Leibe, Mechatronik (Diplom)
- Friedemann Leopold, Regenerative Energien (Bachelor)
- Maik Matthus, Gebäudeenergie- und Informationstechnik (Bachelor)
- Janis-Jeanne Merkel, Regenerative Energien (Master)
- Niklas Netzel, Regenerative Energien (Master)
- Henning Opitz, Umwelttechnik / Regenerative Energien (Diplom)
- Robert Quednau, Technisches Gebäudemanagement (Diplom)
- Michael Richter, Regenerative Energien (Diplom)
- Simon Sutter, Umwelttechnik / Regenerative Energien (Diplom)
- Christian Wagner, Regenerative Energien (Master)
- Simon Winiger, Regenerative Energien (Master)

FILMTEAM
- Benjamin Meenke, Audiovisuelle Medien
- Daisy Krüger, Audiovisuelle Medien
- Johannes Kaczmarczyk, Audiovisuelle Medien

PROJEKTMITARBEITER
- Dr. Ing. Susanne Rexroth
- Christian Hodgson

PROFESSOREN

- Dipl.-Ing. Frank Arnold, HTW Berlin
- Prof. Dr. habil. Petra Bittrich, HTW Berlin
- Prof. Dr.-Ing. Hannelore Damm, HTW Berlin
- Prof. Dr.-Ing. Christoph Gengnagel, UdK Berlin
- Prof. Dr.-Ing. Christoph Nytsch-Geusen, UdK Berlin
- Prof. Dr.-Ing. habil. Volker Quaschning, HTW Berlin
- Prof. Dr.-Ing. Friedrich Sick, HTW Berlin
- Prof. Dr. Jochen Twele, HTW Berlin

HOCHSCHULVERWALTUNG

- Anke Engel, HTW Berlin
- Heidemarie Brümmer, HTW Berlin

TATKRÄFTIG UNTERSTÜTZT VON:
Martin Heßler, Benjamin Hoeft, Ronald Schmidt, Taher Moayedi, Alessa Hansen, Christopher von Mallinchrodt, Julian Frewer, Lion Eckervogt, Veronika Findeisen, Benjamin Braun, Björn Böttger, Carsten Kühn, Jan Sprenger, Kai Saegebarth, Marcel Kilgenstein, Marcus Proske, Martin

TEAMPROFIL
BERLIN

Buchholz, Michael Kastner, Stephan Gast, Stephan Janzen, Thomas Kral, Alexander Graf, Norbert Schröder, Andreas Pacher, Roland Gumpoltsberger, Andrea Hirt, Anne Streich, Christoph Trojnar, Julia Henkel, Philipp Deider, Stefan Kube, Christiane Böhm, Daniel Finke, Robert Schulz, Sarah Kuss, Alexander Kluge, Janine Ficker, Nadja Stezycki, Sören Winkelmann, Julia Mügel, Sven Wiehl, Stefanie Geisendorf, Melanie Lambertz, Ulrike Meiereder, Jan Ritzmann, Tobias Ried, Matthias Nestler, Gregor Bern, Max Noack, Manuel Dhom, Trinidad Schäfer, Antonio Barrado-Franco, Thomas Kohb, Guido Hempel, Roman Berthold, Milan Djurdjevic, Carolina Kuzora, Sarah Broßeder, Filip Milojkovic, Carsten Köhler, Tim Schidlack, Oliver Osswald

PROJEKTSPONSOREN

- Adolf Thies GmbH & Co. KG, Göttingen; www.thiesclima.com
- AIB Kunstmann GmbH, Tussenhausen; www.aib-kunstmann.de
- Ammonit Gesellschaft für Messtechnik mbH, Berlin; www.ammonit.com
- AMS Arneburger Maschinen- und Stahlbau GmbH, Arneburg; www.ams-arneburg.de
- Autodesk GmbH, München; www.autodesk.de
- BAE Batterien GmbH, Berlin; www.bae.de
- BASF SE – Micronal®, Ludwigshafen; www.micronal.de
- Beckhoff Automation GmbH, Office Berlin; www.beckhoff.de
- BELIMO Stellantriebe Vertriebs GmbH, Stuttgart; www.belimo.de
- Berliner Schrauben GmbH & Co KG, Berlin; www.berlinerschrauben.de
- Bindfadenhaus en gros Gustav Scharnau GmbH, Werneuchen; www.scharnau.de
- Julius Blum GmbH, A-Höchst; www.blum.com
- boeba aluminium Montagen- und Aluminium-Bau GmbH, Berlin; www.boeba.de
- Brand Ladenbau GmbH, Longuich; www.brand-ladenbau.de
- Clina Heiz- und Kühlelemente GmbH, Berlin; www.clina.de
- Colt International GmbH, Kleve; www.colt-info.de
- Création Baumann GmbH, Dietzenbach; www.creationbaumann.com
- Dr. Valentin EnergieSoftware GmbH, Berlin; www.valentin.de
- Duravit AG, Hornberg; www.duravit.de
- empure – emotional multimedia & system technologies, Berlin; www.empure.de
- Enervent Oy Ab; www.enervent.fi
- Evonik Röhm GmbH, Darmstadt; www.plexiglas.de
- Fischerwerke GmbH & Co KG, Waldachtal www.fischerwerke.de
- Geberit Vertriebs GmbH, Pfullendorf; www.geberit.de
- Gebrüder Wortmann GmbH, Duisburg;

www.wortmann-gmbh.de
- GFBM e.V. Gesellschaft für berufsbildende Maßnahmen e.V., Berlin; www.gfbm.de
- Gira Giersiepen GmbH & Co. KG, Radevormwald; www.gira.de
- GRUNDFOS GMBH, Erkrath; www.grundfos.de
- Haacke & Haacke GmbH & Co. KG, Neu Plötzin; www.haacke-haus.de
- Hansgrohe Deutschland Vertriebs GmbH, Schiltach; www.hansgrohe.de
- HEWI Heinrich Wilke GmbH, Bad Arolsen; www.hewi.de
- Homatherm GmbH, Berga; www.homatherm.com
- IMAS Falkenberg Messtechnik GmbH, Falkenberg/Elster; www.imas-falkenberg.de
- ITEC GmbH KÖNIG-Wärmepumpen, Elsterwerda; www.koenig-waermepumpen.de
- Jämlich KG Malerfachbetrieb, Gornau
- Kaiser GmbH & Co. KG, Schalksmühle; www.kaiser-elektro.de
- KBE Elektrotechnik GmbH, Berlin; www.kbe-elektrotechnik.de
- KeraTür GmbH & Co. KG, Raesfeld; www.keratuer.de
- Krah & Grote Messtechnik, Otterfing; www.krah-grote.com
- KTM GmbH Kleine Türen-Manufaktur, Bocholt; www.ktmbocholt.de
- Lars Leppin GmbH, Berlin; www.lars-leppin.de
- Lebast Lehmbaustoffe, Störnstein; www.lebast-lehmbaustoffe.de
- Linde AG, Gases Division Germany, Pullach; www.linde-gas.de
- LOHMEIER Schaltschrank Systeme GmbH & Co. KG, Vlotho; www.lohmeier.de
- Made in Clay, Berlin; www.made-in-clay.de
- MAGAZIN© Versandhandelsgesellschaft mbH, Stuttgart; www.magazin.com
- MICROTHERM, B-Sint-Niklaas; www.microthermgroup.com
- Mounting Systems GmbH, Rangsdorf; www.mounting-systems.de
- möve Frottana Textil GmbH & Co. KG, Großschönau; www.moeve.de
- MUTTERLAND GmbH, Hamburg; www.mutterland.de
- MWE Edelstahlmanufaktur GmbH, Everswinkel; www.mwe.de
- Natur am Bau, Berlin; www.natur-am-bau.de
- nora systems GmbH, Weinheim; www.nora.com
- OBO Bettermann GmbH & Co. KG, Menden; www.obo.de
- PE International GmbH, Leinfelden-Echterdingen; www.pe-international.com
- Philips Deutschland GmbH, Hamburg; www.philips.de
- Plancal GmbH, Bonn; www.plancal.de
- Pro Clima, MOLL bauökologische Produkte GmbH, Schwetzingen; www.proclima.com
- RECARBON Deutschland GmbH, Köln; www.recarbon.com
- Restaurierungswerkstätten Berlin GmbH, Berlin; www.restaurierung-berlin.de

- RHEINZINK GmbH & Co. KG, Datteln; www.rheinzink.de
- Semperlux Aktiengesellschaft (se'lux), Berlin; www.semperlux.de
- Siemens-Electrogeräte GmbH, München; www.siemens-home.de
- SOLON SE, Berlin; www.solon.com
- SOLVIS GmbH & Co KG, Braunschweig; www.solvis.de
- Sprechernetzwerk, Berlin; www.voice-pool.com
- Steca Elektronik GmbH, Tostedt; www.stecasolar.com
- Sunovation GmbH, Elsenfeld; www.sunovation.de
- thermokon Sensortechnik GmbH, Mittenaar; www.thermokon.de
- Tischlerei Niehus, Berlin; www.niehus-tischlerei.de
- Tischlerei O. Ruhtz, Berlin; www.tischlerei-ruhtz.de
- Transsolar Energietechnik GmbH, Stuttgart; www.transsolar.com
- Wagner & Co. Solartechnik GmbH, Cölbe; www.wagner-solar.com
- WMF AG, Geislingen/Steige; www.wmf.de
- WORTwelt, Regensburg; www.wort-welt.com

MEDIENKOOPERATIONEN
- Berliner Energieagentur GmbH, Berlin; www.berliner-energie-agentur.de
- Berliner Fenster GmbH, Berlin; www.berliner-fenster.de
- german architects; www.german-architects.com
- METEUM, Technischer Jugendbildungsverein in Praxis e.V. (TJP e.V.), Berlin; www.meteum.de
- PR-Agentur Große & Partner, Berlin; www.pr-grosse.de
- Radioeins, Rundfunk Berlin-Brandenburg RBB, Potsdam; www.radioeins.de

BERATUNG UND IDEELLE UNTERSTÜTZUNG
- Baubetreuung Falko Marhold, Berlin; www.stressfreiesbauen.de
- Bayerisches Zentrum für Angewandte Energieforschung e.V. (ZAE Bayern), Würzburg; www.zae-bayern.de
- Bundesverband Deutscher Fertigbau e.V. (BDF), Bad Honnef; www.bdf-ev.de
- Hochschule für nachhaltige Entwicklung Eberswalde (FH), Eberswalde; www.hnee.de
- Handwerkskammer Berlin, Berlin; www.hwk-berlin.de
- HHP Berlin Ingenieure für Brandschutz GmbH, Berlin; www.hhpberlin.de
- Kompetenzzentrum Zukunftstechnologien im Handwerk, Berlin; www.hwk-berlin.de
- Senatsverwaltung für Gesundheit, Umwelt und Verbraucherschutz, Berlin; www.berlin.de/sen/guv
- StudioC, Berlin; www.studioc.de
- Senatsverwaltung für Stadtentwicklung Berlin; www.stadtentwicklung.berlin.de
- ZVEI – Zentralverband Elektrotechnik- und Elektronik-industrie e.V., Frankfurt/Main; www.zvei.org
- Happold Ingenieurbüro GmbH, Berlin; www.burohappold.com

Diese Publikation wird im Rahmen der Forschungsinitiative EnOB finanziell unterstützt vom Bundesministerium für Wirtschaft und Technologie (BMWi) aufgrund eines Beschlusses des Deutschen Bundestags. Die vier deutschen Teams und der Verlag danken hierfür sowie den folgenden Sponsoren für die Förderung der Publikation:

SPONSOREN

Baumgartner GmbH
Westendstr. 19
D-77971 Kippenheim
T +49 7825 870-846
F +49 7825 870-847
E info@baumgartner-gmbh.de
www.baumgartner-gmbh.de

bauserve
DIENSTLEISTUNGEN

Bauserve GmbH
Goldsteinstr. 114
D-60528 Frankfurt a. M.
T +49 69 255 3883-445
E info@bauserve.net
www.bauserve.com

BOSCH
Technik fürs Leben

Robert Bosch
Hausgeräte GmbH
Carl-Wery-Straße 34
D-81739 München
E bosch-team@bshg.com
www.bosch-home.com/de

EMCO

emco Bau- u. Klimatechnik GmbH & Co. KG
Breslauer Str. 34–38
D-49808 Lingen/Ems
T +49 591 91 40-0
F +49 591 91 40-851
E klima@emco.de
www.emco.de/klima

—— EnBW

EnBW Vertrieb GmbH
Schelmenwasenstr. 15
D-70567 Stuttgart
T +49 711 289 88000
F +49 721 914 20514
E empfang-stu-enbw-city@enbw.com
www.enbw.com

ENERBUILD

Leadpartner ENERBUILD
Regionalentwicklung Vorarlberg
Hof 19
A-6861 Alberschwende
T +43 5579 7171-43
F +43 5579 7171-71
E leader@leader-vlbg.at
www.enerbuild.eu

ENERGATE
MORE WINDOW – MORE ENERGY – MORE LIFE

energate
Ludwig Häußler GmbH
Fenster- und Türenfabrik
Draisstr. 48
D-67346 Speyer
T +49 6232 3144-0
F +49 6232 3144-37
E info@energate.com
www.energate.com

ENERsign
weniger ist mehr

Enersign · Pazen
Fenster + Technik GmbH
Zum Kirchborn 12
D-54492 Zelting-Rachtig
T +49 6532 95472-0
F +49 6532 95472-20
E info@enersign.com
www.enersign.com

ertex solar

ertex solartechnik GmbH
Peter-Mitterhofer-Str. 4
A-3300 Amstetten
T +43 7472 2826-0
F +43 7472 2826-0629
E info@ertex-solar.at
www.ertex-solar.at

fermacell

Fermacell GmbH
Dammstr. 25
D-47119 Duisburg
T 0800 523 5665
F 0800 535 6578
E info@xella.de
www.xella.de

lightweight solutions

lightweight solutions GmbH
Carl-von-Ossietzky-Str. 17
D-83043 Bad Aibling
T +49 8031 354296-0
F +49 8031 354296-4
E info@lightweight-solutions.de
www.lightweight-solutions.de

müllerblaustein
HOLZBAUWERKE

müllerblaustein
Holzbau GmbH
Pappelauer Str. 51
D-89134 Blaustein
T +49 7304 9616-0
F +49 7304 9616-16
E info@muellerblaustein.de
www.muellerblaustein.de

nimbus×

Nimbus Group GmbH
Sieglestr. 41
D-70469 Stuttgart
T +49 711 633014-20
F +49 711 633014-14
E info@nimbus-group.com
www.nimbus-group.com

pewo
FORTSCHRITT MIT ENERGIE

PEWO Energietechnik GmbH
Geierswalder Str. 13
D-02979 Elsterheide
T +49 3571 4898-0
F +49 3571 4898-28
E info@pewo.de
www.pewo.com

schattdecor

Schattdecor AG
Walter-Schatt-Allee 1–3
D-83101 Thansau
T +49 8031 275-2779
F +49 8031 275-2200
E b.reuss@schattdecor.de
www.schattdecor.de

meko

Ernst Schweizer AG,
Metallbau
Geschäftsbereich
Holz/Metall – Meko
Bäumlimattstr. 6
CH-4313 Möhlin
T +49 7144 3396-72
F +49 7144 3396-73
E werner.spohn@meko.ch
www.meko.ch

Schweizer

Ernst Schweizer AG,
Metallbau
Geschäftsbereich Fenster und Türen
Bahnhofplatz 11
CH-8908 Hedingen
T +41 44 763 61-11
F +41 44 763 61-19
E info@schweizer-metallbau.ch
www.schweizer-metallbau.ch

SIEMENS

Siemens-Electrogeräte GmbH
VDS-ME/Marketing
Einbaugeräte Deutschland
Carl-Wery-Str. 34
D-81739 München
T +49 89 4590-2925
F +49 89 4590-2156
www.siemens-home.de

Stadtsparkasse Wuppertal

Stadtsparkasse Wuppertal
Islandufer 15
D-42103 Wuppertal
T +49 202 4882-424
F +49 202 4882-666
E info@sparkasse-wuppertal.de
www.sparkasse-wuppertal.de

SUNPOWER
Premier Partner

SunPower GmbH
Schumannstr. 27
D-60325 Frankfurt a. M.
T +49 69 956 3471-0
F +49 69 956 3471-99
E marketing@sunpower-corp.com
www.sunpowercorp.de

VARIOTEC

VARIOTEC GmbH & Co. KG
Weißmarterstr. 3–5
D-92318 Neumarkt
T +49 9181 69 46-0
F +49 9181 88 25
E info@variotec.de
www.variotec.de

warema

WAREMA Renkhoff SE
Hans-Wilhelm-Renkhoff-Straße 2
D-97828 Marktheidenfeld
T +49 9391 30-36
F +49 9391 30-39
E objektberatung@warema.de
www.warema.de

zehnder

Zehnder GmbH
Almweg 34
D-77933 Lahr
T +49 7821 58-60
F +49 7821 58-5302
E info@zehnder-systems.de
www.zehnder-systems.de

WELTLEITMESSE BAU – TOPEVENT DER INTERNATIONALEN BAUWIRTSCHAFT

Die BAU in München, Weltleitmesse für Architektur, Materialien und Systeme, ist das Topevent der internationalen Bauwirtschaft. Sie führt, weltweit einmalig, alle zwei Jahre die Marktführer der Branche zu einer Gewerke übergreifenden Material- und Architekturschau zusammen. Darüber hinaus gilt sie als das Stimmungs- und Konjunkturbarometer der Branche: Wo geht die Reise hin, wann kommt der Aufschwung am Bau und wie lange hält er an, welche Themen und Trends werden die kommenden Jahre bestimmen? Nach der BAU weiß man mehr.

Die BAU 2011 belegt die komplette Hallenfläche der Neuen Messe München: In 17 Messehallen mit insgesamt 180 000 m² Fläche präsentieren sich mehr als 1900 Aussteller aus 45 Ländern – das sind 25 Fußballfelder geballte Kompetenz. Die BAU spricht alle an, die national und international am Planen, Bauen und Gestalten von Gebäuden beteiligt sind – vom Planer und Architekten über den Bauunternehmer und Handwerker bis hin zum Facility Manager. Regelmäßig kommen rund 210 000 Fachbesucher aus etwa 150 Ländern zur BAU. Vor allem für Planer, Architekten und Bauingenieure, die allein rund 40 000 Besucher stellen, ist die BAU zu einer unverzichtbaren Informations- und Kontaktbörse geworden. Kein Wunder, denn: Welches Material wo zum Einsatz kommt, wird häufig auf der BAU entschieden.

Das Topthema in diesem und wohl auch in den nächsten Jahren: Nachhaltigkeit. Viele Aussteller der BAU 2011 bieten an ihren Ständen Produkte, Systeme und Bauelemente an, die dem nachhaltigen Planen und Bauen entsprechen. Auch beim Rahmenprogramm, u. a. in Foren und Sonderschauen, dreht sich alles um nachhaltige Lösungen. Spektakuläres Beispiel: das Solarhaus der Hochschule Rosenheim, das auf der BAU 2011 erstmals einem breiten Fachpublikum präsentiert wird.

 BAU 2011

BAU 2011 – Messe München GmbH
Messegelände
D-81823 München
T +49 89 949 11 308
F +49 89 949 11 309
E info@bau-muenchen.com
www.bau-muenchen.com

ANTWORTEN FÜR ENERGIEEFFIZIENZ, SICHERHEIT UND KOMFORT IN GEBÄUDEN UND INFRASTRUKTUREN

Die Building Technologies Division von Siemens ist das weltweit führende Unternehmen auf dem Gebiet der Gebäudetechnik. Die Division bündelt sämtliche Kompetenzen von Siemens rund um Energieeffizienz, Komfort und Sicherheit in Gebäuden und für öffentliche Infrastrukturen.

Gebäudeautomation von Siemens steht für umfassende Produkte, Systeme, Lösungen und Dienstleistungen rund um Heizung, Lüftung, Klimatisierung, Licht und Jalousiesteuerung – von einzelnen Räumen bis zu ganzen Gebäuden. Unsere Systeme überwachen, optimieren, regeln und steuern die einzelnen Gewerke und schaffen dadurch das optimale Raumklima für größtmöglichen Komfort. Hinzu kommt, dass sie von einer einzigen, bedienungsfreundlichen Zentrale aus kontrolliert werden können.

Rund 30 % des Energieverbrauchs in Gebäuden können allein durch Effizienzverbesserungen und Modernisierungen der HLK-Anlagen eingespart werden. Eines der wichtigsten Hilfsmittel ist das Gebäudeautomationssystem. Nur mit integrierter und intelligenter Gebäudeautomation ist ein nutzungs- und bedarfsgerechtes sowie energieeffizientes und sicheres Betreiben von Gebäuden möglich.

Ein besonders attraktives Modell zur Finanzierung entsprechender Modernisierungsmaßnahmen ist das Energiespar-Contracting. Dabei garantiert Siemens als Contractor dem Vertragsnehmer nachhaltige Energieeinsparungen während einer mehrjährigen Vertragsdauer. Die dafür notwendigen Investitionen werden aus den Einsparungen finanziert. Nach Ablauf der Vertragsdauer kann der Betreiber die modernisierten Anlagen selbständig weiternutzen.

SIEMENS

Siemens AG
Industry Sector/Building Technologies Division
Friesstraße 20
D-60388 Frankfurt a. M.
T +49 800 10076 39
E info.de.sbt@siemens.com
www.siemens.de/buildingtechnologies

175

Allen, die durch Überlassung ihrer Bild-
vorlagen, durch Erteilung von Reproduk-
tionserlaubnis und durch Auskünfte am
Zustandekommen des Buches mitgeholfen
haben, sagen die Autoren und der Verlag
aufrichtigen Dank. Sämtliche Zeichnungen
in diesem Werk sind eigens angefertigt.

Elena Bagaeva, Stuttgart:
S. 24 rechts, 75, 137, 139 Mitte rechts, 141 oben links,
143, 144 oben und unten, 149 Mitte, 164 unten
Siegfried Baumgartner, Stuttgart:
S. 139 oben links, 141 rechts
Soara Bernard, Wuppertal:
S. 149 unten
Jan Cremers, München:
S. 16 unten, 23, 52, 55–60, 67, 68 unten, 71, 72, 74,
78 unten, 147 oben rechts
Peter Engelmann, Wuppertal:
S. 101
Mark Fandrich, Weinstadt:
S. 135 unten links, 146 rechts
Amparo Garrido, Madrid:
S. 78 oben, 82, 84
Christoph Große, Berlin:
S. 128 rechts
Mathias Häußler, Speyer:
S. 147 unten links
Robin Höke, Wuppertal:
S. 103 oben, 139 unten links, 140 unten, 158,
163 links
Javier Alonso Huerta, Madrid:
S. 21, 24 rechts, 130, 133, 134, 135 oben links und
rechts, Mittel links und rechts, unten rechts, 142 oben,
152, 164 oben
Anett-Maud Joppien, Wuppertal:
S. 86, 87
Peter Keil photography, Düsseldorf:
S. 85 oben, 97 oben, 99
Malte Kirchner, Stuttgart:
S. 85 unten, 103 unten
Jan Liffers, Wuppertal:
S. 16 oben
Stefano Paltera / U.S. Department of Energy
Solar Decathlon:
S. 15
Claudia Röttinger, Asperg:
S. 136 unten

Christian Schittich, München:
S. 7
SDE-Team HFT Stuttgart:
S. 61, 64, 68 oben, 70, 77, 140 oben, 162 rechts
SDE-Team Wuppertal:
S. 92
Team Berlin living EQUIA:
S. 115 oben, 118, 119, 122 unten, 136 oben
Team Berlin living EQUIA / Ulrike Amsel:
S. 24 links, 126, 139 oben rechts, 142 unten, 149 oben
Team Berlin living EQUIA / Markus Bachmann:
S. 104 oben, 107, 108, 111, 112, 123
Team Berlin living EQUIA / Stefan Israel:
S. 12, 104 unten, 115 Mitte, 118 unten, 122 oben, 138,
146 links, 163 rechts
Team Berlin living EQUIA / Christian Rohr:
S. 115 unten
Team Berlin living EQUIA / Arlett Ruhtz:
S. 128 Mitte
Team Berlin living EQUIA / Simon Winiger:
S. 145
Team Berlin living EQUIA / Linda Wortmann:
S. 128 links
Team IKAROS Bavaria (Tobias Katzenberger, Sara Miethe,
Sebastian Mortimer, Oliver Pausch, Benjamin Schmidt):
S. 24 Mitte, 26, 29, 30–39, 44, 45, 49–51, 139 Mitte links
und unten rechts, 141 oben rechts, 144 Mitte, 147 unten
rechts, 151
Cindy Villmann – art-session, Berlin:
S. 127
Karsten Voss, Wuppertal:
S. 25 links, 97 unten
Fraunhofer ISE, Freiburg:
S. 98 rechts

Cover (von links nach rechts):
Jan Cremers, München
Team IKAROS Bavaria
Team Berlin living EQUIA / Stefan Israel
Jan Cremers, München

BILDNACHWEIS